Alfred Schäfer

Systemtheorie und Pädagogik

Hochschulschriften
Erziehungswissenschaft 17

Alfred Schäfer

Systemtheorie und Pädagogik

Konstitutionsprobleme von Erziehungstheorien

Forum Academicum
in der Verlagsgruppe
Athenäum · Hain · Hanstein
1983

CIP-Kurztitelaufnahme der Deutschen Bibliothek

Schäfer, Alfred:
Systemtheorie und Pädagogik : Konstitutions-
probleme von Erziehungstheorien / Alfred Schäfer.
– Königstein : Forum Academicum in d. Verl.-
Gruppe Athenäum, Hain, Hanstein, 1983.
(Hochschulschriften : Erziehungswiss. ; 17)
ISBN 3-445-02303-4

NE: Hochschulschriften / Erziehungswissenschaft

Reproduktion, Druck und Bindung: Hain-Druck GmbH, Meisenheim/Glan
Printed in West Germany
ISBN 3-445-02303-4

INHALT

0 EINLEITUNG

Daß die funktionalistische Systemtheorie Luhmanns sich pädagogischer Problemstellungen annimmt, diese systemtheoretisch zu reformulieren versucht, sich um eine Bestimmung der Möglichkeiten und Grenzen des Erziehens, also des Gegenstandes der pädagogischen Wissenschaft bemüht, hat zwei unterschiedliche Voraussetzungen. Diese liegen zum einen im theoretischen Ansatz Luhmanns selbst begründet wie zum anderen in einer grundsätzlichen Unsicherheit pädagogischer Selbstvergewisserung.

Talcott Parsons hatte sich im Rahmen seiner strukturell-funktionalen Theorie die soziale Integration der Subjekte in bestehende Institutionen noch relativ einfach vorgestellt: in diesen Institutionen sollten die gleichen kulturellen Wertmuster verkörpert sein, die von den Individuen im Laufe ihrer Ontogenese internalisiert, d.h. auch zu motivationsrelevanten Strukturen verfestigt werden[1]. Die damit gegebene weitgehende Homogenität von institutionalisierten Zwecken und subjektiven Motiven verweist zum einen auf das Problem der Freiheitsgrade individuellen Handelns: Subjektivität ist im Rahmen dieser Theorie weder als eigenständiger Faktor thematisierbar noch ist die Unterdrückung dieser Eigenständigkeit als solche angebbar[2]. Zum anderen ergibt sich das Problem einer relativ statischen Ordnung: selbst die später konzipierte Evolutionstheorie Parsons' (nach seiner stärkeren Hinwendung zur kybernetischen Systemtheorie[3]) eröffnet für gegenwärtige Gesellschaften kaum Entwicklungsmöglichkeiten.
Demgegenüber ist der Standpunkt Luhmanns anders angelegt: durch eine Trennung von personalen und sozialen Systemen, ihre relative Unabhängigkeit voneinander, ihren gleichen Status als Subjekt, wird eine Entwicklung beider vorstellbar. Die Entwicklung sozialer Systeme, die ihre eigene, von individuellen Bedürfnisinterpretationen unabhängige Rationalität hat, schließt eine Entfaltung subjektiver Kompetenzen, eine Verfolgung anders gelagerter individueller Motive keineswegs

aus. Nun kann allerdings auch eine solche Theorie, die die Unabhängigkeit von individuellen Handlungsmotiven und institutionalisierten Zwecken betont, nicht umhin, einen zumindest partiellen Überschneidungsbereich beider anzunehmen, Mechanismen anzugeben, die es erlauben, die Handlungen der personalen Systeme dem sozialen System zuzurechnen, ihre Funktion und Rationalität im sozialen System zu betrachten. Die Systemtheorie Luhmanns benennt einige solcher Scharniere, die im vorliegenden Text eine nähere Erläuterung finden werden, so etwa die Kommunikationsmedien, die eine motivierte Übernahme von Handlungen und Erlebnissen von A durch B sicherstellen. Das Funktionieren dieser Scharniere setzt nun jedoch offensichtlich beim Subjekt, das als personales System eigenständig gedacht wird, d.h. auch als letztlich nicht dem sozialen System verfügbar, eine gewisse Bereitschaft voraus. Eben diese Bereitschaft und ihre Voraussetzungen erfahren in der jüngeren Theorieproduktion N. Luhmanns in Zusammenarbeit mit K.E. Schorr eine stärkere Aufmerksamkeit; es stellt sich die Frage nach der Möglichkeit der sozialen Einwirkung auf Subjekte angesichts der prinzipiellen Unverfügbarkeit über ihre Subjektivität. Luhmann und Schorr bestimmen dies zugleich als "zentrale Problemstellung der Pädagogik"[4]. Die Bestimmung des Gegenstandsbereiches der Pädagogik, die Frage nach der Möglichkeit von Erziehung, erhält demnach für die Systemtheorie einen wichtigen Stellenwert im Bereich des Determinationsproblems von sozialen und personalen Systemen. Andererseits zwingt der Anspruch der universellen Anwendbarkeit systemtheoretischer Perspektiven dazu, auch diese Problematik und damit in der Konsequenz auch die Pädagogik in eben dieser Perspektive zu analysieren. Es stellt sich somit die Frage, ob die funktionalistische Systemtheorie in der Lage ist, mit ihrem theoretischen Instrumentarium den (so könnte man ergänzen: Sozialisations- und) Erziehungsprozeß so zu analysieren, daß zum einen die angebbaren Problematiken dieses Gegenstandsbereiches eine Klärung erfahren und daß zum anderen eine systematisch wichtige Stelle in ihrem Aufbau, die Trennung von personalen und sozialen Systemen, abgesichert wird.

Aus der Sicht der Pädagogik mag dieses Ansinnen zunächst befremdlich anmuten, wird doch die eigene Disziplin auf diese Weise grundsätzlich in Frage gestellt, die Qualität ihrer Lösungsvorschläge zur Bestimmung des Gegenstandsbereiches dieser Disziplin in Zweifel gezogen. Andererseits ist dies ein unter Pädagogen durchaus gängiges Verfahren: die eigene Disziplin in ihrem Anspruch auf Wissenschaftlichkeit in Frage zu stellen, hat in der Pädagogik eine lange Tradition. Pädagogische Theorien gehen nicht nur mit verschiedenen Bestimmungen dessen, was 'Erziehung', also der Gegenstand der Wissenschaft ist, um, sondern sie relativieren von ihrem Anspruch der Gegenstandskonstitution her zugleich diesen Anspruch anderer Theorien.

Den unterschiedlichen Gegenstandsbestimmungen entsprechen ebenfalls verschiedene Interpretationen von Aufgaben und Zielen der Erziehung wie auch dessen, was als Erziehungsmittel angesehen werden kann, des Verantwortungsbereichs des Erziehers usw. Unterschiedliche pädagogische Theorien setzen also nicht so sehr an verschiedenen Aspekten eines Gegenstandsbereichs an, sondern behaupten sich durchweg selbst als adäquate Erfassung des Gesamtgegenstandes. Daß die Wissenschaftlichkeit der Pädagogik in Frage gestellt wird, hängt damit (ebenso wie mit den angedeuteten Problemen der normativen Bestimmungen) eng zusammen: das Bezweifeln der Wissenschaftlichkeit von Theorien ist eine (unter verschiedenen anderen möglichen) Begründung, weshalb man neu ansetzen muß - und zwar von Grund auf, d.h. eben, was den gesamten Gegenstandsbereich anbelangt. Es ist dies eine Problematik, die nicht erst mit der empiristischen Proklamation der Erziehungswissenschaft gegenüber der Pädagogik[5] aufgetreten ist, sondern die die Pädagogik seit ihrer Einführung als Universitätsdisziplin wohl ständig beschäftigt hat - wenn sich auch das Verständnis von Sozialwissenschaft historisch gewandelt hat[6]. So stand beispielsweise Diltheys Frage nach der 'Möglichkeit einer allgemeingültigen pädagogischen Wissenschaft' von 1888 unter anderen wissenschaftstheoretischen Vorzeichen auf der gleichen Argumentationsgrundlage wie die Bezweiflung pädagogischer Wissenschaftlichkeit durch

empiristische Ansätze heute.
Zu diesen Tendenzen ist eine weitere, relativ neue Erscheinung hinzuzufügen, die, obwohl sie sich von empiristischen Vorstellungen, d.h. vor allem von der Ausklammerung der Normfrage, absetzt, mit diesen Vorstellungen in einem bedeutsamen Punkt vereinbar ist: im Ersetzen einer (wie auch immer inhaltlich gefüllten) pädagogischen Terminologie durch eine soziologische oder auch sozialpsychologische. Man nimmt soziologische bzw. sozialpsychologische Theorien auf, wie beispielsweise die Identitätstheorie Goffmans[7] oder die Kommunikationstheorie Watzlawicks[8], expliziert die ihnen immanenten normativen Grundlagen als Ziele und fügt den so gewonnenen Begriffen das Adjektiv 'pädagogisch' bei. Auch wenn dies überspitzt formuliert sein mag, so ist doch nicht zu übersehen, daß die Theorien pädagogischer Interaktion und Kommunikation sich von ihrem Aufbau her kaum mit traditionellen Allgemeinen Pädagogiken vergleichen lassen[9]. Der Gegenstand der Pädagogik wird hier auf der Ebene der Begrifflichkeit unscharf.
Die angedeuteten Schwierigkeiten scheinen mir grundsätzlicher Art zu sein; daß die Pädagogik sich in einer Grundlagenkrise befindet, davon wird man ausgehen müssen. Was kann man in einer solchen Situation von einer Darstellung der Problemlage erwarten? Eine sicherlich unangemessene Lösung wäre es, sich an eine ausgearbeitete Pädagogik anzulehnen und diese kritisch von anderen abzugrenzen. Tut man dies nicht, sondern versucht etwa die grundlegenden Begrifflichkeiten Allgemeiner Pädagogik zu verdeutlichen, so läuft man Gefahr, keine Erläuterung des Gegenstandsbereichs als Problembereich zu bieten, sondern selbst eine Allgemeine Pädagogik, d.h. einen mehr oder weniger neuen Ansatz zu vertreten[10]. Ein weiterer Ausweg, der in jüngerer Zeit häufiger gewählt wurde, besteht darin, auf der Grundlage einer relativ abstrakt bleibenden methodologischen Unterscheidung drei Positionen aufzuzeigen: die empirische, die geisteswissenschaftlich-hermeneutische und die ideologiekritische Vorgehensweise[11]. Man kann dabei diese Ansätze, deren Heterogenität selbst für eine Darlegung der Problemlage vernachlässigt werden kann, immanent darstellen; man kann aber

auch Fragestellungen vorgeben, die man für allgemein-pädagogisch relevant hält (etwa: wie lösen diese Ansätze das Problem des normativen Charakters von Pädagogiken oder die Theorie-Praxis-Vermittlung?), und aus diesen Ansätzen die unterschiedlichen Antworten rekonstruieren. Wie man auch vorgeht, eine solche Art der Einführung in die Problemlage, wird die Unterschiedlichkeit der verschiedenen Positionen hervorheben müssen: was bleibt, ist eine bloße "Bestandsaufnahme theoretischer Ansätze"[12], zu denen jederzeit neue hinzutreten können - der Aufweis einer fehlenden systematischen Pädagogik[13].

Das vom Interesse der Allgemeinen Pädagogik her gesehen Unbefriedigende solcher Ansätze besteht vielleicht darin, daß die Fragestellungen zwar unterschiedliche Positionen abzugrenzen erlauben, daß der Gegenstand der Pädagogik also in sehr unterschiedlichem, sogar unvereinbarem Licht erscheinen kann, daß diese Fragestellungen nicht aber die Richtung angeben, in der man suchen müßte, um herauszufinden, warum das so ist. Anders gefragt: sollte eine Darlegung der grundsätzlichen Problematik des Gegenstandsbereiches Allgemeiner Pädagogik nicht die Fragen aufwerfen, die diese Problematik selbst zum Gegenstand machen? Man wird vielleicht einwenden wollen, daß eine solche Frageperspektive nicht so sehr eine der Allgemeinen Pädagogik, sondern eher eine ihrer Metatheorie sei, daß das Resultat also nicht so sehr Fragestellungen der Allgemeinen Pädagogik behandele, sondern eher Fragestellungen an die Allgemeine Pädagogik. Ein solcher Einwand mag seine Berechtigung haben, jedoch übersieht er, daß Allgemeine Pädagogik seit jeher beide Ebenen angegangen hat. Gerade aufgrund der Tatsache, daß die jeweilige Pädagogik ihren jeweils eigenen Gegenstand bzw. ihre eigene Interpretation des Gegenstandes hervorbringt, ist sie ebenfalls darum bemüht, diese Gegenstandsbestimmung als wissenschaftlich oder überlegen gegenüber gängigen theoretischen Modellen abzuheben. Dies geschieht notwendig über die Reflexion darauf, welche Fragen an eine Allgemeine Pädagogik zu stellen sind. Die Theorie des Gegenstandes 'Erziehung' ist so immer (implizit oder explizit) mit der Rechtfertigung der Herangehensweise an den Gegenstand verbunden. Wenn man also auf die Probleme pädagogischer Theoriebildung hinweisen will, so kann man durchaus an die Rechtfertigung der Einführung pädagogischer Kategorien in Allgemeinen Pädagogiken anknüpfen.

Luhmann und Schorr reagieren demnach vor dem Hintergrund einer systematischen Problemstelle der funktionalistischen Systemtheorie auf die skizzierte Grundlagenkrise der Pädagogik in der diese kennzeichnenden Form. Auch hier wird der wissenschaftliche Anspruch gängiger Pädagogiken grundsätzlich in Frage gestellt; ältere Problemstellungen werden systemtheoretisch reformuliert mit dem Anspruch, daß das Instrumentarium funktionalistischer Systemanalyse geeignet ist, diese Probleme zu lösen. Aufgrund der skizzierten Lage pädagogischer Theoriebildung erscheint es kaum möglich, diesen Anspruch unter Verweis auf erreichte Positionen dieser Theoriebildung einfach zurückzuweisen.
Die vorliegende Abhandlung versucht, aus dieser Situation Konsequenzen zu ziehen, indem sie die Problematik beider Kontrahenten zu berücksichtigen bestrebt ist. Dies bedeutet, daß zum einen die Perspektive der Systemtheorie zu rekonstruieren versucht wird, was die Darstellung und Prüfung sowohl der Ausgangslage, die die Systemtheorie zu pädagogischen Fragestellungen drängt - das Verhältnis von personalem und sozialem System soll daher zunächst mit Blick auf die Schule erläutert werden - , beinhaltet als auch die kritische Erörterung dieser Fragestellungen und ihrer Lösungsperspektiven. Zum anderen möchte ich auf die angesprochene Grundlagenkrise der Pädagogik reagieren, als deren Ausdruck man auch die systemtheoretische Reformulierung pädagogischer Fragestellungen betrachten kann. Dabei wird versucht, in metatheoretischer Perspektive Fragestellungen aufzuwerfen, auf die jede pädagogische Theorie immer schon reagiert haben muß, will sie als pädagogisch gelten. Einen gemeinsamen Bezugspunkt haben diese Fragestellungen in der Grundthematik einer nicht aufzulösenden Einheit der Definition/Identifikation von 'Erziehung' mit ihrer Rechtfertigung als Handlungsperspektive - eine Thematik, die eine Problemsicht, nicht aber schon Lösungen vorgibt. Diese

Problemsicht wird zwar mit Bezug auf den systemtheoretischen Ansatz entfaltet, jedoch fungiert sie zugleich auch als externes Kriterium seiner Prüfung. Ich möchte daher in die Darlegung dieser Perspektive verstärkt auch alternative pädagogische Überlegungen einbeziehen. Ebenso wie an die systemtheoretische Pädagogik wird auch an diese Ansätze die Frage zu richten sein, inwieweit angemessen auf die metatheotetische Fragestellung reagiert wurde, daß immer auch andere Perspektiven auf das Phänomen 'Erziehung' möglich sind, die die eigene Position grundsätzlich in Frage stellen. Wie Erziehung möglich ist, um eine Fragestellung Luhmanns und Schorrs aufzunehmen, ist vor dem Hintergrund der Lage der Pädagogik nicht nur eine Frage nach der 'Einheit des Gegenstandes'[14], sondern immer zugleich auch (metatheoretisch) diejenige nach der Geltung dieser Gegenstandsbestimmung.

I. SYSTEM UND SUBJEKT

Die Freiheit menschlichen Handelns, seine verantwortliche Zurechnung zum handelnden Subjekt, läßt sich einsehen in der Möglichkeit, anders zu handeln. Es gibt wohl kaum eine Situation, in der nicht zumindest zwei Möglichkeiten bestehen: etwas zu tun oder es zu unterlassen. Zumeist hat man darüber hinaus die Wahl, weitere Handlungsweisen zu vollziehen. Betrachtet man diesen Sachverhalt zunächst einmal abstrakt-formal, d.h. unter Absehen von der konkreten Einbindung einer Situation in soziale Bezüge und die mit ihnen gegebenen Verpflichtungen, so könnte man sagen, daß die zu erwartende Handlungswahl kontingent, zufällig ist. Sie ist nicht vorhersehbar. Es gibt stets mehr Möglichkeiten als der Handelnde aktualisieren kann - er hätte immer auch anders handeln können[1]. Eben dies nennt Luhmann auf der abstrakt-formalen Ebene eines isoliert betrachteten Handelnden Komplexität[2]: Der Handelnde ist gezwungen, aus dieser Komplexität, der Fülle der Möglichkeiten, auszuwählen, zu selektieren, womit er sich immer in Gefahr begibt, das Falsche zu wählen und damit enttäuscht zu werden.

Der Abstraktionsgrad eines solchen Modells unterstellt, daß es nichts gibt, woran der Handelnde sich orientieren kann. Man wird darauf hinweisen, daß es empirisch durchaus keine unbegrenzte Fülle von Möglichkeiten gibt zu handeln, sondern daß Handelnde sich immer an gewissen Normen und Erwartungen orientieren. Ein Schüler, der eine Klausur nicht mitschreiben will, hat nur wenige Möglichkeiten auszuweichen, ohne dafür mit negativen Sanktionen belegt zu werden. Wie vermittelt also Luhmann sein Modell eines fiktiv aus einer unendlichen Fülle von Möglichkeiten auswählenden Handelnden mit der Realität 'eingeschränkter Wahlmöglichkeit'? Abstrakt formuliert lautet die Antwort auf diese Frage: indem er das Zweite, die Realität eingeschränkter Komplexität, als Lösung des auf einer logisch fiktiven Ebene angesiedelten Problems der 'Weltkomplexität' nimmt.

Konkretisiert man das abstrakte Modell des Handelnden am Beispiel der Schule, so wäre dies zunächst jemand, dem diese 'Umwelt' nichts bedeuten und der umgekehrt dieser 'Umwelt' nichts bedeuten würde. Die Komplexität der Umwelt Schule, d.h. die in ihr und durch sie nahegelegten Möglichkeiten zu handeln, wären für diesen Handelnden nicht gegeben: Seine Orientierung wäre die des 'Alles ist möglich'. Sein Horizont wäre die 'Welt' verstanden als Inbegriff aller Möglichkeiten - und damit in der Orientierungsfunktion als Leere. Seine Handlungsweisen wären aus diesem Grunde auch von niemandem vorhersehbar. Erwartbar wird nicht nur sein Handeln, sondern auch sein Erleben in dem Maße, als, so Luhmann, "gewisse Erlebnis- und Verhaltensprämissen, die gute Selektionsleistungen ermöglichen .. zu Systemen zusammengestellt und relativ enttäuschungsfest stabilisiert werden"[3]. Solche Erlebnis- und Verhaltensprämissen - damit: Orientierungsmuster für Erlebnisse und Handlungen - sind nun als empirische die Bedingung menschlichen Überlebens. Man kann dies weiter verdeutlichen, wenn man den sozialen Bezug zunächst auf der abstrakten Aktorebene einführt und dann ebenfalls auf diese empirische conditio humana bezieht.
Wenn ein solches abstrakt-unberechenbares Subjekt nicht nur in eine (mehr oder weniger geordnete) Schulklasse eindringt, sondern wenn man diese Situation dahingehend modifiziert, daß man diesem Subjekt ein gleichwertiges gegenüberstellt, dann verdoppelt sich gleichsam das angesprochene Problem. Konnten sich im ersten Beispiel wenigstens noch die Mitglieder der Schulklasse untereinander (über Orientierungsschemata des Auffassens, Erlebens, Handelns) auf einen gemeinsamen sozialen Kontext ('Umwelt') beziehen, so fällt dies nun gänzlich weg. Gegenüber stehen sich zwei Aktormonaden, für deren jede alles möglich ist - und dies nicht nur, was die eigenen Handlungsmöglichkeiten betrifft, sondern auch die eigenen Erlebnisse, die sich auf die (alle Möglichkeiten umfassenden) Handlungen des Gegenübers beziehen. Luhmann spricht in diesem Fall von "doppelter Kontingenz" (Parsons) und nimmt dieses Modell als Problemformulierung: Wie ist unter diesen Bedingungen soziale Ordnung möglich?[4] Anders als die klassischen

Naturrechtstheorien verzichtet er allerdings darauf, eine etwa als Unterwerfung oder Einigung konzipierte Interaktion anzunehmen, die dieses Problem dadurch löst, daß sie soziale Fakten schafft, die für alle Beteiligten verbindlich gelten. Ähnlich wie Parsons nimmt Luhmann an, daß solche Fakten immer schon gegeben sein müssen, wenn man von menschlicher Interaktion spricht: daß sich also Menschen über die 'transzendentalen' Bedingungen der Möglichkeit ihres Menschseins in irgendeiner Form verständigen, wird ausgeschlossen. Diese Bedingungen sind nun allerdings empirisch angebbar: als sozial geltende ('zu Systemen zusammengestellte und relativ enttäuschungsfest stabilisierte') Orientierungsmuster des Erlebens und Handelns. Der Sinn und die Geltung dieser Muster ist allerdings (im Sinne der 'transzendentalen Wende') den Subjekten vorgegeben[5]: sie erst erlauben, Subjekte als solche zu identifizieren. Bevor am Beispiel der Schule versucht wird, darzulegen, was eine solche Systembildung für das Verhältnis von Subjekt und sozialen Bezügen bedeutet, möchte ich zunächst kurz auf den Stellenwert dieser seltsamen Konstruktion des Verhältnisses von Subjekt und 'Systemumwelt' eingehen.
In welcher Beziehung steht also die phänomenologisch-existentialistische Attitüde einer unbegrenzten und ungewissen Anzahl von individuellen Handlungsmöglichkeiten zur Systembildung, zur Eingrenzung und Stabilisierung gewisser Möglichkeiten als Bedingung der Existenzsicherung? Zur Beantwortung dieser Frage hilft vielleicht eine Parallelisierung mit den naturrechtlichen Ansätzen weiter. Diese versuchten, über die Konstruktion eines vorgesellschaftlichen Naturzustandes, der erst mit Kant in seinem Stellenwert als Fiktion dargelegt wurde, von dem man also vorher als empirischem Faktum ausging[6], sowohl die Notwendigkeit als auch die Möglichkeit eines gesellschaftlichen Ordnungszusammenhangs zu begründen. So mußte zur Erfahrung des Urzustandes erst die (rationale) Einsicht in die Notwendigkeit einer Einigung oder Unterwerfung hinzukommen, damit gesellschaftliche Ordnung zustandekommen konnte. Luhmanns Konstruktion macht nun zwar die Notwendigkeit gesellschaftlicher Bezüge plausibel; andererseits bietet sie keinen

Ansatzpunkt für ein Verständnis der Möglichkeit ihres Zustandekommens. In 'transzendentaler Wende' muß Gesellschaftlichkeit vorausgesetzt werden, damit man von menschlichen Handlungsweisen sprechen kann[7]. Im Unterschied zu naturrechtlichen Konstruktionen leistet die Gegenüberstellung von 'fiktivem Subjekt - Welt an sich' und 'Subjekt - systemisch induzierte Welt' also keinen Beitrag zur Frage der Entstehung (also der Möglichkeit - transzendentaltheoretisch ausgedrückt: zur Frage 'wie ist Ordnung möglich?') von sozialen Beziehungen/Gesellschaft, sondern deren Notwendigkeit wird durch ein fiktives Modell nur suggeriert.

Welchen Stellenwert und welche Funktion hat aber nun dieses Modell für den Aufbau der Systemtheorie? Inwieweit lassen sich an ihm Vorentscheidungen ausmachen, die für die Systemtheorie durchgängig bedeutsam werden? Die Plausibilität des Modells 'fiktives Subjekt - Welt an sich' (als unbestimmtes Reservoir unzähliger Möglichkeiten) für die Notwendigkeit sozialer Verhältnisse liegt vor allem darin begründet, daß auf die Notwendigkeit der Existenz 'sozialer Systeme' für menschliches Handeln und Überleben hingewiesen wird. Bis hierhin scheint sich Luhmanns Ansatz kaum von der Institutionentheorie Gehlens zu unterscheiden[8], auch wenn Gehlen anders vorgeht, indem er (im Namen einer empirischen Philosophie) sich bemüht, das gesellschaftliche Handeln der Menschen auf kritische Grundbegriffe zurückzuführen. Soziale Institutionen werden hier, ähnlich wie bei Luhmann, von ihrer Funktion für das Überleben der Menschen her betrachtet: Sie entlasten "vom Druck improvisierter Motivbildung"[9], indem sie als verselbständigte individuelle Gewohnheiten präformieren, zum Instinktersatz für den Menschen werden. Sie schließen seine 'Welt' soweit ein, daß der Fortbestand der gesellschaftlichen Form des Überlebens gesichert ist und die Individuen auf dieser Grundlage (der Gewißheit der durch die Stabilität der Verhältnisse möglichen Befriedigung ihrer Bedürfnisse[10]) instandgesetzt werden, anderen Motiven nachzugehen. Individuelle Motive und gesellschaftlich institutionalisierte Zwecke lassen sich gerade vor dem Hintergrund der notwendigen Verselbständigung von Institutionen als

verschieden begreifen[11]. Das Verhältnis von institutionellen Zwecken und individuellen Motiven ist nun für Gehlen solange in einem Gleichgewicht, wie nicht die individuellen Motive selbst zum Zweck des Handelns werden, wie also Subjektivität nicht zum Selbstzweck wird, an dem die Selbstverständlichkeit der Institutionen und damit die Sicherung der gesellschaftlichen Existenz fragwürdig zu werden droht[12]. Die notwendige Geschlossenheit der Welt droht also durch eine selbstbezügliche Subjektivität in Frage gestellt zu werden.
Dies ist nun der Punkt, an dem Luhmann andere Konsequenzen zieht, indem er die Unterscheidung von gesellschaftlichen Zwecken und individuellen Motiven radikalisiert. Beide werden soweit gegeneinander verselbständigt, daß individuelle Motive keine Gefahr mehr für den Bestand sozialer Systeme darstellen können. Ich möchte nun die These vertreten, daß Luhmanns Konstruktion der 'Weltkomplexität an sich' ein Modell abgibt, vor dessen Hintergrund sich eine solche Perspektive durchhalten läßt. Dies ist nur dann eine sinnvolle Behauptung, wenn sich das Problem der 'Weltkomplexität' in der Systembildung nicht vollständig auflöst, sondern gleichsam latent gesetzt wird. 'Weltkomplexität', also die inhaltlich leere Fülle unbegrenzter Möglichkeiten, gibt den logischen Hintergrund dafür ab, daß trotz der Notwendigkeit sozialer Systeme als Reduktion dieser Komplexität auf ein zu verarbeitendes Maß dennoch die Möglichkeit eines von diesem sozialen System unabhängigen Subjekts gesetzt ist. Mit Bezug auf die Problemperspektive der Naturrechtstheorien könnte man vielleicht sagen, daß Luhmanns Ansatz diese Perspektive, die auf die Einheit von Notwendigkeit und Möglichkeit gesellschaftlicher Ordnung zielte, deshalb nicht aufnimmt, weil er deren Konsequenz, die feste Integration sozialer Ordnung und subjektiver Orientierung, nicht zu ziehen bereit ist. Sein fiktives Modell einer für ein abstraktes Subjekt gedachten 'Weltkomplexität' suggeriert die Notwendigkeit gesellschaftlicher Ordnung, ohne ihre Möglichkeit begründen zu wollen, weil diese Begründung die Möglichkeiten 'subjektiver Autonomie' auszuklammern geeignet ist. Dies bedeutet nicht, daß dieser Ansatz auf die Freiheit des

Subjekts angesichts diese bedrohender sozialer Verhältnisse orientiert wäre: 'Weltkomplexität' verweist einerseits auf die Notwendigkeit ihrer Reduktion, also die Bildung sozialer Systeme, andererseits aber auch auf den selektiven Charakter dieser Reduktion, die selbst immer noch komplex ist und sich einer komplexen Umwelt gegenübersieht, die beide (System und Umwelt) immer auch anders möglich gewesen wären. Die Notwendigkeit der Verbindlichkeit sozialer Systeme wird insofern gleichsam wieder zurückgenommen - eine Zurücknahme, die die Möglichkeit subjektiver Perspektivität anzeigt.
Diese Subjektivität ist allerdings nur durch die reduzierte Komplexität des sozialen Systems als solche denkbar. Vor dem Hintergrund der fiktiven Weltkomplexität verweisen 'personales' und 'soziales System' aufeinander, ohne ineinander aufzugehen, d.h. auch: ohne daß das eine Gefahr für das jeweils andere System bedeuten würde. Das Konzept der 'Weltkomplexität' ist so konstitutiv für die Perspektive einer Unabhängigkeit von Subjekt und Gesellschaft/sozialem System, deren Relativität zunächst aber nur suggeriert wird. Vor diesem Hintergrund erst ergeben sich für Luhmann zwei Fragestellungen, die gemeinhin als kaum vereinbar gelten: diejenige nach der Möglichkeit einer sozialen Ordnung, die von subjektiven Einflüssen unabhängig und daher stabil ist, geht einher mit der Frage, wie denn Subjektivität als für eine solche Ordnung nicht verfügbare gedacht werden soll.
Ich möchte zunächst durch die Darlegung der grundlegenden Begriffe versuchen, beide Fragerichtungen und ihre Lösungen zu verdeutlichen, bevor dann die daraus resultierende Fragestellung angegangen wird, wie weit die Versuche tragen, Subjektivität und soziales System zu vermitteln, also die Unabhängigkeit beider (und damit auch der angegebenen Fragerichtungen) in ihrer Relativität zu begründen[13]. In diesem Kontext wird wird dann auch der pädagogische Ansatz der Systemtheorie relevant werden.
Was bedeutet die Systembildung als 'Zusammenstellung und Stabilisierung von Erlebnis- und Verhaltensprämissen'? Gemäß den vorstehenden Überlegungen müßte diese Systembildung so konzi-

piert sein, daß sie beide Fragerichtungen offen läßt. Im Gegensatz etwa zu Parsons lehnt Luhmann den Begriff der sozialen Struktur als 'Sanktionserwartung' ab. Zwei Interagierende innerhalb eines sozialen Systems wie etwa der Schule erwarten nicht vom jeweils anderen, daß er sich auf eine bestimmte Weise verhält, daß er also nur ein bestimmtes Verhalten als von der Struktur des Systems her positiv sanktioniertes zeigen darf. Dies würde in der Konsequenz bedeuten, daß die gegenseitigen Erwartungen (und nicht nur die Erwartungen der Mächtigen) als Befehl formulierbar wären: Diese Erwartungen als Definition eines Handlungsspielraums des jeweils anderen müßten so exakt sein, daß sie die Erfüllung dieser Erwartungen eindeutig festlegen würden. Dem Anderen bliebe eigentlich keine Alternative, es sei denn, er würde die gesamte Struktur in Frage stellen[14]. Luhmann weist demgegenüber darauf hin, daß man nicht ein konkretes Verhalten erwartet, sondern daß man sich in seinen Erwartungen an den Erwartungen der Anderen orientiert. Um den Unterschied an einem Beispiel zu verdeutlichen: Wenn der Lehrer eine Frage an die Klasse richtet und damit die Schüler als diejenigen definiert, die diese Frage beantworten sollen, so tut er dies nicht, weil die Schüler von ihm (mit Sanktionsgewalt) erwarten, daß er dies tut. Die Schüler erwarten von ihm, daß er dies erwartet, daß sie den Unterrichtsstoff begriffen haben, vielleicht noch, daß er erwartet, daß sie erwarten, daß er dies in irgendeiner Form überprüft. Umgekehrt erwartet er von den Schülern nicht (mit sofortiger Sanktionierung), daß jeder von ihnen auf diese Frage hin die exakte Antwort gibt, also kein exakt definiertes 'Rollenverhalten', sondern daß die Schüler von ihm Lernhilfen erwarten, (Fragen zur Hervorhebung und Verfestigung des Wesentlichen, Prüfungsrelevanten), daß er also dieser Erwartung soweit entgegenkommt, daß er ihnen einen Spielraum bei der Beantwortung der Frage läßt. Im Erwarten des Erwartens ist die Freiheit des alter ego, auch zur Abweichung, impliziert: Abgelehnt wird eine Identität von Erwartung und Erfüllung dieser Erwartung, von Rollendefinition und Rollenspiel[15]. Dies bedeutet, daß man immer auch mit Enttäuschungen rechnen muß. Mit diesen kann

man auf zweifache Weise umgehen: Man kann an den eigenen Erwartungen normativ festhalten und versuchen, dem Anderen die Enttäuschung dieser Erwartungen als Schuld zuzurechnen (die Schüler haben bisher nicht aufgepaßt, sind faul usw.), oder aber man versucht, diese Erwartungserwartungen (kognitiv) zu revidieren (die Schüler konnten noch nicht so weit sein, daß sie diese Frage von mir erwarten konnten).
Wie ist es nun möglich, Erwartungen zu erwarten? Hierzu ist offensichtlich die Systembildung, also die Reduktion der 'Weltkomplexität' vorausgesetzt. Wie aber ist die Systembildung so zu denken, daß sie zugleich der Frage nach der Möglichkeit gesellschaftlicher Ordnung und derjenigen individueller Freiheit gerecht wird? "Systeme müssen daher zunächst äußerst formal als Identitäten begriffen werden, die sich in einer komplexen und veränderlichen Umwelt durch Stabilisierung einer Innen/Außen-Differenz erhalten"[16]. Vor dem Hintergrund der 'Weltkomplexität' hat Systembildung einen doppelten Effekt in der Reduktion dieser Komplexität: Zum einen setzt sie Strukturen des Systems selbst (also ein als Einheit zu identifizierendes Spektrum von Erwartungserwartungen, die sich etwa in der Schule auf die Aufgabenverteilung von Lehrer und Schüler mit Bezug auf den gesellschaftlichen Zweck der Institution angeben lassen). Zum anderen definiert diese Strukturbildung zugleich die relevante Umwelt mit: als Lieferant von Bildungsinhalten, als mögliche Hindernisgründe (Familie) des eigenen Einflußes - aber auch die eigenen Mitglieder (worauf später noch näher eingegangen werden soll) als Personen. "Infolge der Differenz von Innen und Außen, die mit aller Systembildung gesetzt ist, müssen Umwelt- und Systemstrukturen gesetzt werden; durch jene wird die Komplexität der Welt, durch diese die Komplexität des Systems erfaßt und reduziert"[17]. Man muß demnach mit der Systembildung drei Arten von Komplexität unterscheiden:

- Weltkomplexität als das Feld logisch denkbarer Möglichkeiten vom Standpunkt eines in keine sozialen Bezüge eingebundenen Subjekts;
- Systemkomplexität als eine über einen Sinnbezug zusammenhängende Einheit von Erwartungserwartungen, also eine Einheit,

innerhalb derer die Subjekte mit relativer Sicherheit erwarten können, was die jeweils Anderen von ihnen erwarten (diese Einheit wird traditionell mit dem Begriff der sozialen Institution gefaßt)[18];

- Umweltkomplexität als die Zahl der Alternativen, über die ein System faktisch verfügen kann, die es also in die Wahl einer bestimmten Vorgehensweise miteinbeziehen kann. Eine Schule als soziales System reagiert nicht auf und antizipiert nicht mögliche Reaktionen der 'Welt an sich', sondern Umwelt (Verwaltung, Elternhaus, ökonomisches System usw.).

Diese unterschiedliche Verwendung des Komplexitätsbegriffs droht zwar, diesen Begriff unscharf werden zu lassen. Andererseits ist sie für Luhmanns Theoriebildung von doppelter Bedeutung: Sie zeigt zum ersten an, daß eine Entdifferenzierung von Systemen mit der Entdifferenzierung ihrer Umwelt zusammenhängt, d.h. daß letztlich der Rückfall in das Chaos nicht mehr festgelegter Möglichkeiten (der Weltkomplexität) droht. Die Steigerung der Komplexität eines Systems führt also zum zweiten gerade nicht zum Rückfall in die Weltkomplexität, sondern ist als Fortschritt (bezogen auf eben sie als Ausgangspunkt) zu werten. Man könnte dies paradox so formulieren: je komplexer Systeme werden, je mehr Wahlmöglichkeiten und Alternativen sie also haben, desto weniger laufen sie Gefahr, in das logisch denkbare Chaos unendlicher Wahlmöglichkeiten zu verfallen. Die Paradoxie ergibt sich durch die Konstruktion der Weltkomplexität: Sicherlich wird man ohne Schwierigkeit zugestehen können, daß soziale Institutionen, wenn sie 'komplexer' werden, also auf durch interne Differenzierungen gesetzte Möglichkeiten vielfältiger reagieren können, ein größeres Beharrungsvermögen haben. Einfache Institutionen lassen sich eher aufheben und ersetzen. Aber dieses Aufheben ist gerade nicht identisch mit Rückfall in regelloses Chaos.

Steigerung der Systemkomplexität (und damit der verarbeitbaren Umweltkomplexität) als Sicherung gegen einen möglichen Rückfall in die 'Weltkomplexität' gilt nun für soziale Systeme ebenso wie für 'personale Systeme'. Mit der Komplexitätssteigerung sozialer Systeme steigert sich die Komplexität des

Systems von Erwartungserwartungen, in die ein Individuum eingespannt ist, und damit seine Wahlmöglichkeiten. Um diesen gerecht zu werden, ist vom Subjekt selbst eine Komplexitätssteigerung gefordert. Entfaltung der Subjektivität und Steigerung der Komplexität sozialer Systeme setzen sich so gegenseitig voraus. Warum eine solche Entwicklung als Fortschritt zu werten (also auch als 'notwendig' zu begreifen) ist, dies gibt das Konzept der 'Weltkomplexität' an, nicht aber, wie dies möglich ist, ohne daß die Entfaltung des Einen für das Andere zum Hindernis oder zur Gefahr werden kann. Zur Beantwortung dieser Frage möchte ich zunächst auf die Bedeutung und Geltung der sozialen Strukturen für das Subjekt, auf ihre Unabhängigkeit und die Unabhängigkeit ihrer Entwicklung von den Subjekten eingehen, bevor dann im nächsten Kapitel die Bedeutung eben dieser Unabhängigkeit für die davon wiederum unabhängige Entwicklung des Subjekts behandelt wird.

Systemstrukturen, so wurde dargelegt, sind Erwartungserwartungen. Diese werden auf Dauer gestellt durch Generalisierung, wobei diese Generalisierung, also die Indifferenz gegen situative und individuelle Unterschiede, sich auf drei Dimensionen bezieht.

a) Von zeitlicher Generalisierung spricht Luhmann dann, wenn Erwartungen eine relativ enttäuschungsfeste, kontrafaktische Dauergeltung erlangen. So wird etwa ein Schüler auch dann die Überprüfung seines Wissens erwarten, wenn seit mehreren Tagen/Wochen eine solche Überprüfung nicht stattgefunden hat. Ein Lehrer andererseits wird die Erwartung, daß Schüler ihren schulischen Pflichten nachkommen, auch dann nicht aufgeben, wenn diese Erwartung durch die tatsächlichen Handlungsweisen der Schüler häufiger enttäuscht werden sollte: In diesem Falle behält die Erwartung ihre Geltung durch Ausgrenzung der betreffenden Schüler. Es liegt an ihnen, daß sie die Erwartung nicht erfüllen, nicht etwa an der vielleicht fragwürdigen Erwartung.

b) Unterstützt wird eine solche zeitliche Generalisierung von Erwartungen durch eine sachliche Dimension. Sachlich "werden Erwartungen durch situationsunabhängige Identifikationen ihres Sinnes und Grundes generalisiert"[19]. Solche Identifikationen sind gebunden an handlungsübergreifende Einheiten des sozialen Systems wie etwa Rollen, Normen oder noch abstrakter: Werte. So richtet sich beispielsweise die obige Erwartung des Schülers, geprüft zu werden, nicht an die Person von Lehrer A, sondern primär auf seine Funktion als Lehrer: Lehrer haben den Auftrag, Wissen zu vermitteln und zu überprüfen, also auch Lehrer A. Die Erwartung, daß Schüler regelmäßig die Schule besuchen, richtet sich nicht nur an den Schüler X, sondern an alle Schüler: Sie gilt als Norm. Daß Schüler in der Schule möglichst viel und gründlich lernen sollen, daß sie dies besser tun sollen als Andere, daß dies über den Vergleich in Form von Prüfungen über ihre zukünftigen Lebenschancen mitentscheidet - dies wird gemeinsam über den Wert der Leistung begründet.

c) Sachliche und zeitliche Generalisierung erreichen ihre eigentliche Geltung über die soziale Generalisierung, durch Institutionalisierung. Sie bedeutet, daß ein Erwartender von der Selbstverständlichkeit der Zustimmung anonymer Dritter ausgehen kann. So wird ein Lehrer, der einem Schüler für eine Klausur eine Note gibt, unterstellen können, daß wohl jeder diesen Vorgang der Notengebung als selbstverständlich zu seinem Aufgabenbereich zählen wird. Die generalisierende Funktion des anonymen Dritten kommt dadurch zustande, daß er den bereits bestehenden Konsens über die Sinneinheit der jeweiligen Institution repräsentiert. Dieser Konsens ist nach Luhmann insofern überzogen, als er "im Erwarten der Erwartungen vorweggenommen wird, kraft Unterstellung fungiert und darum normalerweise gar nicht mehr konkret abgefragt werden muß"[20]. So setzt der Lehrer bei seiner Benotung voraus, daß jeder dies als seine Aufgabe ansehen wird, wenn er ihn danach fragen würde. Er wird auch nach diesem Vorgang keineswegs auf den Gedanken verfallen, sich dieses Konsenses zu vergewissern.

Besonders interessant ist im vorliegenden Zusammenhang nun folgender Punkt: Menschliches Handeln wird als solches erst ermöglicht durch Systembildung, und Systembildung bedeutet neben

der Festsetzung einer Innen/Außen-Differenz die Generalisierung von Erwartungen, damit auch die Geltung dieses Konsenses. Wenn nun der Konsens über die Erwartung von Erwartungen immer schon Geltung haben muß, damit von menschlichem Handeln gesprochen werden kann, so ist die Herstellung bzw. Entstehung dieses Konsenses, also von Institutionen, durch menschliches Handeln nicht mehr rekonstruierbar. Menschliches Handeln setzt Institutionen voraus - und nicht umgekehrt. Durch diese Immunisierung der Geltung von Institutionen gegen ihre Genese entwickeln diese nun eine gewisse Eigengesetzlichkeit. Aber wenn auch Luhmann auf diese Weise die Entstehung und Geltung (d.h. auch: Veränderung) von sozialen Systemen von den Handlungsweisen der Personen abkoppelt, so kommt doch die Spezifität seiner doppelten Fragerichtung gerade darin zum Ausdruck, daß er trotz der Betonung der Verselbständigung sozialer Systeme an der 'Freiheit', der Autonomie der Person festhält.
Wie kann nun die Unabhängigkeit von sozialen Systemen und Subjekten, ihre Verselbständigung gegeneinander, so gedacht werden, daß sie für beide Seiten eine Autonomisierung bedeutet, eine nicht nur forschungsanalytische, sondern 'substantielle' Unabhängigkeit? Soziale Strukturen sind sinnhafte Selektionsleistungen aus dem Universum logisch denkbarer Möglichkeiten. Dies bedeutet, daß immer auch andere Möglichkeiten negiert wurden, als solche aber erhalten bleiben. Für die Geltung dieser Selektionen, die wiederum Voraussetzung für menschliches Handeln ist, ist es von Bedeutung, daß dieser Selektionscharakter latent bleibt[21], weil dadurch die Struktur als selbstverständliche erst gesichert wird. Latenz bedeutet, daß den handelnden Personen im sozialen System der eigentliche Sinn ihrer Handlungen nicht bewußt wird. "Ein Handlungszusammenhang ist Moment eines gesellschaftlichen Systems, seine Funktion läßt sich daher nur adäquat begreifen, wenn er auf das Problem der Stabilisierung dieses Systems in einer komplexen Umwelt bezogen wird. Die Zwecksetzung der Subjekte trifft allenfalls Teile dieses objektiven Zusammenhangs, als ganzer bleibt er ihnen verborgen"[22]. Luhmann nimmt an, daß sich die Zwecke des Systems von denen der Subjekte unterscheiden und daß dies systematisch

verallgemeinerbar ist[23]. Dies stellt die eigentliche Begründung der Unabhängigkeit von sozialen und personalen Systemen, verstanden als gegenseitige Autonomie, dar.
Wenn ein Schüler etwa eine gute Note erhalten will, dafür arbeitet, sein Bestes gibt, so mag man dies als seine subjektive Motivation bezeichnen, die zugleich das soziale System Schule anerkennt. Dennoch kann man diese Motivation vom Zweck der Schule unterscheiden, der etwa darin besteht, in bestimmte Arbeits- und Verkehrsformen einzuführen und gemäß eines vage unterstellten Bedarfs des ökonomischen Sektors zu selektieren. Deutlicher wird dieser Unterschied fraglos bei 'abweichendem' Schülerhandeln: Wenn ein Schüler die Motivation hat, den Unterricht so schnell als möglich zu verlassen, die Schule schwänzt, nicht mitarbeitet, schlechte Noten erhält, sitzenbleibt, so berührt diese Motivation dennoch nicht den angegebenen Zweck der Schule. Es kommt nicht so sehr auf seine Motive, Bedürfnisse etc. an, sondern darauf, daß er als Handelnder im sozialen System auftaucht, daß er also die Erwartungserwartungen in irgendeiner Form erfüllt. Ob etwa ein Lehrer das Motiv hat, die Schüler zu kritischen Bürgern zu erziehen oder nur seinen Job zu handhaben, ob er meint, der verdorbenen Jugend müsse es endlich einmal gezeigt werden oder familiäre Defizite müßten kompensiert werden - all dies ist für das soziale System Schule insofern irrelevant, als er die Zwecke des Systems nicht in Frage stellt. Der Lehrer oder Schüler als Personen sind nicht Teil des Systems, sondern nur ihre Handlungen[24]. Personen sind Umwelt des sozialen Systems[25]: Was für diese rational erscheinen mag, ist es für jenes nicht notwendig und umgekehrt. "Die funktionale Stabilisierung (des sozialen Systems - A.S.) geht nicht von den Bedürfnissen der Persönlichkeiten, sondern von selbständig konzipierten Bestandsproblemen aus"[26]. Um dies auf den Ausgangspunkt der 'Weltkomplexität' zu beziehen: "Ein System handelt demnach rational in dem Maße, als es Komplexität absorbieren und die damit aufgeworfenen Probleme lösen kann"[27]. Persönliche Bedürfnisse, Motive, Ängste usw. sind nicht maßgeblicher Indikator für die Veränderung von sozialen Systemen. Diese reagieren auf den Faktor Persönlichkeit, soweit er als

Umwelt den Bestand des Systems problematisiert, soweit also etwa solche Motive und Bedürfnisse die vom System erwarteten Handlungsweisen zu stören geeignet sind.
Eine solche Perspektive hat nun Konsequenzen, die in der Literatur bereits häufig diskutiert wurden, und von denen hier drei genannt werden sollen.

1. Soziale Systeme lassen sich nur noch von ihrer formalen Funktion her begreifen, ihre (inhaltliche) Notwendigkeit kann nicht mehr begründet werden. Die Funktion jedes sozialen Systems ist es, Weltkomplexität zu reduzieren auf System- und Umweltkomplexität, um menschliches Handeln zu gewährleisten. Eine solche Bestimmung sagt noch nichts aus darüber, ob diese Reduktion adäquat ist oder nicht, ob nicht eine andere angemessener wäre. Man kann dies auch so ausdrücken: Es ist beliebig, welche Reduktion von Komplexität, welche Systembildung vorliegt, da jede (qua Systembildung) die gleiche Funktion erfüllt. Luhmanns Theorie bietet kein Kriterium dafür, wann ein System seine Aufgabe besser erfüllt und wann nicht. Hierzu reicht die formale Konstatierung einer zunehmend höheren Komplexität als Fortschritt nicht aus. Inhaltliche Kriterien setzen an den Interessen und Bedürfnissen der Beteiligten, der im sozialen System handelnden Personen an[28]. Dieses Problem stellt sich in Luhmanns Theorie vor allem dann, wenn für eine bestimmte Problemsituation verschiedene funktional äquivalente Reaktionsweisen des Systems möglich sind: Diese mögen zwar funktional äquivalent sein bezogen auf das Problem der Reduktion von Komplexität, jedoch bedeutet dies gerade keine Entscheidungsgrundlage, die eine dieser Möglichkeiten favorisieren würde.
2. Für das Subjekt, das personale System, ist das Ergebnis zweischneidig: Zum einen bedeutet dies seine Autonomisierung, seine Freisetzung von der Verfügung durch das soziale System, zum anderen aber liegt der Preis dafür in der Privatisierung seiner Bedürfnisse, Interessen und Anliegen. Das Subjekt hat keine Möglichkeit, soziale Systeme gemäß eben diesen Bedürfnissen usw. anzugehen: Die Subjekte sind

freigesetzt um den Preis sozialer Irrelevanz. Andererseits wird man davon ausgehen müssen, daß sich diese seine Bedürfnisse, Wünsche etc. an den mit dem (den) sozialen System(en) gegebenen Erlebnis- und Verhaltensprämissen orientieren. Insofern könnte man dennoch von einem Vorrang des sozialen Systems sprechen, der aufgrund seiner formalen Leistung nicht inhaltlich kritisiert werden kann[29].

3. Der mit der Systembildung unabhängig von den Subjekten, also voraussetzungslos entworfene Sinnzusammenhang weist auf die Frage hin, wie denn Intersubjektivität, also die Beziehung zwischen Personen zu denken ist. Diese Intersubjektivität erscheint, wenn man die Bildung sozialer Systeme, also einen objektiv präformierten Sinn als Voraussetzung menschlichen Handelns setzt, nur auf der Grundlage eben dieses vom sozialen System vorgegebenen Sinnes möglich. Dies aber würde bedeuten, daß die Personen nicht als Personen miteinander interagieren könnten, sondern nur als Handlungsträger eines sozialen Systems, das ihre Persönlichkeit als Umwelt definiert. Wenn man andererseits davon ausgeht, daß Personen als Personen miteinander interagieren können, so müßten sie eigenständig in der Lage sein, Sinn herzustellen - womit wiederum die voraussetzungslose Genese von Sinn durch Systembildung fragwürdig würde.

Es handelt sich hierbei um zentrale Schwierigkeiten des Luhmannschen Ansatzes. Dennoch soll damit nicht vorschnell die Rekonstruktion abgebrochen werden, da der bisher dargelegte Rahmen seiner Theorie erst die Problemstellung akzentuiert, auf die die jüngere Theorieentwicklung (auch und vor allem die Theorie der Sozialisation und der Ansatz zur Pädagogik) zu reagieren versucht. Diese Problemstellung könnte man etwa so fassen: wenn personale und soziale Systeme als autonome gegeneinander Umwelt sind, wie ist dann ihr Verhältnis genau angebbar an der Nahtstelle, dem Handeln im System? Wie werden also Personen dazu gebracht, im System zu handeln und wie ist, wenn die Systemstruktur sich prozessual über Handlungen abwickelt, die Autonomie des sozialen Systems zu denken?
Man kann sich diese Problemstellung relativ deutlich vor Augen

führen, wenn man auf einen bisher nicht hervorgehobenen Aspekt der Verselbständigung von personalen und sozialen Systemen hinweist: Mit ihr wird nicht nur die Person zum in sich zentrierten Subjekt, sondern auch das soziale System. Der Subjektbegriff muß demnach auch auf soziale Systeme übertragen werden. So wird etwa der Reflexionsbegriff seiner Bindung an die intellektuelle Kompetenz eines personalen Subjekts entzogen und für alle Systeme reklamiert: Reflexion gilt als Sonderfall der Relationierung[30], bezogen auf soziale Systeme der Selbst-Thematisierung. Der Bezug auf sich selbst (Selbstreferenz) und der Bezug zur Umwelt werden so von sozialen Systemen selbst thematisiert und zur Grundlage der Problemformulierung und -abarbeitung gemacht. Man mag sich nun fragen, wie dies vor sich gehen soll, wenn die Grundeinheit sozialer Systeme Handlungen sind. Man kann sich vorstellen, daß solche Handlungen angesichts neu entstehender oder sich verändernder Umwelten Lernprozesse auslösen. Wenn das Problem entsteht, daß es auf einmal (aufgrund finanzieller Erwägungen) zu viele Lehrer gibt, muß ihr Zustrom zur Schule kanalisiert und eingeschränkt werden; wenn immer mehr Eltern sich gegen die Prügelstrafe in der Schule zur Wehr setzen, muß dem Rechnung getragen werden; wenn das System Schule sich selbst als gerecht in Bezug auf seine Selektionsfunktion definiert, dann muß dem Vorwurf eines Mittelschicht-Bias begegnet werden usw. Doch wer faßt diese Sachverhalte als Probleme, wer gibt Lösungen vor? Wem muß diese Problemformulierung und dieser Lösungsvorschlag zugerechnet werden - dem sozialen System, seinen sachlich generalisierten Handlungseinheiten (Rollen)? Nach welchen Kriterien erfassen diese das Problem und erarbeiten Lösungsmöglichkeiten? Inwiefern sind diese Aktivitäten nicht den Personen zuzurechnen? Inwieweit sehen also Personen als im sozialen System Handelnde von ihrer Personalität ab und wie werden sie dazu gebracht? Worin besteht also eigentlich die Autonomie des sozialen Systems?

Diese Fragen zeigen, daß das Problem des Verhältnisses von personalen und sozialen Systemen, von System und Subjekt, mit ihrer Verselbständigung gegeneinander noch nicht gelöst ist, sondern daß sich im Anschluß an diese Verselbständigung Prüfsteine ihrer Begründung ergeben. Mit der Konzipierung des Systems als Subjekt und des Subjekts als System ergibt sich auch eine ganz spezifische Fragerichtung im Hinblick auf Probleme der Sozialisation und Erziehung, die ich im Folgenden angehen möchte.

II. SYSTEM UND SOZIALISATION

Die klassische Lösung funktionalistischer Systemtheorien bezogen auf die Frage, wie soziales und personales System unterschieden werden können, obwohl sie in den Handlungsweisen als identisch erscheinen könnten, besteht im Rollenbegriff. Die Rolle bezeichnet dabei gemeinhin die Erwartungen, die sich innerhalb eines sozialen Systems auf eine bestimmte in ihren Aufgabenbereichen definierte Position richten. Es ist im vorliegenden Zusammenhang nicht so wichtig, dieses Konzept und seine Problematik zu entfalten, da es hier primär auf seine theoretisch-systematische Funktion ankommt. Der Rollenbegriff bezeichnet eine Systemeinheit, die vorgegeben ist und in die Individuen rekrutiert werden - aber nicht als Individuen, sondern als Rollenträger, d.h. als 'ausführende Organe' der die entsprechende Rolle kennzeichnenden Aufgaben. Es kommt nicht darauf an, was ein Subjekt bei der Erfüllung dieser Aufgaben empfindet, sich vorstellt oder will, sondern darauf, daß diese Aufgaben erfüllt werden. Nicht die Zielvorstellungen, pädagogischen Maximen, die Bedürfnisse des Lehrers etwa noch die Handlungsweisen, mit denen er sich identifizieren kann, sind von Bedeutung, sondern daß er die an seine Position herangetragenen Erwartungen erfüllt - Erwartungen, die an jeden Lehrer, also unabhängig von seiner Person, gestellt werden[1].

Die funktionalistische Theorie Parsons' geht nun davon aus, daß sich die Erwartungen der anderen Rollenträger und die Handlungsweisen des entsprechenden Rolleninhabers entsprechen, was bedeutet, daß die Rollenerfüllung, also das Handeln im sozialen System subjektunspezifisch erfolgt. Wenn die Rollenerfüllung sich mit den systemspezifischen Erwartungen deckt, ist kein Platz mehr für eine Zurechnung der Handlungsweise zum Subjekt.

Was aber macht nun dieses Subjekt aus, welches im sozialen System als Rollenträger auftritt? Wenn man den Ansatz Parsons' betrachtet, so geht das Subjekt in seinen Rollen auf: Seine

Subjektivität ist die spezifische Anordnung von Rollen, die es zu erfüllen hat. Daß neben diesem Ensemble von Rollen die Subjektivität einen über die sozial sanktionierten Erwartungen hinausgehenden Faktor ausmachen könnte, wird durch ein Sozialisationskonzept ausgeschlossen, das die Entwicklung von Bedürfnissen und Motiven an die Übernahme von Rollen bindet[2].
Nun ist allerdings kaum zu übersehen, daß A, obgleich ebenso Lehrer wie B, seine Rolle ganz anders spielt: Er läßt sich einfach nicht durch die Schüler aus der Ruhe bringen, erklärt alles mehrmals geduldig, toleriert einen etwas höheren Geräuschpegel als B usw. Dieser Unterschied läßt sich wohl kaum auf das von beiden zu bewältigende Repertoire an anderen Rollen (positionsgebundene Erwartungen) zurückführen. Wenn man bemerkt, daß B viel gereizter reagiert, weil er zu Hause vier Kinder habe, die seine Nerven bereits genügend strapazieren, so verläßt dieser Erklärungsversuch schon das Feld der skizzierten Rollentheorie. Wenn die Erfahrungen und Bedrängnisse in anderen Bereichen sich auf die Form der Erfüllung von Rollenerwartungen auswirken, so muß zwischen diesen und ihrer Ausführung unterschieden werden, wobei diese Unterscheidung gerade am subjektiven Faktor festzumachen ist. Wie aber will man diese Subjektivität fassen?
Wenn man Subjektivität nicht substanztheoretisch begründen will, so bietet sich eine formale Vorgehensweise an, wie sie etwa von Autoren des Symbolischen Interaktionismus vertreten wird. Die Identität des Subjekts als über die Erfüllung von Rollenerwartungen hinweg bleibende Sichselbstgleichheit drückt sich aus in der spezifischen Form, in der das Subjekt auf diese Rollenerwartungen reagiert - Rollenanforderungen, die nur im Grenzfall des Befehls den subjektiven Interpretationsspielraum ausschließen. Identität des Subjekts bezeichnet dann die spezifische Form der Wechselwirkung von objektiven Anforderungen und subjektiver Reaktion auf diese Anforderungen[3] - eine Identität, die änderbar und immer wieder neu herzustellen ist[4].
Eine solche Auffassung läßt die Frage nach den Bestimmungsgründen dieser subjektiven Reaktion offen[5]: ob es dabei um Bedürfnisse, Motive oder begründete Prinzipien des Handelnden geht,

bleibt unbeantwortet[6].
Gegenüber dem klassischen Rollenkonzept Parsons' betont Luhmann ebenfalls die Unabhängigkeit des Subjekts von Rollenerwartungen, seine Möglichkeit, diesen auch ablehnend gegenüberzustehen. Obwohl er mit der Komplexitätsproblematik einen anderen Ausgangspunkt nimmt als der Symbolische Interaktionismus, ist seine Argumentation jedoch ebenfalls auf den formalen Identitätsbegriff gerichtet. Das personale System wird als ein System betrachtet, das selbstreferentiell, also auf sich selbst bezogen, Kriterien und Maßstäbe für Selektionsleistungen von Komplexität gewinnt. Das Bedürfnis nach Essen wird wahrgenommen und durch den Gang zum Kühlschrank berücksichtigt - eine unter mehreren Möglichkeiten, auf dieses Bedürfnis zu reagieren. Das Konzept des Subjekts als selbstreferentiellem System markiert einen Unterschied etwa zum Vorgehen Meads: Auf soziale Erwartungen wird nicht unmittelbar und spontan reagiert, sondern diese werden vom Subjekt erst in ihrer Bedeutung für es selbst umgesetzt, selbstreferentiell interpretiert, und es ist dieser Selbstbezug, der Reaktionen (die in Anbetracht verschiedener Möglichkeiten immer Selektionen genannt werden können) auslöst. Bei Mead waren soziales und personales System in der Dialektik von (internalisierter) Erwartung und spontan-subjektiver Reaktion darauf immer aufeinander bezogen: Durch die Umsetzung solcher Erwartungen in die Selbstreferenz löst sich dieser Zusammenhang (gemäß der Trennung von personalem und sozialem System bei Luhmann) auf. Nun ist die Selbstbezüglichkeit, das Insichzentriertsein des Subjekts ebenfalls an formale Kriterien seiner Identität, seiner Identifizierbarkeit als sinnvoll interpretierbarer Einheit, gebunden. Auch hier sind die Bestimmungsgründe subjektiven Handelns offenbar unerheblich.
Diese formale Identitätsbestimmung enthebt nun nicht der doppelten Fragestellung, die am Ende des letzten Kapitels formuliert wurde: Wie wird das in sich als System zentrierte Subjekt befähigt, die Handlungen zu vollbringen, die als konstitutive Grundeinheit des sozialen Systems betrachtet werden können? Und: Ist das Subjekt immer schon ein selbstreferentielles System oder entwickelt es sich zu einem solchen? Wenn man

letzteres bejaht, also Entwicklung annimmt, ist man dann nicht gezwungen, diese qualitativ anzugeben und wie macht man das, ohne die formale Identitätstheorie zu verlassen? Gestellt ist damit das klassische Thema einer Theorie der Sozialisation, das der Einheit von Vergesellschaftung und Individuierung - hier im Hinblick auf einen formal angebbaren Zielpunkt, von dem her der Prozeß der Sozialisation rekonstruiert werden kann. Sozialisation als die Entwicklung der Subjektivität an sozialen Systemen setzt eine Beziehung beider, sich als Umwelt gegenüberstehender Systeme, voraus, die für das personale System Entwicklungskonsequenzen angebbar macht.
Luhmann erläutert diese Beziehungsform zunächst auf der allgemeinen Ebene des Verhältnisses zweier Systeme (also nicht bezogen auf das Verhältnis: personales - soziales System) mit Hilfe des Begriffs der Interpenetration. "Von Interpenetration soll immer dann die Rede sein, wenn die Eigenkomplexität von Umweltsystemen als Unbestimmtheit und Kontingenz für den Aufbau eines mit ihnen nicht identischen Systems aktiviert wird. Solche Umweltsysteme bezeichnen wir im Hinblick auf das System, das sie ermöglichen (aber nicht sind) als interpenetrierende Systeme"[7]. Der Aufbau und die Entwicklung von Systemen erfolgt also dadurch, daß sie Systemen gegenüberstehen, die zum einen für sie relevant sind, d.h. "konstitutiv unerläßlich"[8], und die zum anderen in ihren Handlungs- bzw. (Re-)Aktionsweisen für das betreffende System nicht vorhersehbar sind. Diese komplexen Umweltsysteme wirken also durch ihre Relevanz auf das sich konstituierende System, sie interpenetrieren in dieses System und zwingen dieses dazu, das, was bei ihm noch instabil ist, so zu stabilisieren, daß es mit der eigenen Komplexität umgehen kann, sie also derart reduzieren kann, daß sie für es selbst wie auch für die interpenetrierenden Umweltsysteme erwartbar wird.
Wenn man dieses Modell nun auf das Verhältnis von Subjekt und Institution, von personalem und sozialem System überträgt, so ist durch den Grundrahmen der Luhmannschen Theorie schon eine Vorentscheidung getroffen: Sie betrifft den höheren Komplexitätsgrad von Personen, die gerade dadurch zu interpenetrieren-

den Systemen bestimmt werden. Personen interpenetrieren in soziale Systeme und nicht umgekehrt. Die oben genannte Relevanz ergibt sich für beide aus der "existentielle(n) Beziehung von Individuum und Gesellschaft (oder: daß keines ohne das andere existieren kann)"[9].
Die Tatsache, daß Personen in soziale Systeme interpenetrieren und nicht umgekehrt, hat nun eine zweifache Bedeutung: Es ist die "opake Komplexität der interpenetrierenden Personensysteme (, die - A.S.) als Indeterminiertheit und Kontingenz erscheint"[10], die sowohl für den Aufbau sozialer Systeme konstitutiv wird wie auch für den Selbstaufbau der Person an diesen Systemen. Was den Aufbau sozialer Systeme betrifft, so besteht das Problem für Luhmann darin, "für jede Situation gültig zu erklären, wie Instabilität als Stabilitätsbedingung genutzt wird"[11]. Wie wird also die 'Freiheit' der Person bzw. die doppelte Kontingenz letztlich nicht berechenbarer Subjekte zur Konstitutionsbedingung sozialer Systeme? Die Antwort auf diese Frage wurde bereits gegeben: durch die Setzung einer Innen/Außen-Differenz und die Generalisierung von Erwartungen. Der Begriff der Interpenetration impliziert aber insofern mehr als diese Kriterien der Systembildung angeben, indem er darauf abstellt, daß die höhere Komplexität von Personen, ihre letztliche Unverfügbarkeit für das soziale System, immer wieder - in der Konfrontation mit 'etablierten' generalisierten Verhaltenserwartungen - Lernprozesse des Systems erforderlich macht. Die Beziehung von personalem und sozialem System wird in ihrem konstitutiven Charakter auf Dauer gestellt - als die von sozialem System und interpenetrierendem personalem System. Personale Systeme erhalten die Funktion von Dauerkatalysatoren für soziale Systeme.
Was bedeutet dieses Verhältnis nun für den Aufbau des personalen Systems? Unter der angegebenen Problemperspektive wird man nicht davon ausgehen können, daß eine Sozialisation des Subjekts durch normative Vorgaben des sozialen Systems erfolgt. "Nicht die Norm selbst - wo bliebe dann die Möglichkeit abweichenden Verhaltens? - kann als Sozialisationsitem dienen, sondern nur die Disjunktion, die Alternative, die sie auferlegt.

Die Norm kann, mit anderen Worten, dem Individuum nur als Duplikat angeboten werden, als Möglichkeit, sich erwartungsgemäß oder anders zu verhalten. Auf diese Weise bleiben Sozialsysteme und Person trotz Identität der Disjunktion differente Systeme"[12]. Die generalisierten Verhaltenserwartungen des sozialen Systems werden demnach vom Subjekt nicht einfach übernommen, 'internalisiert', wie dies etwa der Funktionalismus Parsons' unterstellte, sondern in die Übernahme geht Subjektivität selbst schon als Faktor ein. Sozialisation des Subjekts findet also nicht statt, indem die normativen Erwartungen, die im sozialen System in generalisierter Form auftreten, einfach in die eigene Struktur übernommen werden, sondern das Subjekt setzt sich immer schon (als unabhängig-autonomer Pol) mit diesen Erwartungen auseinander.
Auch um dieses Modell auszuführen, ist der Begriff der Interpenetration von Bedeutung. "Der Begriff der Interpenetration bietet ein breiter angelegtes Konzept. Der Ausgangspunkt ist, daß die systemeigene Komplexität der Person nur als Kontingenz in soziale Systeme eingebracht werden kann. Darin steckt eine Differenz, die für die Person selbst zur Erfahrung werden kann. Der soziale Kontakt bringt es mit sich, daß man eigene Möglichkeiten in derjenigen Bündelung erfährt, die andere benutzen, um sie zu negieren. Sowohl Zustimmung als auch Ablehnung, die man erfährt, selegieren im Kontrast zu einer unspezifischen Andersheit des auch Möglichen. Dadurch werden typische Sequenzen des Verhaltens aufgebaut, die für andere erwartbar ablaufen und so dem Handelnden selbst die Grundlage geben für das Erwarten von Komplementärverhalten. Die Notwendigkeit des Sequenzierens im sozialen Kontakt, dieses Zusammenwirken von Sozialität und Temporalität, wirft Probleme auf, die nur zu lösen sind, wenn man die Interpretation der eigenen Komplexität als Kontingenz, also als 'Modalisierung' des eigenen Verhaltens akzeptiert. Das ist die Voraussetzung jeder weiteren Schematisierung, etwa der Lösung von Zurechnungsproblemen durch die Differenzierung von Erleben und Handeln und der Lösung von Enttäuschungsproblemen durch die Differenzierung von kognitiven (lernbereiten) und normativen (nicht-lernbereiten)

Erwartungen .. Es ist diese so gut wie zwangsläufig sich ergebende Lage, die als Umwelt des personalen Systems dessen autokatalytischen, selbstselektiven Aufbau erzwingt"[13]. Das Subjekt als selbstreferentielles System, als Selektionszentrum, das die Kriterien seiner Handlungsweisen aus eigenen Systemerfordernissen gewinnt, konstituiert sich so als soziales wie als individuelles Wesen: als teilnahmekompetent für das soziale System sowie als selbstreferentiell aus den Reaktionen auf seine Kontingenz lernendes. Die Reaktionen des sozialen Systems verhelfen ihm zur Einschätzung dessen, was es als Erlebnis- und Handlungsmuster bei sich stabilisieren soll und was nicht - insofern ist Luhmanns Theorie der Sozialisation in Übereinstimmung mit dem Primat des sozialen Systems als Bedingung der Möglichkeit menschlichen Handelns zu sehen. Andererseits gelten seine Aktionen (also: Selektionen aus der Weltkomplexität) als Ausgangspunkt der Bildung des sozialen Systems sowie seiner Selbstbildung über die Reflexion ihrer Wirkungen. Es stellt sich demnach die Frage, ob die an den Begriff der Interpenetration anknüpfende Konzeption der Sozialisation des Subjekts nicht die Konzeption des sozialen Systems als Bedingung der Möglichkeit erwartbaren Handelns ersetzt. Die Konzeption der Sozialisation ist zwar vor dem Hintergrund der Trennung von personalem und sozialem System folgerichtig, aber es stellt sich dennoch die Frage, inwieweit die Vorrangordnung des sozialen Systems (als Bedingung der Möglichkeit des erwartbaren und 'sinnvollen' Handelns) durch dieses Konzept aufgehoben wird - und damit auch die Geltungsproblematik dieser sozialen Systeme wieder zur Disposition steht. Eine solche Frage wirft zugleich das Problem auf, inwieweit nicht die Begriffe des sozialen und personalen Systems vor dem Hintergrund der Sozialisationskonzeption unscharf werden - und damit auch ihre klare Trennung, die ja unmittelbar mit dem Geltungsproblem sozial induzierten Sinnes zusammenhängt. Eine Erörterung dieser Fragestellung möchte ich daher auch in zwei Aspekte gliedern: Der erste betrifft die Voraussetzung der Rede vom personalen System im Kontext der Sozialisation, der zweite die Frage, wem die Reaktionen des sozialen Systems zuzurechnen sind.

1.
Was das personale System, also das Subjekt als selbstreferentielles, sich nach Systemerfordernissen steuerndes Aktivitäts- und Erlebniszentrum, betrifft, so scheint eine schlichte petitio principii vorzuliegen: Das personale System, dessen Entstehung eine Theorie der Sozialisation zu klären hätte, wird immer schon vorausgesetzt, wenn vom Begriff der Interpenetration ausgegangen wird. Wenn der Ausgangspunkt die Erfahrung des Einbringens der "systemeigenen Komplexität" als Kontingenz in soziale Systeme ist, so ist das personale System Ausgangspunkt wie auch Endpunkt des Sozialisationsprozesses. Andererseits wird doch im Ausgangskonzept festgestellt, daß soziale Systeme Voraussetzung für sinnvolles menschliches Handeln sind. Um aus dieser Schwierigkeit herauszukommen, müßte man von anderen - aber systematischen - Steuerungsimpulsen bei der Person ausgehen wie beispielsweise einer Konzeption kindlicher Bedürfnisse. Eine solche Konzeption könnte die formale Theorie der Sozialisation aus der petitio principii herausführen, indem angegeben würde, wie aus einer 'vorsozialen' Konstellation von Bedürfnissen über die Möglichkeiten der Objektbeziehung, der lizensierten Befriedigung, Symbolisierung usw. ein 'personales System' im Sinne eines sinnvollen, begründungsfähigen - also menschlichen Handelns entsteht. Eine solche Konzeption findet sich bei Luhmann nicht. Man kann dafür einen systematischen Grund vermuten: Sie würde die These der Trennung von sozialem und personalem System insofern aufheben, als Bedürfnisse zu einem relevanten Faktor innerhalb des sozialen Systems würden, dadurch also, daß Bedürfnisse von Personen innerhalb des sozialen Systems zum Gegenstand der Auseinandersetzung würden. Damit käme der Faktor ins Spiel, der die Geltung des über soziale Systeme induzierten Sinnes zu problematisieren geeignet wäre.

Man kann die gleiche Frage auch an das 'sozialisierte Subjekt' richten: Als System muß es mehr sein als eine Sammlung generalisierter Verhaltenserwartungen. Deren selektive Integration zu einem System erfolgt an Kriterien (und sei es vermittelt über Anerkennung und Mißbilligung), die im Ansatz als subjektiv vorausgesetzt werden. Was aber sind diese Kriterien, wenn nicht subjektive Bedürfnisinterpretationen, Wertvorstellungen, die zur Beurteilung sozialer Systeme herangezogen werden usw.? Die Frage also, was die innersystemische Struktur des Subjekts ausmacht, wird ebensowenig beantwortet wie die nach ihrer Genese. Der subjektive Pol im Prozeß der Vergesellschaftung bleibt leer - komplex vielleicht, aber eben nicht immer schon als System. Was den Systemcharakter des Subjekts ausmacht, bleibt vor dem Hintergrund dieser Sozialisationstheorie offen.

2.

Die folgenden Überlegungen wollen nun den 'sozialen Pol' im Sozialisationskonzept problematisieren, alsp prüfen, inwieweit auch dieser Pol durch die Unschärfe seines Gegenpols an Klarheit einbüßt. Als Ausgangspunkt dieser Betrachtung wird man sich noch einmal vergegenwärtigen müssen, daß die letzte Einheit, der Baustein sozialer Systeme, für Luhmann nicht das in ihnen agierende Individuum ist, sondern die Handlung. Nun bleibt die Handlung allerdings immer auch eine der Person, d.h. man steht vor dem Problem, daß Handlungen von Personen in sozialen Systemen zugleich beiden zugehörig zu sein scheinen. Luhmann drückt dies so aus: "Die Einzelhandlung hat jeweils eine doppelte Systemreferenz: die des personalen Systems und die des sozialen Systems; sie reduziert entsprechend zwei Auswahlbereiche, zwei Binnenhorizonte unterschiedlicher Systeme, die mit je verschiedenen Varianten vorgeben, was als Handlung möglich ist"[14]. Wenn ein Lehrer beispielsweise das seiner Meinung nach penetrant störende Handeln eines Schülers dadurch beendet, daß er diesen hart zurechtweist, so ist dies funktional im Sinne der Norm eines ungestörten Unterrichts, also bezogen auf die Rationalität des Systems Unterricht. Bezogen auf diese Rationalität ist es ziemlich unerheblich, welche Motive er damit weiter noch verfolgt: ob er in diesem Zusammenhang seine Aggressivität abreagiert, pädagogische Ambitionen der Besserung verfolgt o.ä. Diese Motive mögen rational sein bezogen auf seine persönliche Lage, sein Selbstverständnis. Man geht in diesem Zusammenhang gemeinhin davon aus, daß die im sozialen System legitimierten Handlungsmöglichkeiten konstitu-

tiv sind für die Entwicklung und Abarbeitung personaler Motive, Selbstdefinitionen usw., sowie daß umgekehrt diese personalen Motive, das Selbstverständnis der Person, die sozial legitimierten Handlungsmöglichkeiten zumindest unter Problemdruck stellen, wenn nicht gar außerkraft setzen.
Die Problemstellung, die sich daraus ergibt, besteht darin, daß man fragt, inwieweit sich in der Befolgung von Normen ein persönliches, subjektives Moment ausmachen läßt bzw. inwieweit in die subjektiven Orientierungen, Bedürfnisse usw. gesellschaftliche Determinanten eingehen. Luhmanns Ansatz, der vom Subjektcharakter des sozialen Systems und vom Systemcharakter des Subjekts ausgeht, kommt hier notwendig zu einer anderen Problembestimmung: Wie ist eine klare und analytisch eindeutige Zurechnung einer Handlung zum personalen oder sozialen System möglich? Hier geht es also gerade darum, wie die personalen bzw. die sozialen Momente aus der Handlung auszuklammern sind. Solange den Handlungen ein subjektives Moment anhaftet, kann das soziale System kaum als Subjekt begriffen werden; solange die Orientierungen des personalen Systems auf soziale Normierungen bezogen werden, ist das personale System nicht als System im Sinne der Definition vorstellbar, weil seine Umweltgrenzen zum sozialen System hin als Umweltgrenzen aufgehoben werden. Zur Lösung dieser Problematik müssen nun Kriterien angegeben werden, die die eindeutige Zurechnung einer Handlung entweder zum sozialen oder zum personalen System gestatten.
Ob sich solche Kriterien sinnvoll angeben lassen, möchte ich nun im Folgenden an Luhmanns Sozialisationskonzept prüfen: An dieses wird also die Frage zu stellen sein, wem, wenn nun stärker der soziale Pol berücksichtigt werden soll, die sozialisierenden Handlungen zuzurechnen sind, wer also sozialisiert - das soziale System oder andere personale Systeme.
Luhmanns Antwort auf diese Frage lautet: das soziale System. Ego baut sich als personales System auf durch die Reaktion auf die selektiven Reaktionen des sozialen Systems auf seine (nicht sozial lizensierten) Selektionen. Diese Gegenüberstellung von personalem und sozialem System im Sozialisationskonzept hat ihre systematisch-theoretische Grundlage im Begriff der Inter-

penetration, wie oben dargelegt wurde: Die Selbstreferenz des noch-nicht-sozialisierten personalen Systems kommt im sozialen System als Kontingenz an und veranlaßt dieses, seiner Rationalität gemäß zu reagieren, was als Differenz zur Handlung des interpenetrierenden personalen Systems für dieses zur Lernchance wird. Wem sind nun diese Reaktionen zuzurechnen? Hier ist zunächst Luhmanns Option für eine Zurechnung zum sozialen System zu prüfen (2a). Anschließend möchte ich die Möglichkeit einer Zurechnung zu anderen personalen Systemen (im Sinne Luhmanns) untersuchen (2b).

2a. "Was wird dem Handeln abverlangt, wenn es als Element, als temporalisiertes Element im Aufbau sozialer Systeme fungiert?"[15] Auf diese Frage, die man als die nach den Kriterien einer Zurechnung von Handlungen zum sozialen System auffassen kann, antwortet Luhmann mit der Angabe verschiedener Funktionen von Handlungen, die ich am Beispiel des disziplinierenden Lehrerhandelns erläutern möchte. "Handlungen müssen als Systemelemente einerseits allgemeine Züge tragen (nämlich als Handlungen überhaupt erkennbar und verständlich sein) und sich außerdem durch Selektion ihrer Beziehungen zu anderen Handlungen des Systems besonders qualifizieren. Sie setzen bereits vollzogene Handlungen fort, bahnen künftige Handlungen an, durchkreuzen andere Handlungsvollzüge, verhindern Handlungen, die an ihrer Stelle möglich gewesen wären .. Was eine Handlung zur Handlung macht, ist (..) die Tatsache, daß sie in einem System als Element für Relationierungen in Anspruch genommen wird"[16]. Man kann sich dies an der disziplinierenden Lehrerhandlung leicht verdeutlichen: Sie ist sowohl in ihrer Funktion der Aufrechterhaltung eines 'ungestörten Unterrichtsprozesses' verständlich wie auch in ihrer Relation zu anderen Handlungen innerhalb des Systems Unterricht. Sie versucht, die Handlungsweise des Schülers zu unterbinden und gibt damit ebenfalls vor, "welche Handlungsanschlüsse in Betracht kommen"[17]. Der Schüler kann weitermachen bei Gefahr der Verschärfung des sanktionierenden Eingriffs oder seine Handlungsweise beenden, um aus dem Zentrum der Aufmerksamkeit des Lehrers zu rücken. Nun ist aber andererseits auch deutlich, daß mit diesen Bestimmungen kein Kriterium für die Zurechnung von Handlungen zum sozialen System gegeben ist. Wer nimmt die Relationierung von Handlungen vor, vollzieht die selektiven Handlungsanschlüsse? Es bleibt unklar, wie die handelnde Person anhand dieser Bestimmungen analytisch ausgegrenzt werden kann.

Auch die zwei weiteren von Luhmann in diesem Zusammenhang angeführten Punkte können das Problem der Zurechenbarkeit von Handlungen eher benennen als einen Beitrag zu seiner Lösung liefern. Daß Handlungen als auf Zukunft gerichtete Kontinuität verlangen, soll die Orientierung bestehen bleiben, daß (im sozialen System) Überschüsse an Handlungen produziert werden, die als Möglichkeit irgendwie überschaubar gemacht werden müssen - diese Annahmen konstituieren (wie Luhmann selbst sieht) erst das Problem, daß Handlungen durch Zurechnung identifiziert werden müssen[18]. Das Problem bleibt allerdings in der Schwebe: "Diese Überlegungen haben divergierende Konsequenzen je nachdem, ob man sie auf Personen oder soziale Systeme als Handelnde bezieht. In beiden Fällen honoriert die Zurechnung, daß das handelnde Subjekt Varianz konstituiert (nämlich viele Zustände annehmen kann und die eigenen Zustände laufend ändert) und sie selbsttätig reduziert. Genau das <u>ist</u> diejenige (komplex-selektive) Einheit, auf die die Zurechnung die Handlung bezieht"[19]. Soweit die Bestimmung des Problems, die den Punkt angibt, an den Kriterien anzulegen wären.

Bedeutsam ist nun, daß Luhmann zwei Wege der Zurechnung von Handlungen zum sozialen System offen läßt: Er unterscheidet eine direkte von einer indirekten Zurechnung der Handlungen zum sozialen System. "Gegen eine weit verbreitete Auffassung gehen wir mit Parsons davon aus, daß sowohl personale als auch soziale Systeme handeln können - soziale Systeme zwar nur unter besonderen Voraussetzungen (..), dann aber auch in Formen, die nicht unbedingt auf Handlungen von Einzelpersonen zurückgeführt werden können, zum Beispiel auf dem Aggregationsniveau von Mehrheitsbeschlüssen"[20]. Auch wenn man hier Einwände formulieren könnte wie etwa die Frage, wie denn solche Beschlüsse zustandekommen, welche Interessen in ihnen als Kompromiß gesetzt sind, so soll dem nicht weiter nachgegangen werden, da der zweite Weg der Zurechnung unmittelbar das Verhältnis von personalem und sozialem System betrifft, sich demnach auch die angedeuteten Probleme in ihm konkretisieren. "Wenn eine Person in sozialen Systemen handelt, so stellt sie ihre Varianz zur Verfügung, die als Handeln gelesen und verwendet werden kann"[21]. Damit wären wir wieder beim Problem der Interpenetration, das ja gerade die Frage nach den Kriterien der Zurechnung aufgeworfen hatte. Um es auf den Aspekt der Sozialisation hin zu beziehen: Wenn der Sozialisand als interpenetrierendes personales System durch seine Handlung im sozialen System diesem seine Varianz zur Verfügung stellt derart, daß von Anderen im sozialen System darauf reagiert wird (Handlungsanschlüsse) - eine Reaktion, die wiederum, soll sie sozialisierend sein, eine gewisse Konsistenz und Kontinuität verlangt - , ist dann diese Relationierung der Handlung in Systembelange hinein den reagierenden Personen oder dem sozialen System zuzurechnen? Das Zurechnungsproblem durch den Hinweis auf das Konzept der Interpenetration lösen zu wollen, ist nicht möglich, weil in diesem Konzept bereits die Zurechnung als Problem gesetzt ist.

Wenn man die disziplinierende Handlung des Lehrers als sozialisierende Handlung begreifen will, wie ist es dann möglich (wie das im auf den Interpenetrationsbegriff bezogenen Konzept Luhmanns vorgesehen ist), diese Handlung dem sozialen System zuzurechnen? Zur Beantwortung dieser Frage könnte man darauf zurückgreifen, daß soziale Systeme (unter Stabilisierung einer Innen/Außen-Differenz) aus generalisierten Verhaltenserwartungen aufgebaut sind. Wenn demnach der Lehrer in seinen Handlungsweisen diese generalisierten Verhaltenserwartungen als Korrektur für die Interpenetration des Sozialisanden ausdrücken würde, hätte man dann ein Kriterium für die Zurechnung seiner Handlung zum sozialen System? Nun entspricht das Handeln sicherlich generalisierten Erwartungen des Schülers: Schüler erwarten disziplinierende Eingriffe, auch wenn sie längere Zeit einmal nicht vorgekommen sein sollten (zeitliche Generalisierung), von jedem Lehrer, also unabhängig von der jeweiligen Person (sachliche Generalisierung); sie gehen weiterhin davon aus, daß es institutionalisiertes Recht des Lehrers ist, sie zu disziplinieren (soziale Generalisierung). Diese generalisierten Erwartungen gelten auch für den Lehrer, d.h. also relativ unabhängig von seinen Motiven. Als generalisierte Erwartungen legen sie allerdings nicht sein Verhalten für konkrete Situationen fest. Er könnte also am nächsten Tag auf das gleiche Schülerverhalten nicht disziplinierend reagieren, es dulden, ohne daß er die generalisierten Erwartungen verletzen würde. Erwartungen konstituieren demnach als generalisierte einen Ermessensspielraum, Subjektivität in der Befolgung. Dem Lehrer steht ebenso wie dem zu sozialisierenden Schüler zumindest die Alternative der Anerkennung bzw. Ablehnung einer normativen Erwartung in der spezifischen Situation offen. Dies aber bedeutet, daß eine mögliche Differenz von generalisierter Norm und individueller Handlungsweise miterwartet werden muß. Die Erwartung ist demnach nie eine nur-generalisierte, sondern immer auch eine situations- und personbezogene. Daß Lehrer disziplinierend eingreifen können und sollen, diese generalisierte Erwartung ist immer gekoppelt mit der konkreten Erwartung an den Lehrer X, daß dieser als Person in der betreffenden Situation diese Erwartung enttäuschen wird: Man weiß, was man sich bei welchem Lehrer etwa leisten kann.

Die Geltung der generalisierten Erwartung wird demnach (entgegen der These Luhmanns, daß diese immer schon vorausgesetzt werden muß) ständig auf Personen und Situationen, auf Subjektivität hin relativiert. Generalisierte Erwartungen richten sich als soziale Struktur auf Handlungsweisen von Personen mit normativem Geltungsanspruch und lassen der Person (aufgrund ihrer generalisierten Form) einen Ermessensspielraum. So betrachtet, akzeptiert Luhmann das personale System als Subjekt der dialektischen Vermittlung von sozialer Struktur und deren Realisierung in Handlungen. Genau dies macht aber andererseits eine eindeutige Zurechnung von Handlungen zum sozialen System unmöglich: Luhmanns Option für die Autonomie des personalen Systems, wie sie sich in der Konzeption der Generalisierung von Erwartungen statt wie bei Parsons von Normen ausdrückt, schlägt hier auf die postulierte Autonomie des sozialen Systems, auf seinen Subjektcharakter zurück. Diese Autonomie und damit die Begründung des sozialen Systems als Subjekt der Sozialisation ist nicht angebbar.

Man kann sich das verdeutlichen, wenn man sich einen möglichen Ausweg vor Augen führt. Angesichts des Sachverhalts, daß die Person, konfrontiert mit generalisierten Verhaltenserwartungen, immer zumindest die Möglichkeit der Anerkennung oder Ablehnung ihres normativen Geltungsanspruchs hat, könnte man vielleicht auf den Gedanken kommen, daß man ihre Handlungsweise dann dem sozialen System zurechnen könnte, wenn sie die generalisierten Verhaltenserwartungen akzeptiert. Man hätte dann gleichsam ein Rollenhandeln im Sinne Parsons'. Jedoch ist dieser Ausweg für Luhmann aus zwei Gründen, die mit seiner Betonung der Person als autonomem System und des sozialen Systems als Subjekt zusammenhängen, nicht gangbar: Zum einen wäre mit einer solchen Grundlage für die Zurechnung von Handlungen zum sozialen System auf die Einheit von persönlichem Motiv und systemischem Zweck abgestellt, die die Autonomisierung beider Systeme gegeneinander aufheben würde. Würde man diese Einheit nicht als systematische Identität von personalem System und institutionalisierten Zwecken annehmen, wie dies Parsons tut und damit dem Subjekt keine Chance zur Subjektivität läßt, sondern als eine Möglichkeit des Subjekts, sich zu entscheiden, so wäre auch in diesem Falle die Zurechnung der Handlungsweise zum sozialen System kaum möglich, weil dessen Autonomie gerade dadurch relativiert würde, daß ihre Anerkennung hier nur durch das Subjekt hindurch zustande käme.

Man kann also zusammenfassend sagen, daß keine Möglichkeit auszumachen ist, das soziale System als Handlungs- und das heißt hier: als Sozialisationssubjekt zu begründen. Dies bedeutet aber auch, da das autonome Nebeneinander von personalem und sozialem System der strategisch wichtigste Punkt der Theoriebildung Luhmanns ist, daß die zentrale These des sozialen Systems als Subjekt kaum haltbar ist. In der konkreten Untersuchung verlieren die Konzepte des personalen und sozialen Systems ihre Schärfe. Diese These, die den gesamten Rahmen der Systemtheorie Luhmanns trifft, möchte ich (bezogen auf das Sozialisationskonzept) noch aus einer anderen Perspektive beleuchten: Der Unmöglichkeit der eindeutigen Zurechnung sozialisierender Handlungen zum sozialen System entspricht diejenige ihrer eindeutigen Zurechnung zum personalen System, womit beide Begriffe auf der objektiven Seite des Sozialisationskonzepts, derjenigen des sozialisierenden Subjekts, unscharf werden.

<u>2b.</u> Will man die sozialisierende Handlung dem Subjekt als personalem System zurechnen, also die Dialektik von sozialer Struktur und deren Realisierung in Handlungen zugunsten des subjektiven Pols zerreißen, so ergeben sich zwei verschiedene Möglichkeiten: Zum ersten kann das personale System (innerhalb des sozialen Systems) <u>bewußt</u> auf die unsozialisierten Handlungen, also die noch nicht den generalisierten Verhaltenserwartungen entsprechenden Selektionen des Kindes reagieren. Dies bedeutet, daß das Kind (als interpenetrierendes personales System) als Zu-Sozialisierendes definiert wird, daß sich damit auch die Handlungsweise des sozialisierenden personalen Systems als auf die Vermittlung generalisierter Verhaltenserwartungen gerichtete begreifen läßt. Damit aber hätte man den klassischen Begriff der intentionalen Erziehung, gegen den sich Luhmann und Schorr[22] mit gewissem Recht zur Wehr setzen. Zugleich würde eine solche Sichtweise implizieren, daß man auch hier von einer weitgehenden Identität individueller Motive und systemischer Zwecksetzungen ausgehen kann, in der wiederum die Autonomie des personalen Systems in der Anerkennung dieser Zwecksetzungen besteht - wobei begrifflich im Rahmen der Theorie Luhmanns gar nicht möglich ist, sich andere Alternativen vorzustellen, da das personale System allenfalls als black box auftritt.
Die zweite Möglichkeit, das personale System als Subjekt der Sozialisation einzusetzen, würde darin bestehen, daß es <u>unbewußt</u> bzw. zumindest nicht im Sinne planvoller Motivbildung auf die Interpenetrationen des unsozialisierten Subjekts reagiert. Für eine solche Reaktionsweise kann man grob wiederum zwei Grundlagen unterscheiden. Zum einen kann eine solche Reaktionsweise spontan, also aufgrund einer gegebenen Stimmungslage, eines Affekts, einer Antipathie gegen einen Schüler usw. er-

folgen. Damit wäre sie dem subjektiven Pol zuzurechnen - zumindest solange man nicht nach der Entstehung und Grundlage dieser Stimmungslagen usw. fragt. Allerdings kann eine solche Spontaneität keine Sozialisation gewährleisten, also in Luhmanns Konzept: durch Konsistenz und Kontinuität der selektiven Reaktionen aus dem sozialen System heraus Lernprozesse beim interpenetrierenden Subjekt initiieren, die zu stabilen und damit erwartbaren personalen Strukturen führen. Darüber hinaus könnte eine solche Handlungsweise eines personalen Systems nicht in der Begrifflichkeit der Systemtheorie erfaßt werden, für die eine ohne inhaltlichen Bezugspunkt bleibende Selbstreferenz das einzige Bestimmungsmerkmal von Subjektivität darstellt.

Zum anderen (als zweite Grundlage einer spontanen Reaktion) könnte das als Sozialisationsinstanz gedachte personale System einfach an vorgegebene soziale Orientierungsmuster, also an generalisierte Verhaltenserwartungen anknüpfen. Die Selbstverständlichkeit von Handlungsabläufen würde also in ihrem Geltungsanspruch unproblematisiert gegen das unsozialisierte Handeln gesetzt. Hier könnte man wiederum versucht sein, diese Reaktionsweise dem sozialen System zuzurechnen, weil Subjektivität in diesem Falle sich gleichsam selbst zurücknimmt. Doch auch diese Zurücknahme ist eben eine subjektive Option: dies besonders vor dem Hintergrund, daß in Anbetracht des generalisierten Charakters von Verhaltenserwartungen jegliche Umgangsform/Realisierungsform dieser mit normativem Geltungsanspruch auftretenden Verhaltenserwartungen nur in Grenzen vorhersehbar ist, die durch die nicht reduzierbare Subjektivität gesetzt sind.

Auch von der Seite einer möglichen Zurechnung sozialisierenden Handelns zum personalen System wird man zusammenfassend feststellen können, daß das Problem, welche Kriterien über die Zurechnung von Handlungen zu personalen oder sozialen Systemen bestimmen sollen, theoretisch nicht gelöst ist. Die Bestimmung solcher Kriterien würde eine begrifflich klare Trennung von personalem und sozialem System voraussetzen, die im Theorieentwurf Luhmanns nicht gegeben ist - und, wie hier behauptet wurde, auch nicht möglich ist angesichts der in der Handlungspraxis immer schon statthabenden Dialektik von Subjektivität und sozialer Struktur. Wenn nun eine theoretisch stringente Trennung der Begriffe: personales und soziales System, die sich gerade an den Verbindungspunkten (wie einer Theorie der Sozialisation) bewähren müßte, nicht gegeben ist, so bleibt eigentlich nur die Möglichkeit, das Zurechnungsproblem ad hoc zu lösen. Die je situative Lösung des Problems verlangt keine theoretisch vorab feststehenden Kriterien. Vielmehr ist in der situativen Zurechnungen von Handlungen die Frage der Kriterien dieser Zurechnung, d.h. ihres Geltungsanspruchs, mitgesetzt. Um dies an einem Beispiel zu verdeutlichen: Wenn die Zurechtweisung des Schülers durch den Lehrer in einer Form erfolgt, die bei dessen Eltern Protest auslöst, der in eine offizielle Beschwerde über das Vorgehen des Lehrers beim Direktor der Schule mündet, so bedeutet diese Problematisierung des Lehrerhandelns zugleich das Aufwerfen der Zurechnungsfrage. Es geht darum, ob ihm dieses Handeln zugerechnet werden kann oder ob er nur den Anforderungen an seine Position gefolgt ist, ob also sein Handeln institutionell gerechtfertigt war oder nicht. Diese Alternative ist keine zwischen personalem und sozialem System im Sinne Luhmanns, sondern sie bedeutet eine Frage nach der Dominanz subjektiver oder sozial normierter Anteile an der betreffenden Handlung. Wenn Luhmann betont, daß Handlungen einem System nur dann zugerechnet werden können, wenn sie für das System selbst Sinn haben[23], so kann man eben davon ausgehen, daß die Handlungsweise des Lehrers ebenso für ihn selbst wie auch für das soziale System Unterricht Sinn hat - daß eben dieser Sinn kein Kriterium für die Zuweisung einer Handlung ist, sondern nur die Bedingung dafür konstituiert, daß sich die Zurechnungsfrage alternativ erhebt. Diese Zurechnung muß bezogen auf die konkrete Situation begründet werden und kann mit anderen Gründen zurückgewiesen werden, d.h. ihre Geltung stützt sich nicht auf vorab gegebene objektive Kriterien, sondern erweist sich in einer Auseinandersetzung. Den Hintergrund dieser Auseinandersetzung bildet dabei der Grad der Einbindung des Subjekts in soziale Strukturen: Es wird also gerade nicht darum gehen, inwieweit dem Subjekt Autonomie gegenüber sozialen Strukturen zukommt bzw. inwieweit diese als Quasi-Subjekt für die Handlungsweise des Subjekts stehen können. Es ist genau dieser Streit um die Legitimation von Handlungen, den Luhmann mit seiner radikalen Trennung von personalem und sozialem System endgültig ausräumen wollte. Diese Trennung kann er allerdings, wie es am Beispiel des Sozialisationskonzeptes aufgewiesen wurde, nicht durchhalten: Die Theorie der Sozialisation scheitert an der systematischen Unschärfe der Begriffe des personalen und sozialen Systems. Das damit gegebene grundlegende Versagen der Systemtheorie vor dem eigenen analytischen Anspruch wird sich bei der (im Verhältnis zur Sozialisationskonzeption stärker ausgearbeiteten) Theorie der Erziehung noch deutlicher zeigen. Vorher möchte ich allerdings noch einmal das Scheitern der Vermittlung des autonomen personalen und sozialen Systems in der Sozialisationskonzeption verdeutlichen, indem ich, nach der Untersuchung des 'objektiven Pols', des sozialisierenden Subjekts, deren Auswirkungen auf den 'subjektiven Pol', das zu-sozialisierende Subjekt, aufweise.

3.

Daß der 'subjektive Pol', das zu-sozialisierende System, in seiner Struktur unbestimmt bleibt, wurde bereits gezeigt. Weder konnte angegeben werden, was das personale System als solches vor seiner Interpenetration in das soziale System ausmacht, noch was seine Veränderung vom Zustand 1 zum postsozialisierten Zustand 2 angebbar macht. Diese Unbestimmtheit des personalen Systems, so wird nun weitergehend behauptet, bezieht sich auf seine Abgrenzung zum sozialen System.
Sozialisation bezeichnet den Prozeß, in dem die Interpenetration eines noch-nicht-sozialisierten personalen Systems in ein soziales System dort (selektive) Reaktionen hervorruft, die beim interpenetrierenden personalen System einen Lernprozeß auslösen, der als Selbstaufbau dieses Systems betrachtet werden kann. Damit ist nun aber zugleich impliziert, daß das noch-nicht-sozialisierte Subjekt in das soziale System eintritt, daß seine Handlungen demnach Teil des sozialen Systems sind, zumindest jedoch diese alternative Zurechnung offenlassen. Wenn man von dieser Möglichkeit ausgeht, so stellt sich die Frage,

ob nicht der durch das Erleben der Reaktionen des sozialen Systems bedingte Selbstaufbau des personalen Systems zugleich Aufbau eines Teils des sozialen Systems (etwa einer Rolle) ist. Damit stände man allerdings wieder am Ausgangspunkt der Sozialisationskonzeption Luhmanns, der sich mit Recht gegen eine simplifizierende Sozialisationstheorie gewandt hatte, die Sozialisation (etwa über den Begriff der Internalisierung) nur als Vergesellschaftung begreift. Luhmann hatte demgegenüber den Individuierungsaspekt betont, den Selbstaufbau der Person als eines sich selbstreferentiell steuernden Systems. Hier zeigt sich jedoch, daß diese Individuierung zugleich eine Vergesellschaftung ist, dies auch nach Luhmanns eigenem Konzept. Für das Erfassen dieser Dialektik von Individuierung und Vergesellschaftung fehlt allerdings der Systemtheorie mit ihrer strikten Trennung von personalem und sozialem System das begriffliche Instrumentarium.

Dies wird besonders deutlich, wenn man sich die Problematik der Zurechnung von Handlungen zu personalen oder sozialen Systemen vom Standpunkt des Sozialisanden, also des interpenetrierenden personalen Systems aus vergegenwärtigt. Daß seine Handlungen als Teil des sozialen Systems nicht adäquat sind, also nicht berechenbar im Bereich des durch die generalisierten Verhaltenserwartungen gesetzten Möglichkeitsspielraums, wird ihm als personalem System zugerechnet und darauf entsprechend reagiert. Diese Reaktionen bedingen, daß es seine Handlungen als seine erlebt und zugleich deren Inadäquatheit mit Bezug auf den systemischen Ablauf. In der Reaktion zeigt sich das personale System als ein auf das soziale System hin ausgerichtetes personales System. Dies bedeutet nun allerdings auch, daß der Sozialisand in diesem Prozeß lernt, seine eigenen Handlungen nicht nur sich zuzurechnen, sondern auch dem sozialen System. Es ist ja gerade deren mögliche Differenz, die ihm in den Reaktionen des 'sozialen Systems' zum Lernanreiz werden: Die Differenz zu den dem sozialen System zurechenbaren Handlungen bildet den Punkt, der eine Korrektur des Handelns auslöst, das Andere ihm und er sich selbst als Person zuschreibt. Diese lernrelevante Differenz beruht nun allerdings auf Adäquanz/Inadäquanz-Gesichtspunkten, d.h. in ihr ist die Einheit in der Unterschiedenheit, die Dialektik von Subjektivität und sozialer Struktur als Trennung/Ausgrenzung gesetzt. Die Reaktion des sozialen Systems bedeutet damit den Hinweis auf mangelhafte subjektive Integration von Subjektivität und sozialer Struktur. Doch dies geht bereits über Luhmanns Ansatz hinaus, der eine eindeutige Zurechnung von Handlungen zum personalen oder sozialen System behaupten muß. Von diesem Standpunkt stellt sich das Zurechnungsproblem aus der Perspektive des Sozialisanden auf andere Weise: als eines des entweder - oder. Wenn das Subjekt sich unter diesen Bedingungen als personales System aufbauen will und für diesen selbstreferentiellen Prozeß die Unterscheidung der Zurechnung von Handlungen entweder zum personalen oder sozialen System wichtig ist, so kann diese Zurechnung als Vergegenwärtigung eigener Handlungen nur so geschehen, daß es sich diese als eigene zurechnet oder aber nur noch und ausschließlich als dem sozialen System zukommende betrachtet. Ist dies aber überhaupt denkbar, daß jemand seine Handlungen nicht mehr in Beziehung zu sich setzt, sondern nur noch einem sozialen System zurechnet, das damit als Subjekt der von ihm selbst getätigten Handlung verstanden wird?

Auch hier führt der Ansatz einer strikten analytischen Trennung von personalem und sozialem System in die Verlegenheit, daß weder die Autonomie des einen noch des anderen begründet werden kann. Weder läßt sich das Subjekt als System noch das System als Subjekt in dieser sozialisationstheoretischen Perspektive durchhalten. Damit ist nun zugleich ein Fragehorizont vorgegeben für eine Auseinandersetzung mit der systemtheoretischen Perspektive auf die Erziehung, die sich als Überwindung des klassischen Konzepts der intentionalen und individuell zurechenbaren, d.h. verantwortbaren Erziehung begreift.

III. ZURECHNUNG ODER RECHTFERTIGUNG: DIE FRAGE NACH DEM SUBJEKT DER ERZIEHUNG

Wenn das System Subjekt und das Subjekt System ist, so stellt sich die Frage, wem denn nun Erziehung zuzurechnen ist. Diese Fragestellung problematisiert den Grundkonsens pädagogischer Theoriebildung, in der nicht zur Disposition steht, daß Erziehung als intentionales Handeln bzw. als Handlungskette zu denken ist - auch wenn man um andere Beeinflußungsmöglichkeiten der heranwachsenden Generation weiß und diese (je nach Standpunkt) ebenfalls als erzieherisch betrachtet. Die Rede von der 'funktionalen Erziehung' hat vielleicht manche pädagogische Entwürfe intentional zu verfolgender Strategien um den realistischen Aspekt eingeschränkter Verfügungsmöglichkeiten über Kinder und Jugendliche erweitert, jedoch hat es diese Begriffsverwendung kaum vermocht, die Vorstellung einer an die Subjektivität des Erziehers, seine Intentionalität gebundenen Pädagogik zurückzudrängen.

Intentionalität bedeutet immer auch Zielorientierung, im vorliegenden Fall: Orientierung an als pädagogisch sinnvoll und legitim betrachteten Zielen. Der Aspekt pädagogischer Legitimität verweist auf die Notwendigkeit der Rechtfertigung solcher Zielsetzungen angesichts der Möglichkeit anderer Zielsetzungen sowie zugleich auf die Problematik, daß solche Zielsetzungen als pädagogische immer solche für Andere sind. "Erzieher und Zögling, Lehrer und Schüler erscheinen zunächst als Menschen mit unterschiedlicher Situierung im pädagogischen Kontext, als Menschen mit unterschiedlicher Reife, unterschiedlicher Verantwortung, unterschiedlicher Verpflichtung. Die Konkretheit, die man sich vorzustellen hat, wenn man an den Menschen als ganzen denkt, zwingt die Theoriebildung aber schon bei den ersten Schritten in eine Disjunktion: Man muß den Lehrer oder den Schüler als Bezugspunkt wählen und wählt damit

auch die Perspektive auf den jeweils anderen. Die Pädagogik stellt sich ganz vorwiegend auf den Standpunkt des Lehrers, um zu sehen, beraten, dirigieren zu können, wie er den Schüler behandelt. Auf der anderen Seite bleibt das offen, was man heute Entwicklungspsychologie oder schlicht human development nennen würde. Auf diese Weise wird der strukturell vorgegebenen Asymmetrie .. Rechnung getragen"[1]. Es ist nun gerade diese strukturell vorgegebene Asymmetrie, die von Luhmann und Schorr als falscher Ausgangspunkt angegriffen wird: Diese Asymmetrie ergibt sich dadurch, daß man von Menschen ausgeht, den Gegenstand der Pädagogik also 'anthropologisch' zergliedert. Andererseits erfordert dieser Ausgangspunkt einen anderen Endpunkt: ".. die Überanstrengung des moraltheoretischen (ebenso wie des erkenntnistheoretischen) Apparats verrät dem wissenssoziologisch geschulten Blick, daß es letztlich um Resymmetrisierung der Funktionsasymmetrie geht"[2]. Wenn man demgegenüber davon ausgeht, daß nicht Personen, sondern soziale Systeme erziehen, so entfällt dieses Asymmetrie zugunsten komplementär aufeinander bezogener Rollen[3], also eines Systems, innerhalb dessen Rechte und Pflichten der Beteiligten sorgfältig gegeneinander definiert sind mit Bezug auf den Zweck des Systems. Der Wechsel der Perspektive beruht demnach auf einer anderen Zurechnung von Erziehung, die, sollte sie sich theoretisch absichern und stringent durchführen lassen, die eben angedeutete Rechtfertigungsproblematik überflüssig machen würde. Die Notwendigkeit der Begründung pädagogischer Sinn- und Zielvorstellungen angesichts anderer Möglichkeiten entfiele, da es beim Erziehungsprozeß nicht mehr um personale Motive, sondern um systemische Zweckerfüllung gehen würde; ebenso die Notwendigkeit der Begründung dieses Prozesses angesichts des Anspruchs auf Verfügung über Andere, der Funktionsasymmetrie, da diese hier aufgehoben wäre in die Gleichheit der Personen vor dem sozialen System, das den Bereich der Persönlichkeit, in dem diese Asymmetrie angesiedelt zu werden pflegt, als Umwelt ausgrenzt.
Bevor ich den Vorschlag von Luhmann und Schorr, Erziehung dem sozialen System als Handlung zuzurechnen, prüfe, möchte ich den Anspruch, Erziehung als intentionales Konzept, d.h. Subjek-

ten zurechenbare Handlungsweise zu begreifen und die damit verbundenen Probleme, die Luhmann und Schorr unter dem Begriff der 'Resymmetrisierung der Funktionsasymmetrie', also der Legitimation, fassen, verdeutlichen. Diese Probleme müssen geklärt werden, damit der Problemlösungsanspruch der veränderten Perspektive auf die Erziehung in seiner Tragweite deutlich gemacht und in seiner Geltung geprüft werden kann. Es geht hier nicht mehr nur (wie bei der Sozialisationstheorie Luhmanns) um die Problematik der Zurechenbarkeit von Handlungen zu sozialen Systemen, sondern zugleich darum, ob für Handlungsweisen, die man bisher immer auch unter dem Aspekt der Herrschaft und damit der Legitimationsbedürftigkeit gesehen hat, diese Legitimation ein überflüssiges Unternehmen ist, da die zu legitimierenden Handlungen gar nicht in der Verfügbarkeit der handelnden Personen zu denken sind. Es geht um die Legitimität der Pädagogik als eigenständiger Wissenschaft mit praktischem Anspruch - einer Wissenschaft allerdings, die der Tragweite der Legitimationsproblematik für die Konstitution ihres Gegenstandsbereiches bisher kaum gerecht geworden ist. Diese Legitimationsproblematik, die an die 'anthropologische Dekomposition' des Gegenstandes der Erziehungswissenschaft gebunden ist, muß aufgezeigt werden, damit deutlich wird, welche Dimensionen der Problemlösung im systemtheoretischen Ansatz implizit beansprucht werden.

III.1. ERZIEHUNG: DEFINITION UND RECHTFERTIGUNG

III.1.1. DEFINITION ALS RECHTFERTIGUNG?

Das, was Erziehung meint, ist nicht klar. Die Sicherheit, mit der Schleiermacher seine Vorlesungen von 1826 eröffnen konnte: "Was man im allgemeinen unter Erziehung versteht, ist als bekannt vorauszusetzen"[4], ist verlorengegangen. Demgegenüber wird man heute eher davon ausgehen, daß der Erziehungsbegriff als zentrale Kategorie pädagogischen Denkens nicht genügend bestimmt ist. Es gab auch zu Schleiermachers Zeiten verschiedene Ansätze zur Pädagogik, die jeweils die Ansatzpunkte, Grenzen und Aufgaben, die Methoden der Erziehung, die Anforderungen an den Erzieher unterschiedlich reflektierten. Es gab auch später Betrachtungen darüber, welche Form der Erziehung denn die richtige sei[5]: Dennoch blieb der Erziehungsbegriff selbst eigentlich unproblematisch, in Frage gestellt nur indirekt über die Kritik an einer Pädagogik. So proklamierten etwa unterschiedliche Ansätze der Reformpädagogik eine Auffassung von Erziehung, die dem Herbartianismus des ausgehenden 19. Jahrhunderts sich bewußt entgegenstellte. Der Angriff richtete sich dennoch nicht darauf, ob eine angemessene Erziehungsdefinition vorliege: Eine Pädagogik wurde durch eine andere ersetzt, ohne daß Erziehung als Begriff - obwohl anders verstanden - problematisch geworden wäre. Daß der Erziehungsbegriff zum Problem wird, scheint mit der Loslösung der Pädagogik von der Philosophie, ihrer Hinwendung zu den (empirisch verstandenen) Sozialwissenschaften verbunden zu sein. Für eine empirische Wissenschaft, die mit dem Konzept positiver Tatsachen operiert, muß die Vielfalt sich befehdender Pädagogiken, d.h. auch unterschiedlicher Erziehungskonzepte und Erziehungsdefinitionen, ein Problem darstellen, das sich empirisch lösen lassen muß - etwa unter der Fragestellung, welche Pädagogik denn nun effektiv ist und nicht bloßes 'Wortgeklingel'. Eine solche Perspektive setzt die Vergleichbarkeit dieser Pädagogiken zumindest im empirischen Bereich voraus. Die Schwierigkeiten, die bei der Operationalisierung pädagogischer Theorien, ihrer empirischen Überprüfbarkeit auftreten, lassen die Pädagogiken als pädagogische Theorien fragwürdig erscheinen. Allgemeine Pädagogik muß sich nun als pädagogische Theorie unter jeweils anderen rechtfertigen vor dem Hintergrund der Perspektive einer auf empirische Fakten gestützten, intersubjektiv anerkannten Erziehungstheorie. Erst vor diesem Spannungsfeld rückt der Erziehungsbegriff als Grundlage jeder pädagogischen Theorie ins Blickfeld. Allgemeine Pädagogik mußte als Allgemeine Pädagogik fragwürdig werden, damit dem Erziehungsbegriff diese zentrale Stellung zukommen konnte. Zentral für diese Diskussionen ist nun die Fragestellung, ob Erziehung ein Begriff ist, der einen nur-deskriptiven oder daneben auch notwendig einen präskriptiven Gehalt hat, ob also (um es traditioneller zu formulieren) Erziehung neben dem Gegebenen auch das Aufgegebene umfaßt oder nicht. Im ersten Falle würde es sich um eine Bestimmung eines empirischen Sachverhalts handeln, im zweiten Fall fiele dieser Definition zugleich die Aufgabe der Rechtfertigung des Aufgegebenen zu. Was das Letztere meint, möchte ich an einem Beispiel zeigen.

Werner Loch bestimmt in seinem Buch 'Lebenslauf und Erziehung' den Erziehungsbegriff unter einem doppelten Aspekt: als Lernhilfe bei einem Mangel an Lernaufgaben und bei Lernaufgaben, denen der Mensch nicht gewachsen ist, und zweitens als positive Lernhemmung etwa zur Verhinderung abweichender Verhaltensentwicklungen[6]. Unschwer ist hier Schleiermachers Unterscheidung von unterstützenden und gegenwirkenden Erziehungsmaßnahmen zu erkennen. Die Frage, die sich hier sogleich erhebt, ist die nach den Kriterien dafür, wann Erziehung als Lernhilfe und wann als Lernhemmung einzusetzen ist. Loch gibt auf diese Frage folgende Antwort: "Die in jedem zwischenmenschlichen Verhältnis gegebene Möglichkeit, den anderen in dem, was er von sich zum Ausdruck bringt, besser zu verstehen, als er sich selbst verstanden hat, wird im Erziehungsverhältnis zu einer Notwendigkeit, weil man niemandem die Lernhilfe geben kann, die er benötigt, wenn man nicht das, was er lernen will oder soll, besser versteht als er selbst. Dieses Besser-Verstehen bezieht sich nicht nur auf das Können der Lerninhalte, als Bedingung der Möglichkeit des Lehrens, sondern auch auf deren voraussichtliche Bedeutung für den künftigen Lebenslauf des Lernenden, als Bedingung der Möglichkeit des Erziehens"[7]. Diese traditionelle Antwort[8], die das Problem der Rechtfertigung praktischer pädagogischer Entscheidungen eher benennt als löst[9], verdeutlicht das Ineinander von Definition und Rechtfertigung. Wenn Loch das Erkennen der Bedeutung des Gelernten für den voraussichtlichen Lebenslauf des Kindes zur Bedingung der Möglichkeit des Erziehens erklärt, so ist eben dieses Erkennen Definitionskriterium von Erziehung: Nur, wenn es vorliegt, kann von Erziehung geredet werden. Zugleich ist aber dieses Kriterium dasjenige der Rechtfertigung von pädagogischen Handlungen: Wenn der Erzieher besser versteht als das Kind, was für dieses bezogen auf seinen antizipierten Lebenslauf besser und richtig ist, so ist damit sein Handeln als verantwortungsvolles auch dann gerechtfertigt, wenn er zu gegenwirkenden, disziplinierenden Methoden greift, die gegen den Widerstand des Kindes seine Vorstellungen durchsetzen[10]. Das von Loch angegebene Kriterium bestimmt so gleichzeitig, was als Erziehung identifiziert werden kann ('empirisch'), als auch, wann pädagogisch richtig, d.h. der Aufgabe des Erziehens angemessen, gehandelt wird[11].

Um den Zusammenhang von Definition und Rechtfertigung wissen auch die Bemühungen, Erziehung nur deskriptiv zu fassen: Sie versuchen, sich dadurch zu helfen, daß sie diesen Zusammenhang auf die Objektebene zu bannen bestrebt sind. Erziehung sei zwar inhaltlich immer an Zielen orientiert, die der Erzieher für wertvoll halte, beziehe sich somit immer auf eine normative Aufgabenstellung, jedoch könne man diesen Begriff auch verwenden, ohne sich auf konkrete Aufgabenstellungen zu beziehen. So definiert Brezinka etwa folgendermaßen: "Unter Erziehung werden Handlungen verstanden, durch die Menschen versuchen, das Gefüge der psychischen Dispositionen anderer Menschen in irgendeiner Hinsicht dauerhaft zu verbessern oder seine als wertvoll beurteilten Komponenten zu erhalten oder die Entstehung von Dispositionen, die als schlecht bewertet werden, zu verhüten"[12]. Was als Aufgabe angesehen werden kann, wird aus dieser Bestimmung ausgeklammert; es wird den Erziehern bzw. den ihr Handeln normierenden Instanzen überlassen. Dennoch wird der Aufgabenaspekt und damit die Rechtfertigung als zentrales Merkmal von Erziehung bestimmt. Die Ausklammerung des Rechtfertigungsaspekts, die Beliebigsetzung der Zielorientierung, ist jedoch, wie Ruhloff zu Recht betont hat[13], nur auf einer metatheoretischen Ebene möglich. Die obige Erziehungsdefinition bedeutet den Verzicht auf pädagogische Theoriebildung - zumindest explizit. Implizit sind die Grundzüge einer Pädagogik gesetzt. Dies liegt daran, daß jede Definition von Erziehung, auch eine deskriptiv-metatheoretische, Wirklichkeit als Erziehungswirklichkeit erst konstituiert. Erziehungswirklichkeit, auch diejenige, die als empirisch zu erforschende anvisiert wird, ist eine gedankliche Konstruktion in Abhängigkeit vom Erziehungsbegriff. Das Zweck-Mittel-Verhältnis in der Erziehung, das für Brezinka als zu optimierendes gilt, dessen Effektivität erst einmal herzustellen ist, ist Ausdruck einer Interpretation der Erziehungswirklichkeit als einer unter Kausalgesetzen stehenden. Die deskriptive Definition konstituiert so eine Erziehungswirklichkeit und das ihr entsprechende Aufgabenfeld in der Norm des effektiven Einsatzes technologischen Wissens neben anderen möglichen Konstruktionen dieser Wirklichkeit[14]. Daß Erziehungswirklichkeit durch die Erziehungsdefinition erst gegeben ist, daß also verschiedene pädagogische Ansätze verschiedene Erziehungswirklichkeiten begründen, daß etwas als Erziehungswirklichkeit gerechtfertigt werden muß durch die Definition als Aufgabenstellung, bedeutet das Zurückweisen des Anspruchs, daß durch empirische Untersuchungen (und zwar nur durch diese) die Erziehungswirklichkeit erhellt werden kann.

Die Frage, ob eine empirische Erziehungswirklichkeit die Grundlage ist, auf die der Streit um verschiedene Aufgabenstellungen von Erziehung gestellt werden könnte, ob empirische Aussagen über diese Wirklichkeit Entscheidungskriterium für von diesen unabhängige Aussagen über die richtige Erziehung sein können - diese Frage wird in der gegenwärtigen Diskussion auch unter einer anderen Perspektive problematisch. So geht man - auch im Lager der Anhänger einer empirischen Erziehungswissenschaft[15] - davon aus, daß Erziehen keine konkrete, d.h. empirisch beobachtbare Handlung meint, "keine besondere Tätigkeit"[16]. Es ist unmittelbar einsichtig, daß verschiedene Handlungen (ermahnen, strafen, loben, beraten, ermuntern usw.) als Erziehungshandlungen angesehen werden können. Peters spricht daher von Erziehung als einem Begriff, der Kriterien einschließe, deren Anspruch Prozesse genügen müßten, damit man sie als Erziehung benennen dürfe. Er unterscheidet drei solcher Kriterien: "1. daß 'Erziehung' die Vermittlung von Wertvollem an die, die darauf verpflichtet werden, einschließt; 2. daß 'Erziehung' Wissen und Verständnis und eine Art kognitiver Perspektive einschließen muß, die nicht totes Wissen sind und bleiben; 3. daß 'Erziehung' zumindest einige Verfahren solcher Vermittlung ausschließt, weil ihnen Bewußtheit und Freiwilligkeit abgeht"[17]. Man kann wohl sagen, daß sich diese Kriterien etwa mit der oben angeführten Definition Brezinkas gerade aufgrund ihres formal-deskriptiven Charakters weitgehend vereinbaren lassen. Die Frage, die sich hier stellt, ist jedoch diejenige, wie man diese Kriterien anwendet.

Eckhard König hat dieses Problem so formuliert: "Bezeichnet man (im Anschluß an Wilhelm Kamlah und Paul Lorenzen) Wörter, die sich durch mehrere Beispiele und Gegenbeispiele verdeutlichen lassen, als Prädikatoren, so ist das Wort 'Erziehung' ein Prädikator, der bestimmten Handlungen zukommt. Das Verbum 'erziehen' wird dann (..) als sog. dreistelliger Prädikator gebraucht. D.h. 'erziehen' tritt hier in Sätzen der Form

x erzieht y, damit y ein Ziel z erreicht

auf, wobei die Variablen x und y bestimmte Personen bezeichnen und z für irgendwelche 'Fähigkeiten' oder 'Eigenschaften' steht, die durch 'Erziehung' erworben werden sollen"[18]. Man kann nach

dieser Formulierung also davon ausgehen, daß das, was 'Erziehung' meint, durch Veranschaulichung an Beispielen demonstriert werden kann: Man schildert etwa Situationen, in denen eine Bestrafung oder Ermunterung als 'erziehen' bezeichnet werden kann und Situationen, in denen das nicht der Fall ist. Eben dies bedeutet jedoch, daß das, was als 'Erziehung' verstanden werden kann, erst eingeführt werden muß und zwar in Abgrenzung zu anderen Fällen - und diese Abgrenzung geschieht zeigend und begründend, d.h. nicht durch die empirische Beobachtung von Handlungen. Letzteres erscheint nicht möglich, weil 'erziehen' ja "keine besondere Handlung" meint.
Was bedeutet das nun für die empirische Erforschung einer formal-deskriptiv definierten Erziehungswirklichkeit? Eine solche Forschung setzt die argumentative Klärung dessen, was als 'erziehen' verstanden und gerechtfertigt werden kann, immer schon voraus: daß eine konkrete, beobachtbare Handlung als 'erziehen' betrachtet werden kann und darf, dies ist eine Problemstellung, die die empirische Forschung als gelöst voraussetzt, weil sie sich als empirische Forschung dieser Frage nicht stellen kann. Dies läßt sich an einem Beispiel verdeutlichen. Wenn etwa ein Lehrer während einer Klausur einem Schüler wegen eines beobachteten Täuschungsmanövers (der Schüler unterhielt sich mit seinem Nachbarn) das Heft wegnimmt und die Arbeit als ungenügend bewertet, so sagt diese Beschreibung noch nichts darüber aus, ob es sich um eine pädagogische Handlung, einen Erziehungsvorgang, handelt oder nicht. Man kann diesen Vorgang untersuchen etwa hinsichtlich seiner Wirkung auf den Schüler, das Klassenklima, die Einschätzung des Lehrers durch die Schüler usw. Daß es sich hierbei aber um einen Erziehungsvorgang handelt, wird dadurch weder bestätigt noch abgewiesen. Ob es eine pädagogische Handlung ist, darüber wird man sich streiten können. So würde man dagegen einwenden können, daß der Lehrer (ohne näheren Beweis) einfach 'überreagiert' habe, wofür man auch Gründe beibringen könne: etwa, daß er diesen Schüler ohnehin nicht besonders mag, sich schon vorher seine Nervosität oder seinen Unmut, der vielleicht private Gründe hatte, anmerken ließ, daß die Isolation der Kinder bei Klausuren in Anbetracht

der Beliebigkeit der Notengebung ohnehin nicht zu vertreten ist. Dagegen könnte ein Befürworter dieses Handelns auf die erzieherische Bedeutung hinweisen, die beispielsweise darin liegt, daß man Kinder zur Ehrlichkeit erziehen müsse usw. Dies ist eine argumentative Auseinandersetzung, die nicht mit empirischen Tatsachenbehauptungen zu klären ist: Beide Interpretationen können sich solche Behauptungen als Argumentationshilfe zunutze machen. Der Streit dreht sich darum, was als 'Erziehung' gerechtfertigt definiert werden kann.

Die Allgemeine Pädagogik hat sich diesem Problem immer zu stellen versucht - auch wenn sie es als Rechtfertigungsproblem nicht immer deutlich vor Augen gehabt haben mag. Sie hat die Kriterien, denen Handlungen und Prozesse zu genügen haben, damit sie 'erzieherisch' genannt werden können, zu explizieren, inhaltlich anzugeben versucht. Daß sie dabei häufig vorschnell und realitätsfern Idealvorstellungen entwickelt hat, bei denen nicht klar war, ob es sich um Normen handelte, denen jede Erziehung nachzueifern hat, oder ob (im Sinne der obigen Kriterien) sie die Voraussetzung waren, damit überhaupt von Erziehung gesprochen werden kann. Der Schwierigkeit, die sich durch eine auf empirische Forschung angelegte formal-deskriptive Definition von Erziehung auf einer metatheoretischen Ebene ergibt, steht hier die Problematik gegenüber, daß die Mannigfaltigkeit der Phänomene, die als 'erziehen' aufgefaßt werden können, vorschnell durch eine den deskriptiven Boden unter den Füßen verlierende Idealbestimmung von Erziehung ausgeblendet werden kann, daß pädagogische Theorie also reale pädagogische Praxis, d.h. die Praxis, die im Sozialisationsbereich als pädagogische bestimmbar ist, aus den Augen verliert[19]. Diesem Zwiespalt zu entgehen, hat Rudolf Lochner versucht, indem er die Vielfalt der 'Phänomene der Erziehung' zu erhellen beabsichtigte, um von hier aus zu einem 'empirisch gesättigten' Begriff der Erziehung vorzustoßen[20]. Daß auch eine solche Vorgehensweise, die sich um Realitätsnähe bemüht, ohne diese sich gefiltert durch eine methodologische Position vorgeben zu lassen, den Rechtfertigungsaspekt des Erziehungsbegriffs nicht aufheben kann, möchte ich nun am Beispiel der Abgrenzung des Erziehungsbegriffs von anderen

Begriffen, die ebenfalls die Formung des Menschen zum Gegenstand haben, zeigen (vgl. das 3. Kriterium bei Peters).
Lochner geht davon aus, daß man es sich angesichts der Vielfalt empirischer Erscheinungsformen von Erziehung zu leicht macht, wenn man eine Idealform der Erziehung überhaupt stilisiert.
Eine solche Idealform der Erziehung ist für ihn ein Grenzfall: "Wenn das hier gemeinte interpersonale Handeln sich seiner idealtypischen Gestalt nähert, dann ist es (vielleicht zuhöchst, aber nie vollendet) gekennzeichnet als ein Tun in Verantwortung, da seine Träger sinnbewußt-verständig, verantwortungs- und zielbewußt tätig sind"[21]. Der Idealtyp bezeichnet hier keine Norm, auf die hin anderes erzieherisches Handeln bezogen würde.
Zwar hält auch Lochner am Kriterium der Intentionalität des Erziehers fest, die auf eine "zeitweilige oder dauernde Veränderung des Verhaltens und der Handlungsweisen der gegenüberstehenden Person"[22] zielt. Aber er bleibt bei dieser formal-deskriptiven Bestimmung nicht stehen, sondern relativiert (in seinem Verständnis: auf deskriptiv-phänomenologische Weise) die Bestandteile der Bestimmung von Erziehung. So betont er die Relativität des Erzieher-Begriffs: Erzieher kann in verschiedenen Situationen im gleichen sozialen Feld jeder werden - auch derjenige, den man vorher als Zögling identifiziert hatte[23]. Damit zusammenhängend nimmt er ebenfalls verschiedene Bewußtseinsstufen des Erziehers an: Man kann auch als Erzieher wirken, wenn man sich dieser Wirkung bewußt ist, sie aber nicht als Erziehung begreift[24]. Von Erziehung kann man auch dann noch sprechen, wenn unterschiedliche, gar gegensätzliche Motive des Erziehers angenommen werden müssen; auch wenn der Erzieher andere oder gar gegenteilige Wirkungen erzielt, als er beabsichtigt hatte[25].
Erziehung ist so weder an bestimmte Absichten noch an bestimmte Wirkungen gebunden: Von 'Erziehung zur freien Selbstbestimmung' beispielsweise könnte man also auch dann reden, wenn das Ergebnis ein autoritätshöriger junger Mensch wäre. Inwieweit überhaupt eine empirisch belegbare Verbindung von Intention und Wirkung besteht, wird hier fragwürdig.
Diesen Zusammenhang betrachtet Lochner auch unter dem Zeitaspekt als nicht konsistent. So stellt er unter der Prämisse, daß beide

als überlegte Antworthandlungen unter den Erziehungsbegriff fallen, die Gelegenheitserziehung einer Planerziehung gegenüber, bei der "vom Erzieher Zwecke und Mittel zurechgelegt (werden), lange bevor noch der richtige Zeitpunkt des Handelns gekommen ist"[26]. Bei einer Skizzierung der Gelegenheitserziehung kommt die mangelnde Konsistenz von Erziehung und damit auch die Problematik des Zusammenhangs von Absicht und Wirkung besonders deutlich zum Ausdruck: "Die erzieherische Einwirkung geht vor sich in Gestalt einer Fülle von Handlungen; mustert man diese Handlungen näher, so umfaßt die eine Gruppe augenblicksbestimmte Einzelhandlungen oder kleinere Handlungsverbände (Handlungsketten), solche Handlungen (des Erziehers) sind nur in der allernächsten Wirkung vorbedacht, hängen überlegungs- oder planmäßig nicht auf mehr oder weniger weite Strecken zusammen. Es ist auch sehr wohl möglich, daß weiter auseinander gelagerte Teilhandlungen sich in ihren Tendenzen widersprüchlich erweisen. Hierzu gehört alle aus der Gelegenheit erfolgende Tätigkeit des Erziehens"[27].

Lochner bestimmt den Bereich des Erziehens als Prozeß pädagogischen Handelns, dessen Bestandteile, Strukturmerkmale wie Erzieher, Zögling, Ziele, Motive, Wirkung etc. insofern als empirisch variabel gedacht werden, als sie nicht an eine bestimmte normative Festlegung gebunden sind. Wie diese Strukturmerkmale im jeweiligen Fall inhaltlich anzugeben sind, bleibt für ihn eine empirische Frage. Bedeutet dies nun, daß Erziehung dennoch ein empirisch feststellbares Phänomen darstellt? Nur wenn man übersieht, daß die Bestimmung der Strukturmerkmale pädagogischen Handelns, d.h. auch die Bestimmung des Bereiches ihrer Variabilität keine empirische ist, sondern eine interpretative: Es geht um die Frage, wann man Handlungen noch als unter 'Erziehung' fallend begreifen kann - wenn auch in Abgrenzung von normativ einschränkenden Definitionen. Diese Absicht wird auch indirekt deutlich in der Aufgabenstellung des Buches: Lochner begreift die phänomenologisch-deskriptive Vorgehensweise "als eine allgemein gültige Methode, sich dem Sein zu nähern und seine Erkenntnis vorzubereiten"[28]. Die nicht-wertende Erfassung der Wirklichkeit soll also das Terrain vorbereiten, auf dem eine (nicht einseitige) empirische Forschung erst möglich werden kann[29]. Dies bedeutet aber doch wohl, daß die Konstituierung des Gegenstandes 'Erziehung' in relativer Unabhängigkeit von seiner empirischen Erforschung gedacht wird. "Sicher ist es ein Anspruch der Phänomenologie der Erziehung, möglichst alle (und alle entscheidenden) Phänomene in den Griff zu bekommen, d.h. der strengen Frage nicht und niemals auszuweichen: was muß gegeben sein, was muß geschehen, wenn ein Ereignis oder Vorgang 'Erziehung' genannt werden soll"[30]. Die Fragestellung ist also die, welche Kriterien vorliegen müssen, damit etwas als 'Erziehung' interpretiert werden kann[31]. Das Problem einer empirischen Feststellbarkeit von Erziehung stellt sich besonders dort, wo Lochner Erziehung von anderen Vorgängen abgrenzen will.

Intentionalität bezeichnet das eigentliche Abgrenzungskriterium von anderen "Formwandelphänomenen", denen Menschen unterliegen. Besonders deutlich wird dies in der Abhebung der Erziehung von Prägungsvorgängen, unter denen Lochner "das Insgesamt jener formenden Wirkungen (versteht), deren Träger unbewußte, unwillkürliche oder unabsichtliche Einflüsse ausüben"[32]. Man könnte diese Abgrenzung traditionell nennen im Sinne ihrer begrifflichen Festsetzung: Jedoch geht Lochner in der Bestimmung des Verhältnisses von Erziehung und Prägung über die bloße Abgrenzung hinaus. Er sieht die Schwierigkeiten, diese Unterscheidung auch empirisch einzuholen: "Sicher verlaufen manche der genannten Teil-Akte (der Prägung - A.S.) ganz oder wenigstens streckenweise im Bereich des Bewußten, Willkürlichen, Absichtlichen. Aber es ist in vielen Fällen äußerst schwierig, vielleicht unmöglich, die so strukturierten Teil-Akte von den unbewußten usw. klarer zu trennen. Das aber ist gerade, wenigstens in begrifflicher Hinsicht, für unsere Zwecke unabdingbar"[33]. Das Verhältnis Erziehung - Prägung bleibt trotz begrifflicher Abgrenzung für Lochner gerade unter empirischem Aspekt problematisch: "Als verwandte Erscheinung stehen ihr (der Erziehung - A.S.) die Phänomene der Prägung besonders nahe, aus denen sie sich erhebt, von denen sie begleitet wird und in die sie zurücksinken vermag"[34]. Erziehung und Prägung werden als immer

ineinander verflochten dargestellt[35].
Der Aufweis begrifflich getrennter, d.h. interpretativ festgesetzter Phänomene als empirisch ineinander übergehend, eng miteinander verbunden, also auch als empirisch kaum identifizierbar, hat bei Lochner ebenfalls, vermittelt über seine empirische Orientierung, eine Stoßrichtung gegen die Glorifizierung des Erziehungsbegriffs, den Höhenflug seiner Idealinterpretation. Schon Bernfeld stellte fest, daß den 'Pädagogikern', trotz der konservativen Ausrichtung pädagogischer Institutionen, kein Ziel und keine Bestimmung zu hoch gegriffen ist[36]. So wurde beispielsweise der Bildungsbegriff, der das Werk der Erziehung, die von ihr ausgelösten Vorgänge am einzelnen Menschen[37], betont, so gefaßt, daß der Rechtfertigung jeglichen pädagogisch gemeinten Handelns, wogegen sich die deskriptive Ausrichtung der Pädagogik gerade wendet, die entsprechende Grundlage gegeben wurde. "Der echte Bildungsprozeß soll die rechte, wirkliche, dauernde Bewältigung der Lebensaufgabe ermöglichen"[38]. "Echte Forderungen aber müssen zu Bedürfnissen des Zöglings werden, wenn sie ihn fördern und nicht hemmen sollen. Umgekehrt sind die vorhandenen Bedürfnisse des Zöglings in echte zu verwandeln"[39].
Wenn man auch nach dem bisher Aufgezeigten davon ausgehen muß, daß der Erziehungsbegriff nur interpretativ festzulegen ist, indem für jede pädagogische Theorie der Zusammenhang von Gegebenem und Aufgegebenem expliziert wird - selbst wenn dies also als vorläufiges Ergebnis wie auch als Problemstellung an eine pädagogische Theorie akzeptiert wird, so stellt sich hier dennoch die Frage, inwieweit sich nicht hinter der notwendigen Dimension des Aufgegebenen, der Rechtfertigung sinnvoller Erziehung, die ideologische Rechtfertigung pädagogischer Gewaltanwendung verbirgt. Ich möchte betonen, daß dies eine systematische Fragestellung beinhaltet: Es geht also nicht darum aufzuzeigen, welche Pädagogik beispielsweise Disziplinierungen wie etwa die Körperstrafe, das Brechen des kindlichen Willens o.ä. rechtfertigt, sondern es geht um die Frage, inwieweit der Rechtfertigungsaspekt in der Bestimmung von Erziehung immer auch (in welcher vermittelten Form mag dahin gestellt sein)

ein Herrschaftsverhältnis legitimiert[40].

III.1.2. ERZIEHUNG ALS HERRSCHAFT?

Bernfelds Diktum von der konservativen Funktion der realen Erziehung, zu der die pädagogische Theorie die Rechtfertigung liefert[41], läßt sich unter zwei Aspekten einsehen: als These zur Ohnmacht der Erziehung gegenüber realen Verhältnissen wie auch als Behauptung der Rechtfertigung von Herrschaft, die sich selbst in jenen Theorien findet, die die Mündigkeit des Zöglings auf ihre Fahnen geschrieben haben. Hier geht es mir um die Betrachtung des zweiten Aspekts, während der erste Aspekt unter dem Thema des 'Technologiedefizits' später abgehandelt werden soll.

Eine präzise Eingrenzung des Problems scheint mir auch vor dem Hintergrund der Theorien zur schulischen Sozialisation sinnvoll zu sein. Diese Theorien sind durchweg funktional angelegt, d.h. sie fragen nach den Funktionen, die die Schule zu erfüllen hat, damit die 'Systemerhaltung' gewährleistet ist[42]. Schulische Sozialisation erfüllt nach diesen Theorien neben den Funktionen der Qualifizierung von Schülern und ihrer Selektion bezogen auf diese Qualifizierung auch den Auftrag der Legitimation des Bestehenden. Eine Präzisierung erfuhr diese Theorie der Legitimationsfunktion durch die These vom 'heimlichen Lehrplan'[43], die aufzuweisen suchte, daß die Anforderungen an Schüler (sich unterordnen, isoliert arbeiten, Pünktlichkeit usw.) Übungsformen für das spätere Funktionieren in kapitalistisch organisierten Abhängigkeitsverhältnissen darstellen. So wichtig diese Überlegungen auch sind, sie bilden nicht den Gegenstand einer Erörterung der Erziehung als Herrschaft. Zwar vermögen sie (mehr oder

weniger stringent) aufzuzeigen, daß die Objektivität schulischer Praxisformen sich auch hinter dem Rücken des Lehrers durchzusetzen vermag[44], daß seine Intentionalität also vor dem Hintergrund realer Bedingungen nicht genügend reflektiert sein mag, jedoch meint die hier angesprochene Problematik der Erziehung als Herrschaft, ob nicht schon bzw. inwieweit die pädagogische Intention und ihre Rechtfertigung Herrschaftsansprüche enthalten. Inwieweit ist also mit der Rechtfertigung des Anspruchs auf Erziehung schon die Rechtfertigung des Anspruchs auf Herrschaft verbunden?
Eine weitgehende Kritik an der Erziehung als Herrschaft ist von Bourdieu und Passeron vorgetragen worden. Zwar gehen auch diese Autoren von funktionalen Betrachtungen aus, jedoch versuchen sie, inhaltliche Konsequenzen für die pädagogische Theoriebildung anzugeben, d.h. Positionen, hinter die pädagogische Theoriebildung kaum zurückgehen kann. "Jede pädagogische Aktion ist objektiv symbolische Gewalt, insofern sie mittels einer willkürlichen Gewalt eine kulturelle Willkür durchsetzt"[45]. Mit der kulturellen Willkür sind die symbolischen Ausdrucksformen (Sprache, Ideologie usw.) der historischen sozialen Kräfteverhältnisse gemeint, die "gemäß einem willkürlichen Modus der Durchsetzung und Einprägung (Erziehung)"[46] auf die nachfolgenden Generationen übertragen werden. Erziehung als willkürlicher, d.h. immer auch anders möglicher Modus der Durchsetzung von Herrschaftsinteressen gesellschaftlicher Provenienz in einem durch **sie spezifisch begründeten Kommunikationsfeld, speziell ge**richtet auf die symbolisch vermittelte Anerkennung und ideologische Verkennung dieser Verhältnisse[47] und deren beständige Verankerung in einem Habitus[48] - so die funktionale Bestimmung. Diese Funktion kann pädagogisches Handeln jedoch nur dann erfüllen, wenn sein wahrer Charakter verkannt wird: Diese Verkennung bildet die Grundlage für die pädagogische Autorität als Bedingung der praktischen Ausführung pädagogischen Handelns[49]. Die pädagogische Autorität, die durch Delegation gesellschaftlicher Machtausübung entsteht, wird zur Voraussetzung der pädagogischen Wirkung: "Aufgrund der Tatsache, daß jede wirkende pädagogische Aktion der Definition nach eine pädagogi-

sche Autorität besitzt, werden die pädagogischen Sender von vorneherein für würdig erachtet, das, was sie übermitteln, zu übermitteln, also dazu berechtigt, die Rezeption des Übermittelten durchzusetzen und dessen Einprägung durch sozial gebilligte und garantierte Sanktionen durchzusetzen"[50]. Hier wird also per definitionem jede pädagogische Handlung, sei sie auch restriktiver oder repressiver Art, als gesellschaftlich legitimiert unterstellt: Damit ist Willkür immer schon gerechtfertigt. Und dies ist nach Bourdieu und Passeron auch für pädagogische Theorien bindend, die sich in diesem Horizont bilden: Sie können zwar im Rahmen der Grenzen der historisch ausgeprägten kulturellen Willkür[51] über den Modus der Durchsetzung und die Auswahl einzuprägender Inhalte verschiedener Ansicht sein, aber ihre Grenze als pädagogische Theorie finden sie in der Willkür, die sie als pädagogische Theorie nicht hinterfragen können, ohne sich selbst aufzuheben. Bourdieu und Passeron sprechen hier von einer "selbstzerstörerischen Utopie einer Pädagogik ohne Willkür"[52]. Die gesellschaftliche Funktion pädagogischen Handelns bestimmt so die Grenzen seiner Rechtfertigung.

Die These richtet sich nicht nur auf die Rechtfertigung von willkürlich eingesetzter Gewalt im pädagogischen Feld. Ebenso werden hier positive Maßnahmen als Durchsetzung kultureller Willkür betrachtet: Gelobt wird, was dieser Durchsetzung dient. Pädagogische Theorie rechtfertigt so immer Willkür, die als Willkür gar nicht zu rechtfertigen ist. Die 'Resymmetrisierung der Funktionsasymmetrie' ist also nicht leistbar. Erziehung, so die These, ist objektiv immer schon willkürliche Durchsetzung von Herrschaft und kann dies bei aller ideologischen Verbrämung auch in der Theorie, der Pädagogik, nicht ganz verleugnen. Eine kritische Theorie der Erziehung als pädagogische Theorie ist unter diesen Bedingungen nicht möglich, sie scheint ausgeschlossen zu sein.

Der kritische Punkt dieser Argumentation liegt nun darin, daß per definitionem jede pädagogische Handlung mit einer legitimierten pädagogischen Autorität ausgestattet ist: Dem widerspricht offensichtlich die Tatsache, daß die Rechtfertigung von pädagogischen Handlungen, ihre Adäquatheit, immer wieder ange-

zweifelt wird, prinzipiell anzweifelbar erscheint. Auf die Grenzen pädagogischen Eingreifens wird immer wieder hingewiesen[53]. Vom Standpunkt der Theorie Bourdieus und Passerons wäre diesem Einwand zu begegnen, indem darauf aufmerksam gemacht würde, daß solche Kritiken nicht den Boden pädagogischer Willkür verließen, daß diese Kritik also im Rahmen dieser Willkür verbliebe, da auch sie an anderer Stelle repressiv eingreife. Daß nun Erziehung immer auch versagend eingreift, scheint kaum widerlegbar zu sein, wenn man davon ausgehen muß, daß immer auch für eine historische Gesellschaftsform erzogen werden muß, daß Erziehung also nicht im sozialen Vakuum stattfindet. Die Rede von der willkürlichen Durchsetzung kultureller Willkür scheint eben diesen Aspekt, den man akzeptieren muß, zu verabsolutieren, indem sie einem abstrakt gedachten Subjekt, das sich als Mensch in sehr vielen verschiedenen Sozialverhältnissen entwickeln könnte, eine historisch-gesellschaftlich konstituierte, auf eine historische Herrschaftsform zurückverweisende Kultur als Zwangsapparat gegenüberstellt - und nicht als für dieses konkrete Subjekt gegebene Entwicklungsmöglichkeit. Die Konstitution des Subjekts wie auch seine Deformation verweisen beide auf die historische Gesellschaftsform. Nicht ist also Erziehung qua Erziehung Durchsetzung von legitimierter Willkür, sondern das Problem der Repressivität stellt sich theoretisch wie praktisch als eines, welche repressiven Maßnahmen als notwendig gerechtfertigt werden können und welche eben nicht. Diese Problemstellung setzt also voraus, daß Erziehung einen Herrschaftsaspekt hat, daß also 'gegenwirkende Erziehungsmaßnahmen' konstitutiver Bestandteil von Erziehung sind - ein Bestandteil, der das Rechtfertigungsproblem verschärft.
Man kann dies am Beispiel der Disziplinproblematik aufzeigen[54]. Wenn jemand von Disziplin redet, so meint er damit nicht nur die Einhaltung von Normen, sondern seine Vorstellungen richten sich auf eine 'adäquate' Erfüllung dieser Normen, auf die individuelle Realisierungsform der Norm. Der Interpretations- und Handlungsspielraum, der sich aus der notwendig abstrakten Formulierung der Norm ergibt, wird durch die Disziplinvorstellung eines mächtigen Anderen in der Tendenz aufgehoben. Die Durch-

setzung dieser Disziplinvorstellung läßt sich als Disziplinierung bezeichnen, die letztlich auf die Aufgabe der Subjektivität, des subjektiven Anteils an der Erfüllung der Norm zielt. Die Gegenwehr gegen einen solchen totalitären Herrschaftsanspruch auf der interpersonalen Ebene gehört ebenso zum Problem der Disziplin wie ihre Legitimationsversuche. In der Geschichte pädagogischer Theoriebildung hat man sich dieser Problematik selten gestellt[55]. Mit der Ausnahme A.H. Franckes ("Am meisten ist wohl daran gelegen, daß der natürliche Eigenwille gebrochen werde"[56]) ist die Disziplinproblematik kaum zu einem zentralen Problem pädagogischer Theoriebildung geworden. Man hat eher dahin tendiert, sie als eine Vorbedingung der Erziehung von der eigentlichen Erziehung abzugrenzen[57]: Disziplinierung war der Boden, auf dem Erziehung ihre Ziele verfolgen konnte, die anders gesteckt waren. Eine andere Umgehung des Problems findet sich etwa, wenn der pädagogische Bezug, das Verhältnis von Erzieher und Zögling, so gedacht wird, daß per definitionem der Zögling jede Anforderung des Erziehers im Vertrauen auf die echte Bemühung des Erziehers um ihn aufnimmt[58]. Die 'Echtheit' des Bemühens spielt auch eine vermittelnde Rolle bei der gängigen Formulierung des Problems, die häufig schon für seine Lösung gehalten wird: Röhrs' Formulierung, daß man über die Fremdbestimmung zur Selbstbestimmung gelangen müsse[59], ist ein pädagogischer Allgemeinplatz. So formuliert beispielsweise auch Theodor Ballauff in seiner fundamentalontologisch orientierten 'Systematischen Pädagogik': "Erziehung besagt die Freigabe des Menschen auf seine Menschlichkeit. Sie befreit zum Denken, sie gibt für mögliche Einsicht frei"[60]. Dies hindert ihn allerdings nicht daran, zu betonen, daß dies ohne Zwang kaum möglich sein dürfte[61]. Man kann wohl feststellen, daß man sich in der pädagogischen Diskussion weitgehend einig ist über die Notwendigkeit der Disziplinierung, nicht aber über ihre Mittel und auch nicht über ihre Rechtfertigung. Letzteres ist wohl auch dadurch bedingt, daß man mit dem Disziplinbegriff das Feld sozialer Normen berührt, d.h. den Bereich der gesellschaftlichen Vorgaben für die Erziehung, dem man sich kaum zu entziehen vermag, vor dem die Pädagogik aber - das wird man kritisch anmerken müssen - zu oft

die Augen verschlossen hat. Ihre gesellschaftliche Funktionalität bzw. auch die Funktionalität der Institutionen, in denen Erziehung stattfindet, ist von der pädagogischen Theorie kaum als Bedingung wie als Grenze praktisch-erzieherischen Handelns und damit auch einer realitätsnahen pädagogischen Reflexion betrachtet worden. Schleiermachers Theorie der Erziehung, die die gesellschaftliche Dimension berücksichtigte, blieb ebenso abstrakt wie die Vorstellung von Kulturmächten, die Weniger entwickelt hat[62]. Die Rechtfertigung von Disziplinierung wird so für einen Ansatz, der sich über die gesellschaftliche Funktionalität der reflektierten Praxis hinwegsetzt, ebenso schwierig wie für einen Ansatz, der diese Funktionalität als einzige Determinante pädagogischen Handelns ansetzt.
Welche Schwierigkeiten dies auch für einen sich als gesellschaftskritisch verstehenden Ansatz zur Allgemeinen Pädagogik bereiten kann, möchte ich abschließend am Beispiel der 'Allgemeinen Pädagogik' Gamms zeigen. Das Verhältnis von objektiver Funktionalität, gesellschaftlicher Anpassung, und subjektiver Intentionalität des Erziehers taucht bei Gamm schon in der Definition des Erziehungsbegriffs auf: "Erziehung ist derjenige Vorgang, der die in jedem Zögling liegenden Möglichkeiten seines Reifens und seiner Menschwerdung so anzusprechen sucht, daß sie als soziale Fähigkeiten im vorgegebenen Rahmen der gesellschaftlichen Bedingungen, der sittlichen Normen und der politischen Vorstellungen der Epoche funktionieren. Dabei wird ein wachsender Spielraum eigenen Gewissens erwartet und aufgerufen. Er kann sich in jeder neuen Generation durch Anverwandlung, Verleiblichung und Vergeistigung des Erbes befremdlich äußern, so daß Traditionsbrüche nicht ausgeschlossen sind, obwohl die epochalen gesellschaftlichen Verhältnisse dadurch nicht strukturell geändert werden; dazu bedürfte es stärkerer politischer Kräfte, als sie die Erziehung enthält"[63]. In diese Bestimmung geht sowohl die Notwendigkeit der Einfügung in die historisch-gesellschaftlichen Praxisformen als auch die Möglichkeit der individuellen Distanzierung ein. Dieser funktionalen Bestimmung fehlen allerdings zentrale Bestandteile des Erziehungsbegriffs: so etwa die Zielvorstellung, der Aufgabenaspekt, die Subjektivi-

tät des Erziehers. Dem trägt Gamm in einer weiteren Definition Rechnung: "Erziehung wird bestimmt durch eine Zielvorstellung und personale Verantwortung innerhalb eines Gefüges von Sittlichkeit. Daher ist es pädagogisch-begrifflich unmöglich, etwa von einer 'Erziehung zum Verbrecher' zu sprechen"[64]. Die Betrachtungsweise der Erziehung erscheint demnach ambivalent: Die Orientierung an einem (abstrakt bleibenden) Gefüge von Sittlichkeit steht neben der gesellschaftlichen Funktionalität von Erziehung, ihrer Einbindung in gesellschaftliche Herrschaftsverhältnisse. Daß dies den Erziehungsbegriff nicht mehr eindeutig faßbar macht, verdeutlicht die folgende 'historische Konkretisierung' des Begriffs: "Soll die begriffliche Bemühung am Phänomen Erziehung das gewünschte Resultat zeitigen, so muß die Aufbereitung des Individuums zum Träger von Arbeitskraft in allen Implikaten von Erziehung erkannt werden"[65]. Hier dominiert die Einbindung von Erziehung in gesellschaftliche Herrschaftsverhältnisse, jedoch führt dies zu Problemen in Ansehung der Bestimmungen des Erziehungsbegriffs. Wenn man nicht unterstellen will, daß Erzieher und Lehrer in der bürgerlichen Gesellschaft es bewußt als ihr sittlich zu verantwortendes Ziel betrachten, Kinder zur Ware Arbeitskraft als dem Maß ihrer Bestimmung zu führen, so kann es sich hier (gemäß Gamms Feststellung) nicht um Erziehung handeln, da keine sittlich verantwortlich vertretbaren Werte zugrundeliegen.

Gamm bemüht sich, diesen Schwierigkeiten durch die Einführung des Bildungsbegriffs zu entgehen. In einem neuen Anlauf bestimmt er Erziehung als "absichtliche Eingliederungsversuche in den Gesellschaftsverband"[66]. Von ihr unterscheidet er die Bildung als "auf der Grundlage von Erziehung die vom Individuum erreichte Fähigkeit zur eigenständigen geistigen und gesellschaftlichen Auseinandersetzung. Verbindung von Theorie und Praxis. Begegnung mit der großen Tradition. Gestaltung des eigenen Lebens und der eigenen Zeit. Erkenntnis menschheitlicher Zusammenhänge"[67]. Bildung wird im Anschluß an Heydorn[68] als 'transzendierende Qualität' gefaßt, als das dem jungen Menschen zu Vermittelnde, das über die bestehenden Verhältnisse hinausweist - als ein an die Vernunft gebundenes Vermögen, anders zu handeln als gefordert[69]. Die Ambivalenz des Erziehungsbegriffs, die Spannung zwischen gegebenen Phänomenen der Erziehung, die immer auch gesellschaftlich-funktionale Unterwerfung beinhalten, und ihrem (moralisch-politisch) gerechtfertigtem Aufgegeben-Sein, wird hier begrifflich aufgespalten: Die mit dem Erziehungsbegriff gesetzte zweifache Problematik von Bestimmung und Rechtfertigung wird so aufgelöst um den Preis einer konsistenten pädagogischen Theorie.

Wenn man die bisherigen Ausführungen zur Bestimmung des Erziehungsbegriffs, also des Gegenstandes einer pädagogischen Theorie, zusammenfassen will, so kann man feststellen, daß eine solche Bestimmung im Rahmen einer pädagogischen Theorie immer auch als Rechtfertigung der mit Erziehung gesetzten Aufgabe zustandekommt. Rechtfertigung meint dabei immer auch eine solche von Herrschaft: Die Rechtfertigung der mit Erziehung gesetzten Aufgabe ist gedacht ebenfalls als Rechtfertigung von Erzieherentscheidungen und Erzieherhandlungen, die auf eine Unterbindung anderer (unerwünschter) Entwicklungen beim Educandus gerichtet sind. Offensichtlich ist dieser Punkt für die pädagogische Theorie besonders problematisch. Inwieweit die Rechtfertigung solcher Handlungen kompatibel ist mit gesellschaftlichen Herrschaftsverhältnissen oder von diesen abstrahiert, ist eine weitere Problematik, die sich mit der Zukunftsorientierung der Erziehung stellt. Bevor darauf näher eingegangen wird, möchte ich versuchen, die Schwierigkeiten der Bestimmung von 'Erziehung' als Rechtfertigung auf ein historisch gestelltes Problem zu beziehen, das erst Erziehung und die systematische Reflexion auf sie notwendig machte, ihr aber zugleich die Grundlagen ihrer Rechtfertigung zu entziehen droht.

III.1.3. ERZIEHUNG ZWISCHEN DER FREISETZUNG DES SUBJEKTS UND SEINER DISZIPLINIERUNG

Daß das Gegenüber des Erziehers, das Kind, als Individuum, als in der Konsequenz autonomes, für seine Entscheidungen und Handlungen selbst verantwortliches Subjekt betrachtet werden muß, daß also der/die Zu-Erziehende als freies und anderen gleiches Subjekt (wenn auch noch nicht seiner Fähigkeit nach, so doch ab einem bestimmten Zeitpunkt kraft Gesetz) angesehen werden muß, ist eine historisch späte, an die bürgerliche Gesellschaft gebundene Perspektive. Ihre reale Grundlage hat diese Perspektive in der Freisetzung des Menschen aus persönlichen Abhängigkeitsverhältnissen, aus gewaltsam aufrechterhaltenen Herrschaftsformen (Leibeigenschaft), in der Freisetzung von abstrakt gedachten Individuen, die ihre Gesellschaftlichkeit erst am Markt unter Beweis stellen. Der Tausch, ideologisch auch der von Arbeitskraft gegen Lohn, als quantitativ gleiches Verhältnis von Sachen begründet, verbürgt die Gleichheit und Freiheit des Subjekts, das außerhalb gesellschaftlicher Beziehungen stehend gedacht wird. Abstrahiert wird nicht nur von gesellschaftlichen Beziehungen, sondern auch von konkreter Subjektivität, von Emotionen und Persönlichkeit. Soziale Beziehungen, Meinungen, Emotionen, Persönlichkeit erscheinen losgelöst von gesellschaftlichen Verhältnissen als Privatangelegenheit, d.h. sie bleiben dem als autonom vorgestellten Subjekt überlassen. Der Prothestantismus mit seiner Individualisierung der religiösen Weltdeutung auf der Grundlage von Bibeltexten, seiner (in der Version Calvins) Bindung von Heilsversprechen an irdisch-individuellen Verdienst war hier sicherlich wegweisend. Die Privatisierung von Sinndeutungen, Emotionen, sozialen Beziehungen bedeutet ihre Zurechnung zum Subjekt: Gesellschaftlich reale Herrschaftsverhältnisse scheinen weder für ihre Entstehung von Bedeutung zu sein noch Kriterien für deren Geltungsanspruch abzugeben.

Wie die (gesellschaftlichen) Interessen nur als auf das Individuum bezogene gedacht werden und nicht als durch eine bestimmte historisch-gesellschaftliche Form der Produktion als egoistisch gesetzte, so auch die moralisch-politischen Vorstellungen.

Eine solche Perspektive, die vor dem Hintergrund der Abstraktion des Individuums aus seiner gesellschaftlichen Vermitteltheit entsteht, hat nun auch für den vorliegenden Zusammenhang interessante Implikationen. Die Freisetzung des Subjekts als abstraktes Individuum verlangt den Preis der Anerkennung anderer Subjekte als ebenfalls autonom: Die Privatisierung von Interessen und moralisch-politischen Weltdeutungen geschieht so um den Preis, daß diese genetisch nur dem Subjekt zugerechnet werden können, daß also deren Geltung subjektiv ist in dem Sinne, daß sie eigentlich keinen sozial verbindlichen Geltungsanspruch erheben können. Mit der sozialen Vermitteltheit von 'privaten' Interessen und Sinndeutungen fällt auch ihr Verbindlichkeitsanspruch aus der Betrachtungsweise heraus, die Autonomie des Subjekts bleibt abstrakt, in sozialer Unverbindlichkeit. Voraussetzung nun für die eigenen Interessen und die eigene in sozialen Begriffen vollzogene Sinndeutung wird so für das Subjekt die Anerkennung ihrer Beliebigkeit: Jeder Andere kann mit gleichem Recht andere Interessen und Meinungen haben.
Unter dieser Voraussetzung wird es nun, sowohl was gesellschaftliche Praxis als auch was die theoretische Reflexion auf diese angeht, schwierig, einen gesellschaftlichen Zusammenhang herzustellen. Was die gesellschaftliche Praxis betrifft, so kann man diesen Prozeß der Subjektwerdung um den Preis sozialer Durchsetzung von Interessen und Meinungen als einen der Disziplinierung betrachten, der so gut wie alle Lebensbereiche umfaßte und in der heute üblichen Trennung von 'privatem' Leben (Emotionen, Meinungen, disziplinierte Triebbefriedigung usw.) und öffentlicher Sphäre als einer rationalisierten Funktionserfüllung ihren vorläufigen Abschluß gefunden hat[70].
Das Begreifen dieses Prozesses war von Anfang an auf die Schwierigkeit bezogen, daß die Abstraktionen des freien und gleichen Subjekts hier ernstgenommen werden mußten: Von hier aus ergab

sich das traditionelle Problem bürgerlicher Sozialphilosophie, wie denn unter dieser Voraussetzung überhaupt gesellschaftliche Ordnung möglich sein soll[71]. Die Antworten waren je nach theoretischem Ansatz unterschiedlich, aber sie hielten an dieser Voraussetzung fest. So ist es beispielsweise ein Charakteristikum der Vertragstheorien, daß der Gesellschaftsvertrag, der erst die logische Bedingung der Möglichkeit gesellschaftlicher Ordnung abgeben sollte, auf freiwilliger Grundlage von Subjekten geschlossen wurde, die dadurch (rational kalkuliert) die Grundlage ihrer egoistischen Interessenverfolgung legen wollten, die eben diese garantieren sollte[72]. Weniger anspruchsvollen Versuchen genügte eine "unsichtbare Hand", die garantieren sollte, daß trotz egoistischer Interessenverfolgung das Wohl aller, der gesellschaftliche Zusammenhang gewährleistet ist[73]. Diese 'unsichtbare Hand' wird heute in der funktionalistischen Gesellschaftstheorie Parsons' ersetzt durch ein allgemein verbindliches Wertsystem, das als Bedingung der Möglichkeit von Gesellschaft gesetzt wird[74]. Parsons knüpft damit auch an die prothestantistische Tradition an, die trotz individueller Sinndeutung dennoch eine verbindliche Grundlage in der Objektivität religiöser Weltanschauung postulierte.

Deutlich wurde dieses Problem ebenfalls in den Theorien der Aufklärung, die die (geistige und moralische) Freisetzung des Subjekts auf höchstem theoretischem Niveau zum Ausdruck brachte - in seiner Befähigung zum vernünftigen Handeln. Zugleich wird die empirische Begrenzung dieses Denkmodells erkannt: Der Widerstreit von Kausalität und Freiheit in der kantischen Theorie mag dies verdeutlichen. Für Kant besteht das Problem darin, daß, wenn alles (kausal) determiniert ist, von Freiheit nicht die Rede sein kann. Freiheit ist nur möglich, wenn der Mensch nicht determiniert ist. Da er aber als Naturwesen ebenfalls Gesetzen unterliegt, wird es schwierig, diese Freiheit für ihn zu beweisen. Daß der Mensch unter Kausalgesetzen steht, widerstreitet einer Freiheit, die höchstens als Anfang einer Kausalkette gedacht werden kann. Kant löst dieses Dilemma durch eine Zwei-Welten-Theorie: Als Sinneswesen untersteht der Mensch den Naturgesetzen, als intelligibles Wesen den Vernunftgesetzen[75]. Freiheit wird einer Welt-an-sich zugerechnet, die sinnlich nicht erkennbar ist. Für sie gibt es nicht einmal Beispiele, da sinnlich wahrnehmbare Handlungen immer schon dem Menschen als Naturwesen zuzurechnen sind[76]. Freiheit muß als regulatives Prinzip der Vernunft angenommen werden, soll eine Lehre sittlich richtigen Handelns sinnvoll sein. Der Idee der Freiheit korrespondiert eine intelligible Welt der Zwecke, in der jeder Mensch nur als Zweck, nicht als Mittel betrachtet wird - eine Welt also, in der empirische Abhängigkeiten, egoistische Interessendurchsetzung keinen Platz haben. Das 'Reich der Zwecke' formuliert so noch einmal den Gedanken der unbedingten Autonomie des Subjekts und hebt zugleich mit dem Postulat der Person als Selbstzweck die möglichen aus dieser Autonomie resultierenden Spannungen auf. Freiheit als unbedingte ist kein Gegenstand möglichen Eingreifens: Sie bildet die Grenze von Fremdbestimmung, die Kant unter der Kategorie der Kausalgesetze denkt. Wendet man dies auf die Pädagogik an, so muß davon ausgegangen werden, daß pädagogische Eingriffe ihre Grenze an der mit dem Freiheitsbegriff gesetzten Autonomie des Subjekts haben: Sie können zwar die Kompetenz zu vernünftigem Handeln (nach Kant auch mit Hilfe von Disziplinierung[77]) fördern, nicht aber die Realisierung dieser Kompetenz, die gerade durch Freiheit gekennzeichnet sein soll.

Das Problem besteht nun für die Pädagogik wie für jede Art zwischenmenschlichen Handelns darin, daß prinzipiell jedem Anderen, d.h. auch dem Kind, da es für Freiheit und damit auch für den ontogenetischen Zeitpunkt ihres Auftretens keine empirische Verifizierung gibt, sondern nur Erscheinungen, von denen auf sie zurückgeschlossen werden kann als verursachendes Prinzip, diese Autonomie zugestanden werden muß. Wenn man also in Rechnung stellen muß, daß die regulative Idee der Vernunft konstitutiv ist für jegliche menschliche Freiheit sowie, daß sie in ihrer Qualität nicht sinnlich wahrnehmbar ist, also auch nicht bei Kindern, welche Legitimation hat man dann, in deren Handlungsbereich disziplinierend einzugreifen? Auch wenn man die Problematik der Zwei-Welten-Theorie außeracht läßt, so kann man dennoch als Fragestellung festhalten: Wie ist unter dem Postulat

der persönlichen und moralischen Integrität ein Eingriff in eben diese Sphäre legitimierbar?
Klaus Prange hat sich dieses zentrale Problem des Verhältnisses der Freisetzung des Subjekts zu seiner Disziplinierung im Anschlüß an die kantische Formulierung als pädagogisches gestellt mit dem Resultat einer "negativen Pädagogik". Prange geht zwar nicht mehr von der Zwei-Welten-Theorie Kants, der Trennung einer empirischen (unter 'Kausalgesetzen' stehenden) von einer intelligiblen Welt reiner Vernunft aus, jedoch taucht diese Unterscheidung bei ihm in quasi säkularisierter Form wieder auf als die von Lehren und Erziehen. Vom mitgängigen Lernen der Umgangserfahrung, bei dem sich das Aneignen von Können, Verfügen über Prozesse mit der Selbstdarstellung/Selbstfindung über dieses Können verbinden, unterscheidet sich das Lehren vor allem nach zwei Seiten. Zum einen ist der Lehre vorausgesetzt die Theoretisierung des Was und Wie des Lernens, eine Distanzierung der Umgangserfahrung sowie ihre formelle und begrifflich generalisierte Erfassung[78]. Damit ergibt sich die Schwierigkeit, wie das Theoretisch-Allgemeine der Anschauung wieder zugänglich gemacht werden kann[79]. Wichtiger im vorliegenden Zusammenhang ist nun eine andere (Aufgaben-) Bestimmung des Lehrbegriffs: Für Prange fallen beim Lehren der Aspekt des Lernens der Verfügung über objektive Prozesse und derjenige einer Identitätsfindung und Selbstdarstellung über diese auseinander. "Insofern bezieht sich das Lehren als Hilfe für das Lernen vorab und ausdrücklich darauf, die Verfügung über objektive Vorgänge zu ermöglichen"[80]. Lehre vermittelt so keine Sinnorientierungen; eben dies ist Sache der Erziehung, die in einer Sinnreflexion die Richtung des Lernens und der Lehre bestimmt[81]. Der Erziehungsbegriff gewinnt so durch die Leerstelle der Lehre seinen Sinn: daß man zwar die Einsicht in Regelzusammenhänge lehren könne, aber nicht darüber verfügen kann, daß der Lernende auch gemäß diesen Regeln handelt, bezeichnet als (im kantischen Sinn) Freiheit des Subjekts die Grenze des Lehrens wie auch der Erziehung.
Eben diese Freiheit des Subjekts, sein Status als moralische Person (im kantischen Sinn: Teil der intelligiblen, nicht-de-

terminierten Welt) bedeutet die Notwendigkeit einer über die Lehre hinausgreifenden Erziehung wie auch ihre Grenze. In diese Sphäre kann nicht determinierend eingegriffen werden. "Spekulativ gesprochen liegt darin: in der eigentlichen Erziehung, dem pädagogischen Moment, verhalten wir uns erzieherisch so, als ob das Reich der Zwecke schon da, das Reich der Freiheit vollendet sei und nicht etwas, was in der verlaufenden Zeit irgendwann einmal eintritt"[82]. Erziehung zielt auf das "Selbstlernen des Subjekts", auf das Begreifen seiner selbst als moralisches Subjekt. Dieses Gegenüber des Erziehers als moralische Person zu begreifen, deutet auf zwei Grenzen der Erziehung hin: Zum ersten erscheint sie als unvereinbar mit Zwang, Disziplinierung[83], und zum zweiten ist sie nicht als planvoll systematisiertes Eingreifen vorstellbar. Wenn Erziehung schon als Eingreifen vorgestellt werden muß, dann als spontanes, nicht geplantes und vorherberechnetes. Prange knüpft hier an Bollnows 'Unstetigkeitspädagogik' an, die in den Erziehungsformen der 'Erweckung', 'Ermahnung', 'Beratung' und 'Begegnung' die Produktivität spontan zustandekommender pädagogischer Situationen betonte[84]. Erziehung kann in ihren Wirkungen nicht vorab reflektiert werden: "Das letzte, was dem pädagogischen Denken möglich erscheint - und zwar vor und neben den empirisch verfahrenden Erziehungswissenschaften - ist somit eine 'negative Pädagogik'. Ihre Orientierung für die Erziehung besteht darin, daß nicht das Lehren in der Mitte dessen steht, was Erziehung ausmacht, sondern die mitgängigen und unreflexen Vorgänge der Aneignung von Haltungen, Kenntnissen und Fertigkeiten. Für den Erzieher ergibt sich daraus, daß seinem Wirken und seiner Wirkabsicht eine Grenze gesetzt ist, die im Lernen selbst liegt"[85]. Erziehung findet an der Freiheit des Subjekts ihre Grenze: Sie dient deren Freisetzung. Disziplinierung ist aus der 'eigentlichen Erziehung' ausgegrenzt und auf die Ebene der Lehre verwiesen, die Prange als Dimension der Erziehung bezeichnet und mit dem Begriff der Sozialisation benennt[86]. Sozialisation bezeichnet die methodischen Vorgänge und Prozesse, wodurch der Prozeß der Erfassung von und des Einlebens in eine Kultur gesteuert werden soll[87]. Abgehoben von diesen Steuerungsprozessen wird das Erzieherische im Appell an die moralische Person gesehen. Man steht damit genau vor jener Problematik, die bereits oben schon einmal angesprochen wurde: Den realen Anpassungsprozessen, etwa der schulischen Sozialisation (als hätte die Organisation schulischen Lernens keine identitätsstiftenden, die Selbstdarstellung formal vorgebende Aspekte[88]), wird eine Theorie der Erziehung gegenübergestellt, die eben dies nicht zu ihrem Gegenstand macht, sondern sich auf die Freisetzung des Subjekts als abstrakt-moralischer Person konzentriert. Es stellt sich gerade in Anbetracht einer 'negativen Pädagogik' die Frage, inwieweit sich eine Theorie der Erziehung damit nicht selbst ihren Gegenstandsbereich um den Preis eines Realitätsverlustes eingrenzt. Man kann nicht so tun, als gehöre die alltägliche Repression in Erziehungsinstitutionen nicht in den Reflexionsbereich einer pädagogischen Theorie, als verbliebe diese in einem vorpädagogischen Feld, das in der pädagogischen Reflexion nicht eingeholt werden könnte. Wenn - um es in der Begrifflichkeit Pranges zu formulieren - die Form der Lehre Auswirkungen auf die Persönlichkeitsbildung des Kindes hat, wovon man wohl ausgehen muß, so sind diese Wirkungen pädagogisch auch dann zu reflektieren, wenn sie negativ zu bewerten sind. Wie man in einer empirischen Welt der Einpassung in soziale Strukturen die (gleichzeitige) pädagogische Realisierung eines 'Reiches der Zwecke' behaupten kann, stellt wohl eine offene Frage dar, die darauf hinweist, daß der Zusammenhang von 'Freisetzung der Person' und 'Disziplinierung'der Person' in der Rechtfertigung von Erziehungsbegriffen eine ungelöste Problematik bezeichnet[89]. Die gängige Formulierung (nicht wie häufig angenommen wird: Lösung) dieser Problematik besteht in ihrer zeitlichen Differenzierung: Disziplinierung ist neben Förderung eine notwendige Bedingung für die Erreichung des Status eines freien selbstbestimmten Subjekts. Damit ist zugleich die Frage aufgeworfen, inwieweit sich diese Zielbestimmung des freien selbstbestimmten Subjekts als pädagogische begründen läßt.

III.1.4. ZIEL UND ZUKUNFT

Die Besonderheit pädagogischer Zielprojektionen liegt wohl darin, daß sie (umfassende) Sinnprojektionen darstellen, also Vorstellungen über einen moralisch adäquaten Lebenswandel und seine subjektiven Voraussetzungen beinhalten, sowie daß diese Sinnprojektionen für andere (Zu-Erziehende) verbindlich gehalten werden. Pädagogisches Handeln ohne solche Zielprojektionen scheint kaum vorstellbar. So heben etwa auch deskriptive Fassungsversuche des Erziehungsbegriffs seine Orientierung an Zielen hervor, die Normativität, die damit sowohl für den Zu-Erziehenden (so soll er sein) als auch für den Erzieher (dieses So-Sein des Zu-Erziehenden soll herbeigeführt werden) von praktischer Bedeutung ist[90]. Das Erziehungsziel ist konstitutiver Bestandteil des Erziehungsbegriffs.
Die Faktizität unterschiedlicher Erziehungsziele leitet sich von zumindest zwei Voraussetzungen ab: von der Vorstellung ihrer Realisierbarkeit, von der im vierten Kapitel gehandelt werden soll, und von der Offenheit der Zukunft. Man könnte zwar davon ausgehen, daß Zukunft als Begriff immer als offen gedacht werden muß, jedoch spricht einiges dafür, daß diese Offenheit der (individuellen) Zukunft nicht immer konstitutiv für den Erfahrungshorizont gewesen ist. So faßt Oelkers einen Vergleich des griechischen und des neuzeitlichen Bildungsgedankens auf folgende Weise zusammen: Im modernen Verständnis wird "der Bildungsbegriff .. (über den universalisierten Lernbegriff) dem Subjekt zurechenbar, und zwar in doppelter Weise, als Leistung des Subjekts, aber auch in seinem Ergebnis als Veränderung des Subjekts. Diese paradoxe Vorstellung, daß das Subjekt zugleich ist und wird, als Subjekt lernt und sich (nach Maßgabe dessen) verändert, war dem griechischen Denken fremd. War ursprünglich Bildung als Produkt technē, also die Beherrschung von Wissen und Können nach unterschiedlichen Graden der Meisterschaft unter Verwendung von übersubjektiven Wertkriterien, so ist Bildung im modernen Bewußtsein mehr und mehr Ge-

staltung der Subjektivität als Subjektivität"[91]. Mit R. Koselleck läßt sich behaupten, daß die Revolutionierung der Lebensverhältnisse durch die kapitalistische Produktionsweise, die mit ihr gegebene Entwicklung von Technik und Wissenschaft als völlig neue Möglichkeiten eröffnend, für eine zunehmende Differenz dessen, was man als gewordene Gegenwart erfahren konnte, und dessen, was man als Zukunft erwarten zu können hoffte[92], konstitutiv war. Die Erwartungen begannen, um einen Fortschrittsbegriff zu kreisen, der Zukunft als fortschreitende Verbesserung begriff, Zukunft öffnete.
Die Freisetzung des bürgerlichen Subjekts gewinnt somit eine andere, zeitliche Dimension: Mit der Öffnung des Zeithorizontes wird die Gegenwart als Orientierungsrahmen problematisch. Was ein Kind werden soll und kann, ist nicht mehr vorgegeben. Seine Zukunft ist nicht mehr an eine über Stände vermittelte stationäre Produktionsweise und die mit ihr gegebenen konkreten Lebensverhältnisse gebunden. Zukunft wird als offene zum Problem wie zur Chance. Zum Problem wird sie, weil man sie nicht mehr als zukünftige Gegenwart konkret antizipieren kann: Man kann nicht mehr mit Sicherheit sagen, auf welche Verhältnisse und Anforderungen man ein Kind vorbereiten soll. Zur Chance wird sie auf doppelte Weise. Zum einen besteht die Möglichkeit der Teilnahme des Subjekts an den Fortschritten, den Errungenschaften, die erwartet werden, und zum anderen entsteht die Problematik, inwieweit man durch eine Förderung des Subjekts diesen Fortschritt, in dessen Gedanken neben technischen immer auch moralisch-politische Verbesserungen einbezogen wurden, beschleunigen oder steuern kann. Die Öffnung des Zeithorizontes machte so Kindheit ebenso zum Problem wie zum Träger von Fortschrittserwartungen. Seine Qualifizierung auf den Gebieten des Wissens und Könnens sowie die Förderung seiner moralischen Kompetenz, die subjektive Bildung des Kindes wird zum Kristallisationspunkt der Hoffnungen auf eine bessere Zukunft.
Indikatoren für diese Entwicklung sind sowohl die ersten großen didaktischen Entwürfe des 17. Jahrhunderts, die eine universale Wissensvermittlung anstrebten[93], wie auch die Phänomene, die man sich angewöhnt hat, als 'Entdeckung des Kindes' zu bezeich-

nen[94]. Die 'Entdeckung des Kindes' und das Entstehen dessen, was man heute unter Pädagogik versteht, waren konstitutiv eines für das andere. Zu einem ersten Abschluß kam diese Entwicklung in Deutschland mit der Einführung des 'Unterrichts' zwischen 1750 und 1850, als dessen Merkmal mit Petrat[95] eine wechselseitige Bezogenheit von Curriculum und kindgerechter Vermittlungsform gegenüber dem bloßen 'Schulehalten' angesehen werden darf. Petrat nennt fünf Momente, die für die Begründung des Unterrichts relevant wurden und in denen sich der Widerspruch der Freisetzung des Subjekts und seiner Disziplinierung deutlich zeigt. Neben der Forderung nach induktivem Vorgehen, d.h. einem altersgemäßen und stufenweisen Aufbau des Zu-Lernenden, nach einem Wechselspiel von sachlichen Fragen und freien Antworten (gegenüber bloßem Repetieren) und dem Postulat, vom Erfahrungsbereich, der Anschauung des Kindes auszugehen, stand eine 'kindgemäße' Reinigung der Lerngegenstände, für die der historisch neue Gedanke kindlicher Unschuld, eines kindlichen Arkanums konstitutiv war, sowie eine systematische Disziplinierung der Schüler[96]. Man kann diesen Prozeß wohl dahingehend zusammenfassen, "daß der bildenden Anpassung der Subjektivität an die objektiven Gehalte eine immer weitergehende Anfügung der Gehalte an die subjektiven Bedürfnisse gefolgt ist"[97].
Die Untersuchungen Petrats weisen jedoch darauf hin, daß es sich nicht nur um einen Prozeß der Unterordnung 'objektiver' Bildungsgehalte unter die Bedürfnisse einer sich entwickelnden Subjektivität handelt, daß also Bildung nicht nur Gestaltung der Subjektivität als Subjektivität ist, sondern dies immer auch schon unter normativen Vorstellungen von Subjektivität, an denen subjektive Entwicklung gemessen wird, auf die hin sie notfalls gezwungen werden muß. Erziehungsziele, so kann man sagen, schließen den offenen Zeithorizont, sie werden als reflektierte erst mit ihm notwendig. Mit der erwarteten Offenheit der Zukunft entfallen jedoch gerade objektive Kriterien für eine solche Zielsetzung: Die Schließung des Zeithorizontes, die Aufhebung der Kontingenz der Zukunft des Subjekts, wird auf dessen Subjektivität zurückverwiesen. Die gesellschaftliche Freisetzung des Subjekts macht eine an gesellschaftlichen Kriterien orien-

tierte Zielformulierung seiner Entwicklung zunehmend unmöglich; andererseits ist eine Zielformulierung, die die Kontingenz möglicher Entwicklungen durch Festsetzung einer wünschenswerten schließt, auf eine Orientierung an der Freiheit des Subjekts verwiesen, die gerade diese fremdbestimmte Schließung seines Entwicklungshorizontes fragwürdig macht. Diese Fragwürdigkeit wird vor allem bei der Disziplinproblematik offenkundig.
Vermag diese Problematik einerseits die Realitätsferne, die Abstraktion von realen gesellschaftlichen Verhältnissen, sowie die relative Beliebigkeit von Erziehungszielen zu verdeutlichen, so verweist sie doch andererseits auf die Schwierigkeit des Legitimationsproblems von Erziehungszielen, die auch heute noch als ungelöst gelten darf. Daß Subjektivität, also das, was man in 'irgendeiner Form' immer schon vorfindet, zugleich Kriterium der Zielvorstellung sein soll, diese Problemstellung verlangt eine Antwort, die die Zielformulierung der Subjektivität mit der Gegenwart der Subjektivität vermittelt. Ist die Subjektivität, die Freiheit des abstrakten Subjekts als Leitvorstellung historisch akzeptiert, so ist sie als Kriterium von Ziel und Prozeß anzugeben.
Diesen Zusammenhang in seiner programmatischen Bedeutung hat wohl als erster Schleiermacher erkannt. Das Problem der Rechtfertigung einer unter diesen Bedingungen notwendigen Zielformulierung faßt er so: "Jede pädagogische Einwirkung stellt sich dar als Aufopferung eines bestimmten Momentes für einen künftigen; und es fragt sich, ob wir befugt sind, solche Aufopferungen zu machen. Schon das allgemeine Gefühl spricht sich dagegen aus"[98]. Schleiermacher sieht die Auflösung dieser Problematik in einer Vermittlung von Gegenwart und Zukunft: "Die Lebenstätigkeit, die ihre Beziehung auf die Zukunft hat, muß zugleich auch ihre Befriedigung in der Gegenwart haben; so muß auch jeder pädagogische Moment, der als solcher seine Beziehung auf die Zukunft hat, zugleich auch Befriedigung sein für den Menschen, wie er gerade ist. Je mehr sich beides durchdringt, um so sittlich vollkommener ist die pädagogische Tätigkeit"[99]. Daß das 'Reich der Zwecke', um es mit Prange kantisch zu formulieren, bereits in der jeweiligen Gegenwart antizipatorisch reali-

siert werden sollte, dies bezeichnet den Problemhorizont. Das bedeutet zugleich eine Abgrenzung gegenüber anderen möglichen und vorstellbaren Lösungswegen.
Ein erstes Merkmal dieser Vermittlung von Gegenwart und Ziel besteht in der Relativierung der zukünftigen Geltung des Erziehungsziels auf die Gegenwart hin. Erziehungsziele haben keine Dignität, die unabhängig von der konkreten Situation wäre. Sollte dies der Fall sein, sollte also das, was als pädagogische Tätigkeit begriffen wird, unabhängig von der Erziehungssituation als gerechtfertigt unterstellt werden, so ergäbe sich die Möglichkeit einer konsequenten 'Erziehung gegen das Subjekt' im Namen des Subjekts. Seine bloße Unterwerfung könnte gerechtfertigt werden, indem auf situationsunabhängige Normen verwiesen würde, die das Handeln des Erziehers steuern 'zum Besten der Person ohne Ansehen der Person'. Schleiermacher zweifelt die sittliche Legitimation solchen Handelns an und damit jeden Versuch einer axiomatischen, deduktiven Rechtfertigung von Erziehungszielen[100]. Dieser Zweifel an theologisch, intuitiv oder über eine natürliche Tradition begründeten Axiomen, obersten nicht mehr anzweifelbaren Normen der Erziehung, nährt sich bei Schleiermacher aus der Einsicht in die mit der Freisetzung des Subjekts gegebene Legitimationsproblematik: daß man im Namen solcher unhinterfragbaren Ziele etwa den Willen des Kindes brechen müsse, wie A.H. Francke dies postuliert hatte, dagegen spricht sich seiner Meinung nach schon das 'allgemeine Gefühl' aus: "Je positiver sich zu erkennen gibt, daß die Zöglinge die Erziehung, wie sie eben geübt wird, nicht wollen, je mehr sie widerstreben, desto mehr hält jeder die Erziehung für herbe und mißbilligt sie"[101]. Zu rechtfertigen vor dem Erziehungsziel und seiner Bindung an die Subjektivität ist hier jede einzelne pädagogische Handlung. Die Problematik richtigen Erziehens wird so verzeitlicht: Die Rechtfertigung wird auf Situationen bezogen.
Damit ist eine weitere Schwäche der axiomatisch vorgehenden Ansätze indirekt angesprochen, die man heute meist hervorhebt als Deduktionsproblem. Wie man von obersten Normen auf solche zweiter, dritter usw. Ordnung schließen soll, wie also eine be-

gründete Umsetzung oberster Axiome bis auf die Ebene der Orientierung des Handelnden in konkreten Situationen möglich sein soll, darauf geben axiomatische Systeme keine Antwort. Wenn man davon ausgehen muß, daß das logische Verfahren der Deduktion das einzig zulässige Beweisverfahren in axiomatischen Systemen ist, dann kann man eine solche Orientierung des konkreten Handelns nach Axiomen als logisch ungelöstes Problem betrachten. Axiome als Letztnormen dienen daher auch weit eher der Rechtfertigung jeglichen Handelns, weil man jede auch widersprüchliche Handlungsform auf diesem Abstraktionsniveau 'begründen' kann; und dies ist möglich, weil die Zwischenglieder, die Normen zweiter, dritter Ordnung beliebig angesetzt werden können.

Ein zweites Merkmal der Problemfassung von Erziehungsziel und konkreter Erziehungssituation durch Schleiermacher besteht in der Relativierung des Zweck-Mittel-Schemas. Ganz ähnlich wie später in der pragmatischen Pädagogik Deweys[102] werden Ziele als Mittel des je gegenwärtigen Handelns vorgestellt. Die Vorwegnahme des Ziels im gegenwärtigen Handeln wird zum Mittel dieses Handelns, zur Rechtfertigung dieses Handelns im Lichte des Ziels. Erziehungsmittel lassen sich daher nicht unabhängig von der Zielformulierung weder als solche begreifen noch gerechtfertigt realisieren. Die Bindung der Zielsetzung an die Problematik der Freisetzung des Subjekts wie auch die Forderung nach Realisierung dieser Zielsetzung (soweit möglich) in der Gegenwart verhindern ein technologisches Erziehungsverständnis, das die Frage der Rationalität effektiver Mittelwahl von einer unabhängig davon (etwa durch eine Erziehungsphilosophie) zu beantwortenden Zielfrage erörtern zu können glaubt.
Bei Schleiermacher findet sich so schon die moderne Argumentation gegen eine technologisch orientierte Erziehungswissenschaft, wie ich sie im Folgenden am Beispiel des lebensphilosophischen Ansatzes sowie kommunikations- und interaktionstheoretischer Ansätze verdeutlichen möchte. Von Schleiermacher unterscheiden sich diese Ansätze allerdings dadurch, daß sie diese Problematik konsequenter handhaben als er, der trotzdem noch bemüht war um eine spekulative Begründung der Ziele. Bahnbrechend für eine Umorientierung war hier Dilthey, der die Vermittlung von Erzie-

hungsziel und (empirischer) Erziehungssituation nicht nur vom Ziel auf die Situation hin dachte, sondern zugleich auch von der Situation auf das Ziel hin. Nicht nur sollte also die konkrete Erziehungssituation, das pädagogische Handeln in ihr, der Zielprojektion entsprechen, sondern die Zielprojektion sollte an die Realität anknüpfen, in der Erziehung immer schon statthat. Dilthey beleuchtet Schleiermachers Problemstellung gleichsam von der anderen Seite, wenn er fragt: "an welchem Punkt entspringt aus der Erkenntnis dessen was ist, die Regel über das, was sein soll?"[103] Das Anknüpfen der Norm an die Empirie soll derart die Vermittlung der Zukunftsprojektionen mit der Erziehungsgegenwart gewährleisten wie rechtfertigen. Daß man allerdings von dem, was ist, auf das, was sein soll, schließen kann, setzt einen geschlossenen Zukunftshorizont im Sein schon voraus, also die Entschärfung des mit den revolutionären Aspekten der bürgerlichen Gesellschaft verbundenen Problems. Genau dies ist der schwache Punkt der im Folgenden aufgeführten Ansätze, die von Diltheys Problemstellung ausgehen, nicht aber seinen Lösungsvorschlag einer Teleologie des Seelenlebens, einer empirisch möglichen Entwicklung des Subjekts zu einem empirisch angebbaren Punkt der Vollendung, übernehmen[104].

Die Entschärfung des Problems, daß man den offenen Horizont subjektiver Bildung durch einen Maßstab des abstrakt freigesetzten Subjekts bestimmen muß, zeigt sich in lebensphilosophisch-geisteswissenschaftlicher Tradition etwa bei Wilhelm Flitner: "Was wahre und echte Bildung sei, das ergibt sich anschaulich aus den Lebensformen, die in einem historisch bestimmten Lebenskreis als gültig empfunden werden. Welcher Lebensform ein junger Mensch zuneigt, wenn er die Wahl unter mehreren einander ausschließenden Bahnen hat, das kann eine wichtige Entscheidung sein, bei der ihm die erzieherische Hilfe vonnöten ist; die Möglichkeiten aber sind ihm vorgegeben; weder der Erzieher noch der Zögling sind darauf angewiesen, über ein rechtes Bildungsideal nachzugrübeln, und es verriet ein Mißverstehen der pädagogischen Theorie, wenn in der öffentlichen Diskussion vorausgesetzt wurde, der Erzieher müsse ein Bildungsideal formulieren und sich daran binden, wenn er folgerecht wirken wolle. Solche Ideale werden weder bewußt konstruiert noch kann ihre Gültigkeit wissenschaftlich nachgewiesen werden; die Kritik der neueren Pädagogik an diesem Verfahren besteht zu Recht; dieses muß als intellektualistisch und als technizistisch zugleich gebrandmarkt werden"[105]. Die häufig geäußerte Kritik an einer den interpretierten Normgehalt der Realität zum Bildungsideal stilisierenden Pädagogik, die auch vor dem Hintergrund der Funktionalisierung solcher Theorien im deutschen Faschismus verstanden werden muß, reicht vom methodologischen Zweifel an der Hermeneutik als einem Verfahren, das Aufgabenstellungen ausweisen könnte, bis zur Kritik an der Unterstellung eines einheitlichen Lebensganzen angesichts der Klassenauseinandersetzungen der 20er Jahre dieses Jahrhunderts. Die geisteswissenschaftliche Pädagogik[106] begründete ihren Anspruch, aus der Realität Normen wahrzunehmen, nicht methodologisch: Dies bedeutet, daß sie angesichts der Möglichkeiten unterschiedlicher Darstellungen der 'Erziehungswirklichkeit' über kein Kriterium verfügt, das zu entscheiden erlaubt, welche denn nun die richtige sei. Die normative Option des Pädagogen bleibt unbegründet. Die entscheidende Frage, woher der Pädagoge wissen kann, ob er sich im Dienst der richtigen Sache befindet, des richtigen zukunftsweisenden Bildungsideals, ist von hierher nicht zu beantworten[107]. Die (im Lichte des Erziehungsbegriffs) interpretierte 'Erziehungswirklichkeit' wird zur nicht weiter hinterfragbaren Metaphysik, die um ihren Realitätsanspruch unbekümmert bleibt.

Werner Loch hat, innerhalb des Bezugsrahmens der geisteswissenschaftlichen Pädagogik verbleibend, versucht, diese Vorwürfe zu umgehen, indem er (ähnlich wie Dilthey) an den individuellen Lebenslauf anknüpft, die Subjektivität in der Zielvorstellung also wieder stärker hervorhebt. Der individuelle Lebenslauf zeigt sich als Bildungsprozeß: "Der Lebenslauf erweist sich somit als ein Bildungsprozeß, in dem das Individuum durch fortlaufende subjektive Verarbeitung dieser Gegebenheiten sein Selbstverständnis als Verständnis seiner Möglichkeiten konzipiert und seine Selbstverwirklichung als Verwirklichung jeweils einer dieser Möglichkeiten vollzieht"[108]. Der Bezug auf das Subjekt öffnet wiederum den Horizont: Die Selbstkonstitution des

Subjekts als Ziel der Erziehung wird als kontingente, immer auch anders mögliche gedacht. In unmittelbarem Anschluß an Dilthey formuliert Loch die Zielvorstellung über eine Teleologie des Seelenlebens: "Aus der Beobachtung des Kindes erwächst die pädagogische 'Erkenntnis dessen, was ist', aus der sich dann 'die Regel über das, was sein soll' bilden läßt: durch verstehende Rekonstruktion einer vollkommen funktionierenden teleologischen Struktur, in der die disparat auftretenden seelischen Funktionen in den Zusammenhang gebracht werden, auf den sie an sich schon verweisen"[109]. Die Verbindung dieses 'an sich' wahrnehmbaren teleologischen Zusammenhangs des Seelenlebens mit der 'Realitätsnähe' der Vorstellungen des Bildungsideals in der geisteswissenschaftlichen Tradition stellt Loch her, indem er die 'Selbstverwirklichung' nicht nur als subjektivistisch verzerrten, d.h. leeren Begriff faßt, sondern diese an die Wahrnehmung objektiv vorhandener Möglichkeiten der Entwicklung zu binden sucht. Hier werden Zukunftsaussichten eröffnet, die der Pädagoge gemäß dem Stand der individuellen Entwicklung von Kompetenzen beachten muß[110]: Zukunftsaussichten werden somit (ganz im Sinne Schleiermachers) auf das in der jeweiligen Situation und damit auch für das konkrete Subjekt Mögliche hin relativiert. Über Schleiermacher hinaus und mit Dilthey kann Loch, so beide Positionen vermittelnd, jedoch auch noch auf ein Kriterium der Wahl von Zukunftsaussichten, damit auch für den Abweis solcher als inadäquat eingeschätzter Zukunftsaussichten, zurückgreifen: auf die sich aus dem individuellen Entwicklungsstand ergebende Vorstellung seiner Vollendung. Voraussetzung der Handhabbarkeit dieses Kriteriums ist, daß der Erzieher das Kind besser versteht, als dieses sich selbst[111] - eine Voraussetzung, die Loch (ganz im Sinne der geisteswissenschaftlichen Tradition) normativ als Bedingung der Möglichkeit von Erziehung einführt, aber nicht in ihrem (empirischen) Geltungsanspruch begründet. Die Begründung eines solchen empirischen Geltungsanspruchs aber wäre die Voraussetzung dafür, daß man Erziehungsziele wirklich aus dem, was ist (und sei es die individuelle Realität des Zu-Erziehenden), erkennen kann. Daß dieser Schritt möglich sei, und unter welchen Kriterien er richtig oder falsch vollzogen

wird, wann also eine pädagogische Zukunftsprojektion und damit die beabsichtigte Unterbindung anderer Möglichkeiten der 'Selbstverwirklichung des Subjekts' auf dem Boden dessen, was ist, gerechtfertigt ist - darauf gibt auch Loch keine Antwort.
Auch wenn man die geisteswissenschaftlichen Versuche der Begründung von Erziehungszielen kaum als gelungen betrachten kann, so sind doch wesentliche Aspekte ihrer Aufgabenstellung auch von anderen pädagogischen Ansätzen, die heute als kritische oder ideologiekritische Pädagogik sich darstellen, übernommen worden. Dies trifft vor allem auf den Anspruch zu, Erziehungsziele, auf das Subjekt bezogene Zukunftsprojektionen, unter Hinweis auf die in der Realität schon nachweisbare Möglichkeit ihrer Realisierung, ihrer noch nicht vollkommenen Realisierung zu rechtfertigen. Man bedient sich dabei allerdings nicht mehr einer bestimmten Methodik, wie sie die geisteswissenschaftliche Pädagogik in der Hermeneutik zu finden glaubte, sondern knüpft an sehr unterschiedliche Theoriemodelle an. Dies bedeutet, daß man auf einen spezifisch-pädagogischen Zugang zur Realität verzichtet und diese unter anderen Perspektiven als adäquat beschrieben bzw. analysiert begreift. Dies hat auch zur Folge, daß man die Kategorien dieser Perspektiven weitgehend übernimmt, also auch Erziehungsziele in diesen Kategorien formuliert. Dennoch zeigt sich auch in diesen Ansätzen die Problemformulierung Schleiermachers: Auch wenn hier bei der Zielformulierung die pädagogische Realität nicht in den Blick kommt, so versucht man dennoch, auf der universelleren Ebene allgemein-menschlicher Praxis diese Projektion als immer schon vorhandene und in ihrer Vollendung pädagogisch anzustrebende auszuweisen. Das, was das Subjekt werden soll, ist in der Wirklichkeit seiner subjektiven Praxis immer schon angelegt. Durch die Orientierung an Theorien über die allgemein-menschliche Praxis tritt jedoch bei diesen Ansätzen stärker der Akzent der Universalität, d.h. der allgemein-menschlichen Geltung von Erziehungsprojektionen in den Vordergrund, während sich die geisteswissenschaftliche Pädagogik vor dem Hintergrund ihrer Methode des hermeneutischen Verstehens stärker an auf das Individuum bezogenen Zukunftsprojektionen orientierte. Man kann dies auch so ausdrücken: Das Problem der Gel-

tung von Zielvorstellungen tritt stärker in den Vordergrund als ihr spezifisch-pädagogischer Aspekt.
Klaus Mollenhauer hat in seinen 'Theorien zum Erziehungsprozeß' den kommunikativen Diskurs als Medium der Legitimation von Erziehungszielen eingeführt, der allerdings seine empirische Bedingung in einer funktionierenden Interaktion hat[112]. Interaktion beschreibt dabei das normale kommunikative Handeln, der Diskurs die Ebene, auf der die in dieser Interaktion gegebenen Normen und Geltungsansprüche problematisiert und diskutiert werden: Er stellt mithin eine Ausnahmesituation dar, die die normale Interaktion außerkraft setzt. Ich möchte nun im Folgenden nicht Mollenhauers eklektizistischer Darstellung nachgehen, sondern beide Theorieansätze, den der interaktionistischen Identitätstheorie und den einer pädagogisch gewandten Diskurstheorie als Legitimationsansatz, die ich für kaum kompatibel halte, getrennt darzulegen versuchen, bezogen auf die Problematik der Rechtfertigung von Erziehungszielen.
Die an die Identitätstheorie des Symbolischen Interaktionismus, d.h. in diesem Falle: an die durch Krappmann[113] vorgezeichnete Interpretation der Identitätstheorie Goffmans, anknüpfenden pädagogischen Ansätze setzen ein Gleichgewicht, eine Balance von persönlicher und sozialer Identität als Zielpunkt der Erziehung[114]. Eine solche Zielvorstellung suggeriert ein Gleichgewicht von subjektiver Durchsetzung und gesellschaftlichen Anforderungen, subjektive Autonomie unter gesellschaftlichen Bedingungen; allerdings wird man, etwa in Anbetracht der Durchsetzung der Subjektivität als Kriterium der Erziehung/Bildung im 18. Jahrhundert und des damit gegebenen pädagogischen Optimismus, hier eher von einer resignativen Subjektkategorie sprechen müssen. Nicht mehr wird das Subjekt als Träger (bürgerlicher) Fortschrittserwartungen gedacht, sondern man bangt um sein Aufgehen in ihm fremden Verhältnissen. Daß es diesen gegenüber sich selbst zur Geltung bringen könne, das ist das formale Ziel, nicht mehr ein durch es bewirkter substantieller Wandel der Verhältnisse zum Besseren. Gesellschaft kommt hier nur noch über den Erwartungsdruck Anderer zum Ausdruck, Subjektivität als Kompetenz zu Widerstandstechniken und zum 'liberalen' Umgang

mit den Erwartungen der jeweils Anderen. Wie steht es nun mit der empirischen Begründung solcher Erziehungsziele, also mit dem normativen Gehalt der Theorie Goffmans?
Hier ergibt sich nun das Phänomen, daß aus einer Theorie, die gerade die Frage der Geltung von Normen, normierter Erwartungen systematisch ausklammert, Erziehungsziele gefolgert werden, die allgemeingültig sein sollen. Goffmans Identitätstheorie ist eine logische Konstruktion, die einen anthropologischen Geltungsanspruch erhebt. Goffman geht davon aus, daß Subjekte die an sie herangetragenen Erwartungen hinsichtlich ihrer sozialen Einfügung wie auch ihrer Individualität, von ihm als Einzigartigkeit bezeichnet, nicht erfüllen können[115]. Solche Erwartungen Anderer haben für Goffman absolute Geltung, d.h. sie sind nicht auf das konkrete Subjekt spezifiziert: Konstituiert wird so ein Gegensatz zwischen einer abstrakten, absolut geltenden Norm und ihrer notwendig konkreten Realisierung - ein logischer Gegensatz, der keine Vermittlung erlaubt[116]. Dem Subjekt ist es unmöglich, diesen Erwartungen zu entsprechen, da es sich damit als konkretes aufgeben müßte. Ihm bleibt nur der Ausweg, so zu tun, als ob es sich anpaßt (soziale Identität) und einzigartig (persönliche Identität) wäre: Ihm bleibt wie allen Anderen die Schein-Normalität und die Schein-Einzigartigkeit. Identität als Ziel des Handelns, das von Goffman unter dem Aspekt der Selbstdarstellung als Theater gedacht wird[117], ist die akzeptierte Form der Selbstdarstellung der Subjekte, die immer nur vorläufig ist deshalb, weil sie nicht auf Darstellung des (substantiellen) Seins der Individuen zurückgeht, sondern auf Theater, auf die logisch begründete Notwendigkeit, so zu tun, als ob man den Erwartungen entspräche - ein Theater, das jederzeit entlarvt werden kann. Das Individuum muß bereit sein, sich jederzeit von dem, was es vorher dargestellt hat, zu distanzieren; es darf sich auf keinen Fall auf eine bestimmte Seinsweise festlegen lassen, weil an dieses Sein, d. h. an die ihm zurechenbaren Handlungen, ein Geltungsanspruch gestellt werden könnte, den es aus logischen Gründen nie einlösen kann. Aufgrund der logischen Konstruktion, die Goffman als zur Beschreibung jeglichen menschlichen Handelns adäquat begreift, muß die Trennung von Sein und

Schein aufgehoben werden, jene Trennung, die erst Rechtfertigung, Verantwortung - also die Frage nach der Geltung einer Handlungsweise möglich macht. Goffman bestreitet also mit deskriptiv-empirischem Anspruch, daß Identität gerechtfertigt werden kann.

Es ist dies ein von der pädagogischen Rezeption nicht zur Kenntnis genommener Sachverhalt: Man hat zwar die Grundannahme Goffmans, die Theorie des 'Als-ob-Handelns um Identität', akzeptiert, aber zugleich bestimmte formale Merkmale dieses Theaters als für eine (substantiell gedachte) Identität erforderliche Kompetenzen normiert: so etwa die Rollendistanz, das Sich-in-Andere-Hineinversetzen-Können (Emphatie), die Toleranz nicht-eindeutiger Erwartungen usw.[118]. Voraussetzung einer solchen normativ gewendeten Interpretation ist allerdings, daß die Identitätskategorie anders gefaßt wird, substantiell gedacht wird: So verwandelt sie sich bei Wellendorf vom Umgang mit nicht-erfüllbaren Erwartungen Anderer, die bei Goffman sowohl für die persönliche wie auch für die soziale Identität konstitutiv sind, in die Problematik, wie das Subjekt gegenüber gesellschaftlichen Ansprüchen seine Subjektivität durchsetzen kann[119]. Eine solche Vorgehensweise hebt den logisch konstruierten Gegensatz von absolut geltender Norm und konkreter Realisierung der normativen Erwartung bei Goffman auf. Damit das Subjekt sich überhaupt mit den Erwartungen Anderer auseinandersetzen kann, müssen diese im Ansatz schon konkretisiert sein, d.h. Normen gehen in die Erwartungen immer schon mit einer Spezifizierung auf die konkrete Situation, also mit relativierter Geltung ein. Die normative Interpretation der Theorie Goffmans zerstört auf diese Weise ihre eigene Grundlage, die als empirisch zutreffend eingeschätzt wurde. Auch auf diesem Wege muß also die empirische Begründung dessen, was sein soll, als gescheitert angesehen werden. Zudem erscheint hier eine nicht zu unterschätzende Gefahr solcher Begründungsversuche sehr deutlich: Eine Zielsetzung auf der Grundlage einer sich empirisch verstehenden Theorie kann zum einen diese Theorie verdoppeln - etwa indem sie Bedingungen der Interaktion bei Goffman wie Rollendistanz, die also immer schon vorhanden sind, wenn Interaktion stattfindet, zu Zielen erklärt. Zum anderen läuft sie Gefahr, Normen dieser Theorie unvermittelt entgegenzusetzen, die eine Uminterpretation der Theorie im Lichte dieser Normen erforderlich machen und damit ihr den als Begründung gedachten empirischen Boden wieder entziehen. Man steht hier vor dem von einer empiristischen Methodologie hervorgehobenen Problem, daß Normen logisch nicht aus Tatsachen deduzierbar sind: Die geisteswissenschaftliche Pädagogik hatte hier den Ausweg über eine teleologisch gedachte Empirie gesucht.

Das gleiche Dilemma zeigt sich bei pädagogischen Ansätzen, die an die Kommunikationstheorie Watzlawicks anknüpfen[120], die fünf verschiedene Axiome der Kommunikation formuliert hat - Axiome, die für jede Kommunikation als konstitutiv gelten sollen[121]. Auch wenn Watzlawick u.a. Störformen der Kommunikation im Anschluß an diese Axiome angeben, so bleibt doch vom Aufbau der axiomatischen Argumentation her keinerlei Spielraum für eine pädagogische Zielformulierung[122] - es sei denn, man formuliert die Axiome, die immer schon für Kommunikation konstitutiv sein sollen, zu Erziehungszielen um oder man qualifiziert den Kommunikationsprozeß unter inhaltlichen Aspekten, d.h. aber, daß man gerade mit dieser Qualifizierung den Boden der Kommunikationstheorie verläßt. Ich möchte letzteres am Beispiel der kommunikationstheoretischen Didaktik von Schäfer und Schaller zeigen.

Diese Autoren schlagen den Bogen der Zielbestimmung zurück bis auf den Punkt der Freisetzung des Subjekts, die zum Träger gesellschaftlicher Hoffnungen wird. Erziehung ist nicht nur eine Funktion der Gesellschaft, sondern umgekehrt gelte ebenfalls: "Die Gesellschaft ist eine Funktion der Erziehung"[123]. Die Begründung dieser These, die nur eine Umschreibung der Hoffnung ist, durch Erziehung zur Subjektivität die gesellschaftlichen Zustände fortzuentwickeln, sehen die Autoren in einem für sie empirisch gegebenen Spannungsverhältnis. Die heutige Gesellsohaft sei gekennzeichnet durch ein "gesamtgesellschaftliches Kommuniqué"[124], das Grundgesetz, das über die gegebene Faktizität der (abstrakt bleibenden) Gesellschaft hinausweise. Damit ergibt sich für die Autoren die Möglichkeit, gesellschaftliche Zustände am von allen geteilten Ideal messen zu können. Das Grundgesetz muß als von allen geteiltes Ideal unterstellt werden, das keinerlei unterschiedliche Interpretationen erfährt, um die Begründung des Erziehungsziels zu gewährleisten. Erziehung hat die Aufgabe, "diese von der Gesellschaft noch nicht realisierte Erwartung vorlaufend zu realisieren"[125]. Kritisch wird eine Erziehung (und die sie leitende und begründende Erziehungswissenschaft) demnach in dem Maße, in dem sie sich von den bestehenden realen Interessengegensätzen abwendet und am "Entschluß der Gesellschaft, kommunikativ-rational zu prozedieren"[126], festhält.

Es taucht hier der neuhumanistische Bildungsgedanke wieder auf, daß man durch Abwendung von gegebenen Verhältnissen das Subjekt bis zu dem Grade bilden könne, daß es diese Verhältnisse kritisch durchschauen und verändern könne. Kommunikative Pädagogik richtet sich auf die Freiheit und Emanzipation des 'Selbst'[127] von politischer und gesellschaftlicher Herrschaft, von der Herrschaft der Selbstsucht, Ideen und Ideologien[128]. Hier versucht sich allerdings eine empirische Begründung, auch wenn sie nur das alte naturrechtliche Denkschema reproduziert, welches angesichts gegebener realer Interessengegensätze die Frage nach der Möglichkeit von Ordnung dadurch zu beantworten suchte, daß einmal in einem Übereinkommen Mindestvoraussetzungen festgelegt worden seien. Diese Voraussetzungen werden hier aber, dies betrifft auch die mit ihnen gegebenen Bedingungen, wie ein manifester gesellschaftlicher Konflikt prozedural zu regeln sei, pädagogisch überhöht. Unter pädagogischen Gesichtspunkten rational ist eine solche Prozedur (als vorgreifende Realisierung des Erziehungsziels) erst, "wenn jedwede Autorität aufgehoben wird und die rationale Ko-Operation <u>für alle</u> verbindlich ist .. Nicht jede Verhandlung ist rational; häufig geht es nur um den <u>Ausgleich von Interessen</u> (Interessenregelungsmodell); das mag zwar politisch 'vernünftig' sein, es ist aber nicht schon rational im pädagogischen Sinne"[129].

Die versuchte empirische Begründung pädagogischer Zielvorstellungen führt hier in eine heillose Konfusion. Läßt man einmal die ideologischen Aspekte in der Begründung eines (uninterpretierten) Grundgesetzes als 'gesamtgesellschaftlichem Kommuniqué' außeracht, damit auch die empirische Qualität der Begründung, und betrachtet die Konsequenzen für die pädagogische Theorie, so kann man feststellen, daß mit der Irrealität dessen, was hier als Erziehungswirklichkeit definiert wird, eine Selbstaufgabe der Pädagogik verbunden ist. Rational im pädagogischen Sinne ist das im Prozeß der Erziehung immer schon realisierte Ideal der herrschaftsfreien Kommunikationsgemeinschaft; die Realisierung dieses Ideals rechtfertigt erst die Rede von Erziehung gegenüber bloßer Interessenregelung. Das Paradox, daß das Subjekt zugleich als gegebenes Gegenstand der Erziehung ist wie auch ihre Aufgabe, verschiebt sich hier auf ein idealisiertes Kommunikationsmodell. Die Emanzipation von realen Interessenkonflikten ist Ziel wie Voraussetzung des Erziehens[130]. Wenn aber Emanzipation des Subjekts Voraussetzung für Erziehung ist, wenn also die pädagogische Qualität von Kommunikation die Aufhebung jedweder Autorität verlangt, so wird pädagogische Theorie als rechtfertigende Reflexion auf das richtige Handeln gegenüber einem diese Reflexion noch nicht selbst vollziehenden Subjekt überflüssig: Was soll in dieser immer schon rationalen Welt noch gerechtfertigt werden? Bourdieus und Passerons These, daß eine Pädagogik, die Herrschaftsfreiheit auf ihre Fahnen schreibt, sich als Pädagogik selbst zerstört, wird hier greifbar.

Klaus Mollenhauer, der ebenfalls die Theorie des Diskurses, der herrschaftsfreien Verhandlung über die Geltung von Ansprüchen für die Pädagogik fruchtbar machen möchte, grenzt dessen Bedeutung auf das Rechtfertigungsproblem ein. Jeder Erzieher glaube, Gründe für sein Handeln angeben zu müssen, da es legitimes Recht des Zu-Erziehenden sei, nach der Berechtigung dieses Handelns zu fragen[131]. Das Problem, daß man die Freisetzung des Subjekts als Erziehungsziel gegenüber einem Subjekt, dessen Freisetzung Bedingung für eben eine solche von Pädagogen qualifizierte Zielvorstellung ist, begründen muß, wird hier deutlich. Der Diskurs ist die Instanz, in der die im Erziehungsprozeß anfallenden Rechtfertigungsprobleme zu lösen sind. Wiederum taucht das Problem auf, daß ein solcher Diskurs (als herrschaftsfreier verstanden) die pädagogische Rollenaufteilung in Erzieher und Zögling aufheben würde, damit aber auch die Rechtfertigung pädagogischen Handelns überflüssig machen würde: Rechtfertigt werden könnte ein Handeln gegenüber Gleichen, nicht aber dasselbe Handeln als pädagogisches. Mollenhauer sieht diese Schwierigkeit, wenn er formuliert: "Erziehung muß verstanden werden als ein kommunikatives Handeln, dessen Ziel darin liegt, eine Kommunikationsstruktur zu etablieren, die den Erwerb von Fähigkeiten zum Diskurs ermöglicht"[132], indem sie etwa verzerrte Kommunikation aufhebt, wie sie sich auch aus dem pädagogischen Abhängigkeitsverhältnis ergibt[133]. Dies bedeutet jedoch nur wieder die Formulierung des Problems, daß Erziehung ein Eingriff ist, der sich überflüssig machen muß, löst aber nicht die Frage, mit welchem Recht solche pädagogischen Eingriffe unter dieser Zielperspektive möglich sind.

Die Schwierigkeiten der interaktions- und kommunikationstheoretischen Ansätze, die sich als Pädagogik begründen wollen und nicht nur als Theorie der Interaktion/Kommunikation unter Gleichen, zeigt sich auch an einem anderen Punkt der Zielfrage. Den mit der historischen Freisetzung des Subjekts gegebenen offenen Zukunftshorizont zu schließen, war bezogen auf das Individuum eine pädagogische Aufgabenstellung. Noch die Ansätze zur geisteswissenschaftlichen Pädagogik kamen diesem Anspruch nach, indem sie das Kind nach den in ihm liegenden (und hermeneutisch zu erhellenden) Möglichkeiten zu erziehen gedachten, also behaupteten, begründet zu wissen, was für dieses sich entwickelnde Subjekt das Beste sei. Die interaktionistisch und kommunikationstheoretisch orientierte Pädagogik erhebt diesen Anspruch nicht mehr: Sie vertritt weder eine auf das Individuum bezogene Zielvorstellung noch ein substantiell gedachtes Erziehungsziel. Ziel ist die formale Kompetenz zur Teilnahme an einem Prozeß, der inhaltliche Ziele erst verbindlich klärt. Die Probleme, die sich sowohl mit dem Anspruch einer individualisierten Zielbestimmung wie auch mit der Begründung inhaltlicher Ziele stellen, sind, soweit sie für eine pädagogische Theoriebildung systematisch wichtig sind, bereits angesprochen worden: Sie sind als nicht gelöst zu behaupten. Es stellt sich also die Frage, inwieweit hier eine pädagogische Alternative vorliegt.

Auf den ersten Blick mag es scheinen, daß hier gerade dadurch, daß die inhaltliche Schließung des offenen Zukunftshorizontes dem Erzogenen selbst überlassen wird, der Gedanke der Freisetzung des Subjekts besonders ernstgenommen wird. Jedoch ist der Anspruch, die formalen Voraussetzungen für eine solche Entscheidung als subjektive Kompetenz anzustreben, ebenfalls (einmal unterstellt, dies sei in der Abhängigkeitsrelation: Erzieher - Zögling möglich) eine Zielvorstellung, die pädagogisch durchgesetzt sein will. Diese Durchsetzung geschieht nun gerade nicht diskursiv, sondern in Form von unterstützenden und gegenwirkenden Erziehungsmaßnahmen, die sich an diesem formal definierten Ziel orientieren. Die Fähigkeit zum Diskurs oder zur Gewinnung von Identität in sozialen Situationen unterliegt als pädagogisches Ziel den gleichen Begründungsschwierigkeiten wie inhaltliche Zielangaben, die ebenfalls auf einem hohen Abstraktionsniveau verbleiben. Pädagogisch gesehen bleibt die Problemstellung gleich: Die interaktions- und kommunikationstheoretischen Ansätze können darüber eher hinwegtäuschen, da sie über die Kategorien der Interaktions- und Kommunikationsanalyse die Differenz von Zukunft und Gegenwart tendenziell einziehen können. Daß das Subjekt als Seiendes wie als Sein-Sollendes identisch sei bzw. sein könne, zeigt sich in der immer schon vorhandenen Fähigkeit zur Teilnahme an der Interaktion/Kommunikation. Sobald man aber die Zielformulierung pädagogisch ernstnimmt, d.h. sie für Andere als verbindlich erklärt, zerbricht die suggerierte Nähe von Gegenwart und Zukunft. Zukunft als aufgegebene ist nicht einfach schon in der Gegenwart realisierbar, sondern die Voraussetzungen ihrer Realisierung müssen erst durchgesetzt werden.

Diese Ausführungen gehen davon aus, daß die pädagogische Legitimation von Zielen sich von der moralischen Legitimation von Zielen unterscheidet. Dies ist, soweit ich sehe, ein in der Pädagogik kaum wahrgenommener Sachverhalt. Herbarts Aufteilung, daß die pädagogische Zielbestimmung der Ethik zufalle wie die Erforschung adäquater Mittel zu ihrer Erreichung der Psychologie, findet sich noch in der modernen empiristischen Aufteilung von Erziehungsphilosophie und Erziehungswissenschaft. Wie der Schritt

von einer moralischen zu einer pädagogischen Zielsetzung scheinbar problemlos vollzogen wird und wo die Bruchstelle zu markieren ist, möchte ich nun am Beispiel der 'Theorie der Erziehungswissenschaft' von E. König zeigen.
König versucht, als allgemeingültige moralische Normen aufzustellen, was er als Grundnormen der neuzeitlichen Wissenschaft betrachtet. "Die metatheoretischen Normen, die die neuzeitliche Wissenschaft regeln, lassen sich (..) letztlich nur im Hinblick auf zwei Ziele verstehen: auf das Ziel der Intersubjektivität und auf das Ziel der Lebenssicherung. Beide Ziele seien als Primärziele bezeichnet"[134]. Beide Primärziele seien Voraussetzung eines jeden wissenschaftlichen Diskurses; selbst wer dagegen argumentiere, setze sie - zumindest solange er argumentiere - immer schon voraus[135]. Beide Primärbedürfnisse stützen sich gegenseitig: "gerechtfertigt ist die Art der Lebenssicherung, die (möglichst) intersubjektive Kommunikation ermöglicht"[136]. Während also die Befriedigung vitaler Bedürfnisse in ihrer gesellschaftlichen Form an die Ermöglichung von Intersubjektivität gebunden sein soll, d.h. für König normativ: Mitentscheidungsmöglichkeit, so wird eben diese Form auch durch Intersubjektivität begründet. "Im Hinblick auf das Ziel der Intersubjektivität ist es nicht gerechtfertigt, lediglich eigene Bedürfnisse auf Kosten anderer zu befriedigen, sondern es läßt sich immer nur eine 'intersubjektive Befriedigung von Primär- und entsprechenden Sekundärbedürfnissen' im praktischen Diskurs begründen"[137]. Intersubjektivität ist damit sowohl Voraussetzung wie auch Ziel der Lebenssicherung. Als idealisierte Voraussetzung schafft sie die Bedingungen eines praktischen Diskurses, in dem dann nach dem Schema zweckrationalen Vorgehens gemeinsam Ziele festgelegt und die zu ihrer Erreichung optimalen Mittel entscheidungstheoretisch abgesichert gefunden werden sollen[138]. Dem möglichen Einwand, daß es in der Praxis vorkomme, daß Personen unterschiedliche Ziele haben können, begegnet König mit dem Hinweis auf entscheidungstheoretische Möglichkeiten, einen Minimalkonsens zu finden, sowie auf psychologische Untersuchungen zur Einstellungs- und Verhaltensänderung[139]. Faktische Herrschaft im Diskurs ist für König ebenfalls kein Gegenargument, da sie gerade

im Diskurs mit Blick auf die beiden Primärziele gerechtfertigt werden müsse[140].

Es kommt mir nun hier nicht darauf an, die Schwierigkeiten der Diskurstheorie als Begründungsfervahren aufzuzeigen, wie sie beispielsweise in der Einklammerung der sozialen Einbindung und Interessenlage der Teilnehmer bestehen, die als Voraussetzung eines gelingenden Diskurses dessen Ergebnis bereits vorwegnimmt: als wäre für jeden Teilnehmer das rational konstruierte Allgemeinwohl und nicht auf Macht gegründete Aufrechterhaltung oder Bekämpfung von Privilegien etc. das primäre Bedürfnis. Es geht mir vielmehr darum, den unvermittelten Schritt von der Formulierung moralischer Normen zur Bestimmung von Erziehungszielen aufzuzeigen.

Erziehungsziele lassen sich nach König ebenfalls nur in Diskursen rechtfertigen, wobei solche (praktischen) Diskurse auf die Primärziele hinweisen, daß Diskurse intersubjektiv geführt werden sollen und daß die zur Lebenssicherung erforderlichen Bedürfnisse befriedigt werden sollen[141]. König zieht aus der Bindung der Diskurse an die Primärziele folgende Konsequenz: "Erziehungspraxis ist somit letztlich nur als Mittel zur (besseren) Erreichung der Primärziele zu rechtfertigen: es gilt nämlich der empirische Satz, daß zur Erreichung der Primärziele (neben anderen) gewisse erlernbare Dispositionen gerechtfertigte Mittel sind. Man benötigt gewisse Fähigkeiten, um sein Leben zu sichern (man denke etwa an Fähigkeiten, die zur Ausübung von Berufen erforderlich sind, die ihrerseits das jeweilige Einkommen und damit die Lebenssicherung regeln). Und man benötigt ferner bestimmte Fähigkeiten, Diskurse möglichst intersubjektiv führen zu können. Und damit gilt schließlich auch, daß es gerechtfertigt ist, derartige Dispositionen zu lernen bzw. zu lehren"[142].

Die Argumentation ist im Grundriß also die: Wenn man oberste moralische Ziele setzt und davon ausgehen kann, daß zu ihrer Realisierung gewisse subjektive Fähigkeiten bzw. in traditioneller Terminologie: Tugenden, erforderlich sind, so ist mit der Zielsetzung zugleich die Förderung und Forderung dieser Tugenden bezogen auf Kinder gerechtfertigt. Sieht man nun einmal von dem Problem ab, inwieweit Tugend (Sokrates/Platon) bzw. ihre Reali-

sierung durch das Subjekt (Kant) lehrbar ist, dann bleibt dennoch eine hier nicht begründete Differenz in der Rechtfertigung. Moralische Normen, so auch die hier vorgetragenen, sind immer als eben an verantwortliche Subjektivität gebundene zu betrachten. So meint hier beispielsweise die Norm der Intersubjektivität, daß Normen dann gerechtfertigt sind, wenn Diskurse intersubjektiv geführt wurden, d.h. wenn die von der Normsetzung Betroffenen die Möglichkeit hatten, ihre spätere Verantwortlichkeit gegenüber der Norm vorab im Diskurs zu überprüfen. Dies setzt voraus, daß die Überprüfung von Normen an den konkreten Diskurs gebunden ist - auch die Überprüfung der vorausgesetzten Grundnorm der Intersubjektivität bezogen auf faktische Herrschaftsverhältnisse - , daß also die Anerkennung ihrer Geltung sowohl an die konkrete Situation und damit an die Beteiligten gebunden ist wie auch an die vorgebrachten Argumente[143]. Die Norm der Intersubjektivität gewinnt ihren Sinn erst durch die Beteiligung am Diskurs: Sonst wäre sie keine moralische Norm, sondern Zeichen für elitäre Herrschaftsausübung durch eine sich diskursiv verständigende Oligarchie. Daß also Normen nicht für Andere begründet werden können, sondern nur durch die Subjekte selbst, dies macht die Grundnorm der Intersubjektivität aus. Dies gilt auch für die Entscheidungen darüber, welche Mittel zur Erreichung von Zielen eingesetzt werden sollen.
Genau dies aber, daß Normen intersubjektiv für Andere begründet werden sollen, macht den Unterschied bei der Formulierung von Erziehungszielen aus. Daß jeder die Disposition für möglichst intersubjektive Kommunikation erwerben soll[144], ist eine diskursiv gerechtfertigte Norm, die ohne Beteiligung der Adressaten dieser Norm gesetzt wird. Die Formulierung von Erziehungszielen ist somit gerade nicht durch die Norm der Intersubjektivität gerechtfertigt, wie König es in seiner Ableitung unterstellt: Andere (Kinder) werden hier zu Objekten eines zweckrational ausgerichteten Erziehungsprozesses, der als solcher auch verhindern muß, daß andere als die erstrebten Dispositionen gelernt werden. Die Rechtfertigung moralischer Normen und Metanormen bedeutet noch nicht zwangsläufig die Rechtfertigung ihrer Durchsetzung mit Zwang. Die pädagogische Rechtfertigung von Er-

ziehungszielen ist nicht einfach durch Übernahme von philosophisch gesetzten Moralnormen möglich. Der Zwiespalt, daß autonome Subjektivität als Ansatzpunkt von Moral zwar als gegeben, aber auch als aufgegeben für Erziehung angenommen werden muß, wird gerade von der Moral nicht abgedeckt: Ihn zu überbrücken, bleibt die Aufgabe der Pädagogik.
Die Orientierung an Erziehungszielen rechtfertigt Handeln als 'erziehen': Mit dem Ziel sind Sinn und Richtung der Erziehung vorgegeben[145]. Ziele bestimmen, was man gerechtfertigt unter 'pädagogischem Handeln' verstehen kann. Die Orientierung an ihnen als Erziehungszielen scheidet Erziehung von anderen Handlungsweisen[146]. Wenn nun Erziehungsziele konstitutiv sind für das, was jeweils als Erziehung verstanden wird, so bestimmen sie ebenfalls, was als Wirklichkeit der Erziehung begriffen werden kann. Daß Erziehungswirklichkeit mit empirischen Methoden nicht identifizierbar ist, wurde bereits betont. Man hat sich daher auch häufig mit Metaphern beholfen: So spricht W. Flitner von einer "Zwischenwelt" zwischen Empirie und Spekulation, "in der das erzieherische Geschehen mit seiner Verantwortung liegt"[147]
Erziehungswirklichkeit hängt vom Erziehungsbegriff ab. Da dieser nur als Rechtfertigung definiert werden kann, ist auch damit der Begriff der Erziehungswirklichkeit an diese Rechtfertigung gebunden. So stellt auch Harm Paschen fest, daß es außerhalb von Pädagogiken keine pädagogische Empirie gebe: Pädagogische Empirie sei immer eine Empirie von Pädagogiken[148]. Was Erziehungswirklichkeit genannt werden kann, hängt somit von der über Ziele gerechtfertigten Definition von Erziehung ab. Die Erforschung der Erziehungswirklichkeit kann daher auch keine Grundlage für eine gesicherte Konstruktion pädagogischer Theorie abgeben: Jene setzt, will sie wirklich die Realität von Erziehung erforschen, diese Theorie voraus.

III.2. DER SYSTEMTHEORETISCHE ERZIEHUNGSBEGRIFF: ZWISCHEN SYSTEMRATIONALITÄT UND NEGATIVER PÄDAGOGIK

Die bisherigen Ausführungen zu den Problemen bei der Bestimmung dessen, was Erziehung heißen soll, was also als Gegenstand der Pädagogik anzusehen ist, erscheinen als eine Bestätigung der Aussage Luhmanns und Schorrs, daß man die Bemühungen theoretischer Pädagogik primär unter dem Aspekt einer 'Resymmetrisierung der Funktionsasymmetrie' von Erzieher und Zögling lesen könne. Die Legitimation sowohl dessen, was man im Gegensatz zu anderen Beeinflussungsvorgängen als Erziehung bezeichnen soll, wie auch dessen, was man dem Erzieher als Machtausübung vorwerfen könnte, den Sachverhalt also, daß 'Erziehung' immer an Rechtfertigungsprobleme gebunden zu sein scheint, kann man in diesem Sinne interpretieren. Es stellt sich dann allerdings die Frage, ob sich diese Problematik nicht notwendig aus dem Gegenstand der Pädagogik, aus dessen notwendig interpretativer Bestimmung ergibt. Eben diese Notwendigkeit muß von Luhmann und Schorr bestritten werden, soll ihr Ansatz aus dem gegebenen Dilemma herausführen.

Dabei gehen sie gerade nicht von der hier angegebenen Problematik der interpretativen Definition und der damit gegebenen Rechtfertigung bei der Gegenstandsbestimmung aus, sondern versuchen, diese Problematik quasi eine Ebene 'tiefer' zu legen. Sie gehen davon aus, daß sich das Ineinander von Definition und Rechtfertigung nicht notwendig ergibt, sondern nur dann, wenn man von einer 'anthropologischen', d.h. auf individuelle Subjekte bezogenen Sichtweise ausgeht. Erst aus dieser Perspektive ergibt sich ihrer Meinung nach diese Problematik. Damit auch: Mit der Ersetzung dieser Perspektive durch eine andere dürfte sich auch das Rechtfertigungsproblem nicht mehr stellen. Diese andere Perspektive ergibt sich, indem man Erziehung sozialen Systemen zurechnet, was im Luhmannschen Ansatz durch die dargestellte (über das Konzept der Selbstreferenz vermittelte) Auffassung von sozialen Systemen als Subjekten möglich wird.

Der hinter dieser Perspektive stehende Anspruch ist radikal: Er geht weit über gängige Bestimmungen von Erziehung als sozialer Interaktion hinaus. In solche Bestimmungen gehen immer auch normierende Überlegungen ein, wie diese Interaktion beschaffen sein soll, um als 'Erziehung' qualifiziert werden zu können. Der hier gegebene Anspruch behauptet demgegenüber, daß Erziehung als soziales System stattfindet, d.h. als nicht an Intentionalität und Begründung gebunden betrachtet werden kann, die Anlaß geben würden zu fragen, ob bestimmte Vorgänge als 'Erziehung' qualifiziert werden können. Was sich hier jedoch sogleich als Fragestellung an diesen Anspruch ergibt, ist das Problem, wodurch dieser Ansatz in der Lage ist, von 'Erziehung' zu reden, wie er also die Aussage: "Das soziale System erzieht" von anderen Aussagen über das soziale System: "Das soziale System sozialisiert", "Es setzt sich mit Umwelteinflüssen auseinander" usw. abgrenzt. Neben der bereits diskutierten Problematik der Zurechnung von Handlungen zu sozialen Systemen ergibt sich hier eine weitere Fragerichtung: Kommt der erziehungswissenschaftliche Ansatz der Systemtheorie ohne die Qualifizierung von Handlungen als 'erziehen' und damit auch: ohne die Rechtfertigung dieser Qualifizierung aus?

III.2.1. DIE ZURECHNG DER ERZIEHUNG ZUM SOZIALEN SYSTEM: EIN AUSWEG AUS DER LEGITIMATIONSPROBLEMATIK?

Die Diskussion des Problems der Zurechnung von Handlungen, die immer auch von 'personalen Systemen' ausgeführt werden, an 'soziale Systeme' anhand des Sozialisationskonzepts ergab, daß in der Systemtheorie Luhmanns keine Kriterien für eine solche Zurechnung angegeben werden. Als Folge davon zeigte sich, daß sich das Grundtheorem Luhmanns, die gegenseitige Unabhängigkeit von personalem und sozialem System und damit auch ihr Umweltcharakter füreinander sowie ihre autonome Rationalität, auflöste: Die Grundbegriffe werden unscharf. Solche Kriterien der Zurechnung anzugeben, bedeutet allerdings - und dies dürfte nach den bisherigen Ausführungen zur Problematik des Erziehungsbegriffs deutlich geworden sein, theoretische Aussagen (hier über die Zurechnung von Handlungen) an Begründungen zu binden, die in entsprechenden Situationen von den Handelnden (personalen oder sozialen Systemen) nachzuvollziehen wären. Mit anderen Worten: Die Zurechnung von Handlungen bedeutet zugleich ihre Qualifizierung - und über diese könnte man sich streiten. Eben diese Auseinandersetzung bringt jedoch Subjekte und soziale Verhältnisse über Begründungen miteinander in einen Zusammenhang, der von der Systemtheorie mit ihrer Trennung von personalem und sozialem System nicht nachvollzogen werden kann. Die Systemtheorie Luhmanns steht damit theorietechnisch vor folgender Alternative: Entweder ist sie in der Lage, Kriterien als objektive eindeutig anzugeben (was eigentlich nur in der Form einer objektivistischen Rollentheorie möglich wäre, die den Ansatz der Autonomisierung des Subjekts sprengen würde), oder aber sie stellt sich dieser Begründungsproblematik von Handlungszurechnungen nicht.
Der zweite 'Lösungsweg', das Ausweichen vor der Begründungspro-

blematik von Handlungszurechnungen, war nun allerdings bei der Sozialisationskonzeption einfacher möglich als bei einem erziehungstheoretischen Ansatz. Dies liegt an dem unterschiedlichen Stellenwert, den die Subjektivität in beiden Theorien innehat[149]. Während Sozialisationstheorien stärker funktional orientiert sind, sich an gesellschaftlichen Verhältnissen ausrichten, an denen sich Subjektivität bildet, wobei die Konzeptionen dieses Konstitutionsprozesses (Aneignung, Anpassung, Einübung in soziale Verkehrsformen usw.) den Hauptstreitpunkt bilden, zielen pädagogische Ansätze auf die Steuerungsmöglichkeiten dieses Prozesses, in dem aus sozialisationstheoretischer Sicht Personen eher in Funktion von sozialen Verhältnissen gesehen werden. Es sind gerade die in der subjektiven Ausführung dieser Funktion gelegenen Gestaltungsmöglichkeiten, die den Ansatzpunkt der pädagogischen Vorstellung von subjektiv-intentionalen Steuerungsmöglichkeiten ausmachen. Man kann dabei außeracht lassen, daß man bei der Klärung dieser Möglichkeiten häufig die Funktion ebenso aus den Augen verloren wie die Steuerungsmöglichkeiten überschätzt hat. Es liegt an dieser gesellschaftstheoretisch-funktionalen Einbindung des Sozialisationskonzepts als eines immer schon statthabenden Prozesses, den es nicht zu steuern, sondern zu erklären gilt, daß sich das Problem der Zurechnung als Qualifizierung bei der Sozialisationskonzeption Luhmanns nicht vorrangig stellte. Dieses Problem ergibt sich verstärkt dort, wo die Subjektivität (im Sinne einer ihre Intentionen und Begründungen reflektierenden Instanz) aus dem Zentrum der Theorie verdrängt werden soll, wie dies bei der pädagogischen Theorie mit ihrem Anspruch auf begründete Steuerung der Vergesellschaftung des Subjekts der Fall ist. Luhmanns Ausweg, die Erziehung ebenso wie die Sozialisation dem sozialen System zuzurechnen, verschärft das Problem noch dahingehend, daß angegeben werden muß, wie sich denn Erziehungs- und Sozialisationshandlungen des sozialen Systems unterscheiden lassen.

Man kann sich diese Problemstellung an einem Punkt verdeutlichen, den Luhmann und Schorr zur Stützung ihrer Konzeption angeben: Die 'Theorie des heimlichen Lehrplans' wird gleichsam als

Vorstufe zu ihrer Theorie der Erziehung durch das soziale System aufgefaßt[150]. Diese Theorie besagt, daß, ungeachtet der Intentionen des Lehrers, in der Schule Verhaltensweisen und Einstellungen gelernt werden, die für das spätere Funktionieren der Subjekte unter kapitalistischen Verhältnissen erforderlich sind (z.B. Gehorsam, Pünktlichkeit, Unterordnung unter vorbestimmte Arbeitszusammenhänge, Konkurrenz). Wichtig ist im vorliegenden Zusammenhang, daß sich dieser Lernprozeß über den Kopf des Lehrers hinweg durchsetzt, daß also der Zweck, der mit ihm erfüllt wird, sich unabhängig von seinen Motiven realisiert. Mit dieser Trennung von subjektivem Motiv und systemischer Zwecksetzung scheint ein wesentlicher Aspekt der Trennung von personalem und sozialem System gegeben zu sein: Daß das Subjekt nicht so recht weiß, was es tut (die 'Latenz' der Systemzwecke) wird so zur Voraussetzung der Rede vom erziehenden sozialen System.

Man kann an dieser Stelle darauf hinweisen, daß das falsche Bewußtsein der Subjekte und die Verselbständigung sozialer Strukturen die Voraussetzung systemtheoretischer Aussagen bilden und damit auf die ideologische Funktion der Systemtheorie verweisen. Jedoch wird man dabei beachten müssen, daß Luhmann mit dem Konzept der Selbstreferenz des personalen Systems einen Ausgangspunkt wählt, der personales und soziales System unabhängig voneinander macht - auch und gerade, was die subjektive Freiheit angeht. Das Problem des falschen Bewußtseins des Subjekts, des Verhältnisses von 'heimlichem Lehrplan' und subjektiver Intention, stellt sich daher für diesen Ansatz gar nicht als Problem der Geltung pädagogischer Intentionen, sondern nur als Frage der Zurechnung von Handlungen. Die Schwierigkeit, beide Ansätze auf einen gemeinsamen Bezugspunkt zu justieren, resultiert daraus, daß bei der (in beiden Ansätzen vorliegenden) Zurechnung von Handlungen zum sozialen System das Verhältnis von Erziehung und Sozialisation anders eingeschätzt wird. Der 'heimliche Lehrplan' dient im einen Falle dazu, der Intention des Erziehers ihre Grenzen im Hinblick auf die Verfügbarkeit über Sozialisationsprozesse deutlich zu machen, während im zweiten Fall diese Sozialisationsprozesse als die 'eigentlichen' Erziehungsprozesse angegeben werden. Wieder stellt sich das (theorietechnische) Problem, wie sich Sozialisation und Erziehung trennen lassen, wenn man beide nach dem gleichen Theorieschema denkt: der Selbstreferenz des Subjekts stehen die sozialisierenden bzw. erziehenden Handlungen des sozialen Systems gegenüber.

Ausgangspunkt für Sozialisation wie auch für Erziehung ist der Begriff der Interpenetration. Die Verwendung dieses Begriffs im Kontext des Erziehungskonzepts hat eine doppelte Funktion: Zum einen bezeichnet dieser Begriff eine Abgrenzung zur traditionellen Pädagogik und zum zweiten (mit der Implikation der Selbstreferenz) eine Begründung für die Zurechnung der Erziehung zum sozialen System, die allerdings das Verhältnis zum Sozialisationsbegriff weiter kompliziert. Was den ersten Aspekt betrifft, so wenden sich Luhmann und Schorr gegen eine besondere Form der Interpenetration, die sie Interferenz nennen: "Als Interferenz wollen wir dagegen den Fall bezeichnen, daß ein System durch sein Handeln mehr oder weniger vorbestimmt, wie ein anderes handelt. Der Begriff meint also eine (kausale) Sequenz von mehreren Handlungen verschiedener Systeme. Er setzt auch einen Systemzusammenhang des Handelns voraus, außerdem aber Zurechnung auf verschiedene Systeme, Zeitdistanz und angenommene bzw. unterstellte Kausalität. Interferenz beruht auf Interpenetration, denn anders kommt es nicht zu einem Systemzusammenhang verschiedener Systeme; sie stellt aber höhere Ordnungsanforderungen im Hinblick auf Kausalzurechnung und Zeit und ist deshalb schwieriger zu realisieren. - Mit Hilfe dieser Unterscheidung ist leicht zu erkennen, daß die klassische Dekomposition des Erziehungsproblems in ein Verhalten von Lehrern gegenüber Schülern die Aufmerksamkeit auf Probleme der Interferenz lenkte und die vorausliegenden Probleme der Interpenetration überspringt. Man fragt sofort: was darf und was kann der Lehrer am Schüler bewirken und wie weit ist das Verhältnis des Schülers zu sich selbst (sein Sich-selbst-Zweck-Sein) Grenze und Mittel der pädagogischen Interferenz. Man steuert die Theorie dann geradewegs auf die ungelösten Probleme der Kausaltechnologie zu und verfängt sich in ihnen"[151]. Interferenz[152] als Anspruch oder Illusion bezeichnet, so könnte man Luhmanns und Schorrs Kritik an den Bemühungen um eine 'Resymmetrisierung der Funktionsasymmetrie' in der Pädagogik nun umschreiben, den Punkt, der angibt, weshalb sich Pädagogen immer mit dem Rechtfertigungsproblem plagen müssen. Gegenüber dieser mit dem Interferenz-Anspruch gesetzten Problematik führt das Konzept der Interpenetration aus eben diesen Fragen heraus, indem es die Zurechnung von Erziehungshandlungen zum sozialen System gestattet. "Daß Personen in soziale Systeme interpenetrieren, indem sie Handlungen beisteuern, setzt das Gesamtgeschehen unter eine Mehrheit von Auffassungsperspektiven. Unterhalb aller im Unterricht erfahrenen Macht- und Konsensprobleme gibt es eine unaufhebbare, sich laufend regenerierende Mehrperspektivität. Und gerade sie ist das, was den Unterricht pädagogisch relevant macht"[153]. Daß die Mehrheit der Perspektiven den erzieherisch relevanten Faktor darstellt, korrespondiert mit der Absage an den Anspruch einer menschenformenden Interferenz: demgegenüber betont die Selbstreferenz eines Systems den Sachverhalt, daß dieses "von außen nur durch Auslösung einer Selbständerung geändert werden kann"[154]. Eine solche Bestimmung unterscheidet sich bis hierher noch nicht von derjenigen der Sozialisation: Hier wie dort wird die Interpenetration des personalen in ein soziales System vermittelt über die so bewirkten Reaktionen und Äußerungen zum Anlaß einer Selbständerung und Selbstformung des personalen Systems.

Luhmann und Schorr versuchen nun, Erziehung und Sozialisation voneinander abzugrenzen, indem sie für Erziehung eine andere Form (und damit auch eine andere Qualität) des Zusammenhangs von Interpenetration und Lernen angeben: "Selbstreferenz heißt zunächst noch nicht: Selbstbeobachtung, Selbstthematisierung, Selbstbeschreibung im Sinne eines Umgangs mit sich selbst wie von außen. Solche Selbstobjektivierungen entstehen innerhalb des selbstreferentiellen Systems erst mit Hilfe gelernter kommunikativer Formen, die implizieren, daß auch über diese Kommunikation noch kommuniziert werden kann. Wird Kommunikation über Kommunikation (Metakommunikation) freigegeben, bedarf die damit erreichte Variabilität eines Gegenhalts in Objektivationen, die den Sinn des Kommunizierens über Kommunikation (des Fragens,

Rückfragens, Bezweifelns, Ablehnens usw.) beschränken. In der Teilnahme an solcher Kommunikation (und Teilnahme heißt: deren innerer Mitvollzug) übt das selbstreferentielle System Selbstobjektivierungen ein, die dann intern Kriterienfunktion übernehmen können. Das ist, wie immer es abläuft, Erziehung in einem Sinne, der über Sozialisation weit hinausgeht und Bestimmung zur Selbstbestimmung einschließt"[155]. Erziehung, so könnte man sagen, erhält im Gegensatz zur Sozialisation ihre Spezifizierung dadurch, daß für sie die Kommunikation von interpenetrierendem personalem System und reagierendem sozialem System die Qualität haben muß, daß sie (im Rahmen der vom sozialen System bedingten Grenzen) Metakommunikation impliziert. Die Differenz von Kommunikation und Metakommunikation ist konstitutiv für eine qualitative Steigerung der Selbstreferenz zur Selbstbeobachtung, Selbstreflexion im kognitiven Sinne: Erziehung wäre demnach die spezielle Klasse von Reaktionsweisen des sozialen Systems auf die Interpenetration des personalen Systems, die dessen Selbstobjektivierung fordert.

Eine solche Abgrenzung der Erziehungs- von der Sozialisationskonzeption bringt allerdings einige Schwierigkeiten mit sich. Der Qualifizierung des Erziehungskonzepts entspricht eine Reduktion des Sozialisationsbegriffs. So muß man sich fragen, welche Handlungsweisen des sozialen Systems demnach nicht die Möglichkeit einer Kommunikation über sie als kommunikative Akte implizieren. Es ist dies die Frage, wie der besondere Kommunikationsmodus 'Erziehung' von dem der Sozialisation abzugrenzen ist. Man kann sich vorstellen, daß Kommunikation über Kommunikation dort nicht impliziert ist, wo Befehle erteilt werden, allseits akzeptierte Selbstverständlichkeiten unterstellt werden; jedoch scheitert das erste Konzept am Begriff der Selbstreferenz, das zweite an der Tatsache, daß diese Selbstverständlichkeiten erst im Sozialisationsprozeß vermittelt werden sollen. Andererseits wird man festhalten müssen, daß die Bestimmung zur Selbstbestimmung eine einfache Umschreibung des Begriffs der Selbstreferenz darstellt, der als Grundlage sowohl des Erziehungs- wie auch des Sozialisationstheorems fungiert. Die zitierte Stelle vermag nicht die Abgrenzung von Erziehung und

Sozialisation über einen Kommunikationsmodus anzugeben. Man könnte eher sagen, daß sie mit dem intentionalen Erziehungsbegriff umgeht, ohne ihn für das soziale System reklamieren zu wollen. Würde man das Problem der Metakommunikation, den mit ihr gesetzten Druck zur Selbstobjektivierung, intentional begreifen, so hätte man zum einen eine gängige pädagogische Position[156] und zum anderen würde die Textstelle sinnvoll, daß so verstandene Erziehung über Sozialisation weit hinaus gehen soll. Funktional betrachtet läßt sich der mit den Polen der Interpenetration und Selbstreferenz bezeichnete Erziehungs- und Sozialisationsprozeß nicht unterscheiden: Die Bindung des einen an selbstobjektivierende und die des anderen an normierende Prozesse vermag hier kaum weiterzuhelfen, weil beides vermittelt über die Selbstreferenz der Person Lernprozesse auslöst, die nicht determiniert werden können - also auch in beiden Fällen identisch sein können. Das Problem der Intentionalität, das hier als Kriterium impliziert zu sein scheint, wird sich auch in der weiteren Argumentation als Prüfstein der Aussagen Luhmanns und Schorrs zum Erziehungsbegriff erweisen.
Eine zweite Reihe von Schwierigkeiten ergibt sich bei dem vorgestellten Abgrenzungsversuch, wenn man die Frage nach der Funktion des Erziehers in dieser Abgrenzung stellt. Wie ist er im Kontext der Einteilung unterschiedlicher Handlungsklassen des sozialen Systems zu verorten? Wenn seine Handlungen als Erziehung und Sozialisation nicht ihm, sondern dem sozialen System zuzurechnen sind, so kann er nicht darüber verfügen, ob er erzieht oder sozialisiert: Durch die Zurechnung seiner Handlungen zum sozialen System ist seine Intentionalität in beiden Fällen ausgeblendet. Er trägt also auch nicht intentional zum Zustandekommen des besonderen Kommunikationsmodus 'Erziehung' bei: Dieser ergibt sich ebenso naturwüchsig wie derjenige der Sozialisation. In beiden Fällen muß man davon ausgehen, daß seine Perspektive nur eine unter anderen ist, d.h. er kommt in seiner herausgehobenen Position in dem Abgrenzungsversuch von Erziehung und Sozialisation nicht vor. Der Unterrichtsablauf hätte demnach auch ohne seine besondere Position pädagogische Qualität, sofern in ihm nur zwangsläufig auch Sachverhalte unter

den Beteiligten metakommunikativ geklärt werden müßten. Dem widerspricht nun allerdings die These Luhmanns und Schorrs, daß der Unterrichtsablauf selbst noch keine pädagogische Qualität aufweise[157]: Damit ist wiederum die Frage aufgeworfen, inwieweit sich Erziehung nicht als intentionales Korrektiv zum 'Zweckprogramm' Unterricht profilieren muß.
Auch diese Problematik zeigt, daß die bisher erläuterte Klärung des Erziehungsbegriffs nicht ausreichend ist. Die Schwierigkeit, die sich ergab, Erziehung und Sozialisation abzugrenzen, bestand darin, daß das beiden zugrundeliegende Konzept der Interpenetration diese Abgrenzung theorietechnisch kaum möglich macht. Bei gleicher Grundlage besteht die Möglichkeit einer solchen Abgrenzung in der Qualifizierung von Prozessen, Personen, Institutionen, Verhältnissen etc. Ein solcher Versuch wurde zwar im obigen Zitat unternommen, jedoch war das angegebene Kriterium weder hinreichend expliziert noch umfassend genug, um die ansonsten bei der Abgrenzung von Erziehung und Sozialisation gegebene Problematik aufzulösen. Das Ungenügende dieser Abgrenzung zeigt sich auch daran, daß Luhmann und Schorr weitere Schritte zur Qualifizierung von Erziehungs- gegenüber Sozialisationshandlungen unternehmen: Diese Schritte demonstrieren die ungelöste Abgrenzungsproblematik aber auch, indem sie sich auf gegensätzliche Versuche stützen, den Kommunikationsmodus 'Erziehung' zu qualifizieren. Im einen Fall (1) handelt es sich um die Bemühung einer Qualifizierung des Unterrichts zum pädagogischen Prozeß, im anderen (2) um den Versuch, pädagogisches Handeln gegen den Unterricht zu qualifizieren, was wiederum auf die Intentionalität des Handelnden verweist. Die Rekonstruktion dieser gegensätzlichen Theorieansätze impliziert die These, daß von einem eindeutigen Erziehungsbegriff (auch jenseits der Problematik der Zurechnung von Handlungen) bei Luhmann und Schorr keine Rede sein kann, daß also weder die Trennung von personalem und sozialem System hier aufrecht erhalten werden kann noch das Problem der Begründung/Legitimation pädagogischer Handlungen aufgelöst werden kann.

<u>1.</u> Die Erläuterung der Abgrenzung von Erziehung und Sozialisation bezog sich auf soziale und personale Systeme allgemein:

Die Mehrheit der Perspektiven, die Veranlassung zur Metakommunikation als pädagogisch und sozialisatorisch relevanter Sachverhalte, ist kein Spezifikum eines besonderen sozialen Systems wie etwa des Unterrichts. Aus welchem Grunde läßt sich also der Unterricht als besondere Erziehungsinstitution begreifen und: Was macht die Ausdifferenzierung eines solchen Systems notwendig? Diese doppelte Fragestellung deutet auf den gesellschaftstheoretischen wie damit zusammenhängend auf den qualifizierend-pädagogischen Aspekt des Phänomens Schulunterricht. Historisch-genetisch geben Luhmann und Schorr als Grund für die Herausbildung eines Unterrichtssystems die funktionale Differenzierung des Gesellschaftssystems an: Funktionale Differenzierung bezeichnet dabei den Punkt, der oben mit der Auflösung der Ständeordnung und der durch sie gegebenen vorgeprägten Lebens- und Ausbildungsbahnen angesprochen wurde. Luhmann und Schorr betrachten diesen Prozeß nun allerdings nicht aus der Perspektive einer Öffnung individueller Lebenschancen, des Problems der Individualisierung des Lebenshorizontes und der pädagogischen Versuche, diesen Horizont zu schließen, sondern unter gesellschaftsfunktionalem Aspekt: als Problem der Integration der Subjekte in einen differenzierten, nach Leistungsfunktionen geordneten gesellschaftlichen Zusammenhang. Die Abstraktion des bürgerlichen Subjekts findet so ihre Entsprechung in der Qualifikation eines Subjekts zur Teilnahme an allen gesellschaftlichen Funktionsbereichen. Eben diese Qualifikation wird mit dem Begriff der Inklusion bezeichnet. "Inklusion kann sich nicht auf die Leistungsrollen erstrecken, sondern nur auf ihre Komplementärrollen: Nicht jeder kann Arzt werden, aber jeder Patient; nicht jeder Lehrer, aber jeder Schüler. Eben deshalb ist nicht schon die Ausdifferenzierung von Leistungsrollen, sondern erst die Differenzierung der Gesamtbevölkerung nach Maßgabe funktionsspezifischer Komplementärrollen derjenige Vorgang, der die Schichtungsordnung zerbricht und es ausschließt, daß jeder einem und nur einem Teilsystem der Gesellschaft zugeordnet wird. Inklusion heißt also nicht: Mitgliedschaft in der Gesellschaft, sondern heißt als Modus vollwertiger Mitgliedschaft: Zugang eines jeden zu jedem Funktionssystem. Im Erziehungssystem beginnt die Thematisierung der Inklusion mit der Forderung des Comenius (die aber selbst Rousseau noch nicht ernstnimmt), daß alle Kinder in Schulen erzogen werden sollen"[158]. Erziehung hat damit die Funktion, Prämissen für die Herstellung von Sozialkontakten in anderen gesellschaftlichen Bereichen herzustellen. Eine solche Funktion verlangt eine stärkere Methodenreflexion als die vorgängige Integration des Nachwuchses in bestimmte Lebensbereiche, die sich gerade in diesen Lebensbereichen 'mitgängig' vollzieht; mit dieser verstärkten Methodenreflexion ist zugleich die Problematisierung der einander gegenüberstehenden Positionen von Erzieher und Zögling gegeben. Diese Funktionsasymmetrie muß nun einerseits so allgemein sein, daß sie ihrer gesellschaftlichen Funktion gerecht wird: also die Übertragbarkeit des mit ihr gegebenen Verhältnisses von Leistungsrolle (Lehrer) und Komplementärrolle (Schüler) auf andere Lebensbereiche ermöglicht. Andererseits muß sie als besondere qualifiziert werden, da diese Besonderheit eben mit ihrer spezifischen Funktion gegeben ist. Es ergeben sich damit zwei Fragestellungen, die ebenfalls kennzeichnend sind für die in jüngerer Zeit geführte Diskussion über die gesellschaftliche Funktion schulischer Sozialisation[159]: Zum einen stellt sich die Frage, was die Schule von anderen Institutionen unterscheidet, auf die hin sie sozialisieren soll, und zum zweiten ergibt sich das Problem, inwieweit in diesen Unterscheidungsmerkmalen zugleich diese gesellschaftliche Funktionalität ausmachbar ist, inwieweit also gerade die besondere Struktur funktional zur Aufrechterhaltung gesellschaftlicher Strukturen gesehen werden kann.

Luhmann und Schorr geben fünf Strukturmerkmale an, die den Schulunterricht in seiner sozialisatorischen Funktion kennzeichnen, "die eine Übersetzung der Funktion des Erziehens auf die Ebene des Interaktionssystems Unterricht ermöglichen"[160] sollen. Eben diese strukturellen Merkmale muß man nun, vor dem Hintergrund der hier wiederum deutlich werdenden Unklarheit der Abgrenzung von Erziehung und Sozialisation, als qualitative Kriterien des pädagogischen Charakters von Unterricht annehmen, eine Qualifizierung, die zugleich die beiden angegebenen Fragen beantworten soll. Man wird diese Merkmale demnach sowohl unter

dem durch diese Fragen aufgeworfenen sozialisationstheoretischen Aspekt wie auch unter der Fragestellung einer hinreichenden Klärung dessen, was 'Erziehung' ausmacht, prüfen müssen.
Als erstes strukturelles Merkmal bezeichnen Luhmann und Schorr die "Asymmetrie, also Unumkehrbarkeit der Rollenverteilung: Die Lehrer erziehen die Schüler, aber nicht (oder jedenfalls nicht im gleich offensichtlichen Sinne) umgekehrt die Schüler die Lehrer"[161]. Dies ist nun kein strukturelles Merkmal, das für Erziehung spezifisch wäre: die Unumkehrbarkeit der Rollenverteilung als Ausdruck eines nicht-egalitären Verhältnisses läßt sich in anderen gesellschaftlichen Teilsystemen ebenfalls finden. Daß diese Asymmetrie hier auf den Vorgang des 'Erziehens' hin spezifiziert wird, bedeutet keine Klärung der spezifischen Asymmetrie, wie sie den Unterricht als besonderes System kennzeichnen würde: Diese Asymmetrie sollte als strukturelles Merkmal ja gerade klären, wie Erziehung möglich ist - hier aber dient der Erziehungsbegriff umgekehrt zur Klärung der Spezifität der Asymmetrie.
Auch das zweite strukturelle Kennzeichen, die "Ungleichverteilung der Personenzahl: Das Interaktionssystem Unterricht sieht normalerweise vor, daß viele Schüler auf jeweils einen Lehrer entfallen"[162], hilft hier kaum weiter. Was den Sozialisationsaspekt angeht, so zeigt sich hier folgendes Dilemma: Wenn man annimmt, daß diese Zahlenverteilung auch in anderen Bereichen der Gesellschaft vorkommt und daher als sozialisationswirksam zu bezeichnen ist, so entsteht die Frage nach der Spezifität des Unterrichts. Nimmt man demgegenüber an, daß die Zahlenverteilung für andere gesellschaftliche Bereiche untypisch ist, so steht man vor der Frage, warum diese Verteilung dann funktional sozialisierend sein soll. Unter dem Aspekt der Qualifizierung des Erziehungsbegriffs wäre die Zahlenrelation ebenfalls dann von Bedeutung, wenn Luhmann und Schorr dem Lehrer eine besondere Stellung innerhalb der Mehrheit der Perspektiven, die per se erziehend wirken, zuweisen würden, was aber bei der Fundierung des Erziehungskonzepts im Begriff der Interpenetration nicht (bzw. nur über Zusatzqualifikationen, die wiederum das Legitimationsproblem aufwerfen würden) möglich ist.

Das dritte Merkmal scheint eine solche Qualifizierung über die Quantifizierung anzustreben: "Ungleichverteilung der Kommunikationszeit - gesehen als Belastung oder als Chance oder auch rein faktisch: Der Lehrer redet mehr als ein Schüler, oft mehr als alle Schüler seiner Klasse zusammen"[163]. Man könnte demnach annehmen, daß es die Quantität der Lehreräußerungen ist, die seine Perspektive über diejenigen der Klassenkameraden stellt, ihr einen größeren Einfluß (im Sinne der Initiierung von Lernprozessen) einräumt. Eine solche Sichtweise würde indirekt die 'Mehrheit der Perspektiven' als pädagogisch zentralen Faktor relativieren. Andererseits ist aber auch deutlich, daß damit der gemeinhin als 'pädagogisch' angesehene Bereich noch nicht erreicht ist. Daß jemand mehr sagen darf als andere Teilnehmer einer Interaktion, sagt noch nichts über die pädagogische Qualität seines Einflußes aus - und auf diese Qualität kommt es auch im Ansatz Luhmanns und Schorrs an: Sie besteht hier in der Gewährleistung einer Integration des Subjekts in 'die' Gesellschaft, die es diesem ermöglicht, qua Komplementärrolle an allen funktional ausdifferenzierten Teilsystemen sich zu beteiligen. Man könnte das Scheitern dieses Versuchs einer Qualifizierung über Quantifizierung auch folgendermaßen formulieren: Er erreicht die Ebene einer Spezifizierung der Besonderheit des Unterrichts gegenüber den Systemen, für die er erziehen soll, nicht.

Das vierte strukturelle Merkmal setzt stärker bei der Fiktion der Gleichheit abstrakter Subjekte an: "Gleichheit der Schüler, also auch Vergleichbarkeit der Schüler füreinander und für den Lehrer: Natürlich ist nie reale Gleichheit gegeben, aber es gibt keine Statusdifferenzen, die Vergleichbarkeit unterbinden, und Gleichheit wird unterstellt, um funktionsspezifische Ungleichheiten um so deutlicher ins Profil treten zu lassen"[164]. Dieser Punkt spricht die Selektionsfunktion schulischer Sozialisation an, die unter der Voraussetzung fiktiver Gleichheit stattfindet, die es erlauben soll, qualitative Unterschiede der Schüler quantitativ zu gewichten. Es ist nun allerdings gerade diese soziale Funktion, die das Sozialisationsziel der Inklusion, der Einübung von Komplementärrollen durchbricht, indem sie Leistung in den

Mittelpunkt rückt. Der Zusammenhang von abstrakter Leistung und Komplementärrolle bleibt ungeklärt[165]. Sicherlich ist es gerade an diesem Punkt relativ leicht, die sozialisatorische Funktion schulischer Auslese für die auf der Fiktion des Leistungsgedankens beruhende spätere Statusbehauptung zu belegen, jedoch würde eine solche Bezugnahme nicht das Problem lösen, wie (auf welche spezifische Weise) Schule als eine besondere Institution gerade diesen Einübungsprozeß gewährleistet. Eine einfache Parallelisierung ist hier wohl kaum möglich.

Das fünfte strukturelle Merkmal, das Luhmann und Schorr angeben, geht das Qualifizierungsproblem direkter an, indem es auf die Unterrichtsinhalte abhebt: "Orientierung der Kommunikation, und das ist zugleich eine gewisse Garantie fortlaufenden Betriebs, an Themen, die als Pensen oder Stoffpläne vorgegeben sind: Den Themen wird intrinsischer und pädagogischer Wert zugeschrieben; der Schüler muß sie als solche lernen und wird dadurch zugleich in einer darüber hinausgehenden Weise erzogen"[166]. Das sich im letzten Teil des Zitats niederschlagende Mißtrauen gegen eine über die Vermittlung als wertvoll angesehener Inhalte gelingende Erziehung ist sicherlich gerechtfertigt. Es stellt sich allerdings die Frage, inwieweit die Erziehung "in einer darüber hinausgehenden Weise", womit die praktische Einübung in gesellschaftlich-funktionale Handlungsweisen im Sinne des Konzeptes 'heimlicher Lehrplan' gemeint sein dürfte, durch die Form der Aneignung und Reproduktion des Stoffes bedingt wird - eine Form, die in den fünf Strukturmerkmalen keine Analyse erfährt. Dies ist umso erstaunlicher, als meist gerade diese Form zum Ausgangspunkt eines qualitativen Vergleichs mit Praxisformen anderer gesellschaftlicher Bereiche genommen wird[167]. Andererseits gehen solche Analysen von der Praxis als subjektiver, wenn auch sozial vermittelter aus - ein Aspekt, der ja gerade durch die Definition des sozialen Systems als Subjekt der Erziehung ausgegrenzt werden soll: "Unterricht (findet) mit einer vorgegebenen Systemtypik statt, über die die Beteiligten nicht verfügen können"[168].

Man wird jedoch, die vorstehenden Überlegungen zur strukturellen Verankerung von Erziehung zusammenfassend, feststellen müssen, daß die Angaben zu dieser Systemtypik unbefriedigend sind. Weder wird das Spezifische der Struktur des Unterrichts deutlich, die als erzieherisch qualifiziert wird - daß sie dies sei, wird vielmehr vorausgesetzt -, noch vermögen die Autoren die Effektivität dieser Institution für andere gesellschaftliche Bereiche qualitativ anzugeben - etwa durch eine Konkretisierung des Konzepts der Komplementärrolle. Bezogen auf die pädagogische Qualifizierung des Unterrichts als eines Systems, das in der Erziehung sein Rationalitätskriterium erhält, besteht das Unbefriedigende vor allem darin, daß nirgendwo einsichtig wird, worin sich diese Zuschreibung der Erziehung zum sozialen System gründet. Daß überhaupt von Erziehung die Rede sei, wird einfach unterstellt. Wenn man den Erziehungsbegriff als ein theoretisches Konstrukt betrachten muß, so findet sich hier keine solche Theorie. Es ist daher auch kaum noch verwunderlich, wenn Luhmann und Schorr zur näheren Analyse des pädagogischen Charakters der Interaktion auf das Konzept der Interpenetration hinweisen[169], jedoch steht man damit wieder am Anfang: Wenn man die angegebenen Strukturmomente des Unterrichts so liest, daß sie den pädagogischen Charakter des Unterrichts bestätigen sollen, der gerade von dem für alle sozialen Systeme angebbaren Phänomen der Interpenetration sich als Spezifikum abheben soll, so sieht man sich nun im Anschluß an diese strukturellen Angaben wiederum an das allgemeine Phänomen der Interpenetration verwiesen. Das Spezifische des sozialen Systems Unterricht, was die in ihm wie in jedem anderen sozialen System stattfindende Interpenetration als besondere, d.h. hier: als institutionalisiert-pädagogische angeben soll, ist nirgendwo greifbar - damit auch nicht das soziale System Unterricht als Subjekt der Erziehung.

Die Unklarheit des Konzepts eines sozialen Systems Unterricht als Erziehungssubjekt, dessen Begründung bisher einzig auf einer ungeklärten, mit Äquivokationen aus dem Spannungsfeld 'Erziehung' - 'Sozialisation' operierenden Verwendung des Erziehungsbegriffs zu ruhen scheint, äußert sich theorietechnisch auch in der unterschiedlichen Qualifizierung des Unterrichts als soziales System: in seiner Analyse als organisatorisches, auf einer Zweckprogrammierung beruhendes, System einerseits und als Interaktionssystem andererseits. Es handelt sich bei dieser doppelten Begriffsverwendung eigentlich um eine Terminologie, die zu dem oben diskutierten fünften Strukturmerkmal des Schulunterrichts: der Gegenüberstellung von 'Erziehung durch vorgegebene Lerninhalte' und einer 'Erziehung darüber hinaus' (durch die Form der Aneignung und Verarbeitung) querliegt. Hier erhalten (unter der anderen Perspektive einer pädagogischen Technologie) die vorgegebenen Lerninhalte nun den Charakter eines nicht ohne zusätzliche Qualifizierung als pädagogisch zu bezeichnenden Sachverhalts organisatorischer Art. Demgegenüber wird in der situativ-interaktiven Dimension das 'Eigentlich-Pädagogische' gesehen, das wiederum kaum von einem intentionalen Erziehungsbegriff unterscheidbar ist. "Auch wenn nichts pädagogisch Nützliches passiert, muß der Unterricht natürlich ablaufen, und dafür braucht man Lehrbücher und Stoffe, die man 'durchnehmen' kann, und vielleicht auch Unterrichtspläne. Aber dies Absolvieren der Themen hat noch keine pädagogische Qualität. Nebenher und am stoffgeführten Unterricht entlang müßte eine Art pädagogischer Aufmerksamkeit garantiert sein, die sich selbst nur durch Stimulierung der unberechenbaren Aktivität der Schüler stimulieren kann. Während das Sorgen dafür, daß der Stoff in die Köpfe kommt und dort haften bleibt, nach Art eines Zweckprogramms rationalisiert werden kann, wäre die eigentlich pädagogische Technologie eher an die Form eines Konditionalprogramms gebunden; sie müßte auf die Garantie der 'Jederzeitigkeit' des Ablaufs verzichten und könnte nur dann zugreifen, wenn sich geeignete Konstellationen ergeben"[170]. Man wird demnach den Unterricht als Zweckprogramm, das nicht (im Gegensatz zur Intention der oben aufgeführten Strukturmerkmale) per se pädagogische Qualität hat, von dem Interaktionssystem Unterricht unterscheiden müssen. Es wird sich zeigen, daß es sich bei dieser Begriffsunterscheidung um eine Aufweichung der These vom System Unterricht als dem Subjekt der Erziehung handelt.

Daß es spezifische strukturelle Bedingungen gibt, die den Schulunterricht als pädagogische Institution, als Subjekt der Erziehung qualifizieren, dieser Anspruch konnte nicht eingelöst werden. In einem anderen Anlauf wird nun versucht, das Pädagogische gleichsam gegen diese strukturellen Bedingungen zu qualifizieren, wobei aber immer noch an der These des Systems Unterricht als Subjekt festgehalten wird. Nur soll er jetzt nicht als strukturell verankertes Zweckprogramm pädagogisch zu qualifizieren sein, sondern in seiner Identität als Interaktionssystem. Es wird also versucht, das Qualifizierungsproblem des Pädagogischen im Rahmen der Systemtheorie zu halten, d.h. es nicht als Qualifizierungs- und damit als Legitimationsproblem zu behandeln. Es soll gelöst werden durch eine Subsumtion des Unterrichts unter einen allgemeineren Systemtyp. Man wird dabei allerdings davon ausgehen können, daß eine Spezifizierung des pädagogischen Charakters von Unterricht kaum möglich sein dürfte durch Subsumtion dieses Unterrichts unter ein Allgemeines: Der genus proximus kann die differentia specifica nicht ersetzen.

Den Unterricht als Zweckprogramm anzugeben, bedeutet, davon auszugehen, daß eine situationsunabhängige Wertvorgabe den Unterricht als Prozeß strukturiert, "daß der Wert der bezweckten Wirkungen ungeachtet der Werte oder Unwerte der Nebenwirkungen bzw. der aufgegebenen Wirkungen anderer Handlungen das Handeln zu begründen vermag"[171]. Der anvisierte Zweck, im vorliegenden Fall: ein irgendwie geartetes Lernziel, wirkt so nicht nur als Punkt, bezogen auf den Mittel als effektiv in ihrer Wirkung ausgewählt werden, sondern zugleich auch als Punkt, Mittel unter anderen Gesichtspunkten (etwa der Adäquanz, der wertmäßigen Übereinstimmung usw.) auszuwählen und damit als Mittel zu rechtfertigen. Zweckprogramme sind so eher Problemformulierungen[172], die es erlauben, Handlungsstrategien nach technischen und zugleich Rechtfertigungsgesichtspunkten auszuwählen. Zweckprogrammierung als strategische Orientierung gewährleistet - und darin besteht ihre effektive Funktionalität unter systemtheoretischer Perspektive - eine gebündelte Anwendung von 'Grundstrategien der Reduktion von Weltkomplexität'[173].

Diese 'Grundstrategien der Reduktion von Weltkomplexität' bezeichnen dabei eine Strukturierung des Systems nach Maßgabe einer Zwecksetzung. So erlaubt diese Zwecksetzung eine Institutionalisierung gemeinsamer Erlebnisverarbeitungen und damit eine Komplementarität des Erwartens[174]. Daß der Lehrer die Schüler erzieht und nicht umgekehrt (um das erste Strukturmerkmal des Unterrichts als pädagogischem Subjekt zu nennen), ist gemeinsame Grundlage der erlebnismäßigen Verarbeitung situativer Handlungsansprüche: Wenn umgekehrt die Schüler mit pädagogischem Anspruch dem Lehrer gegenübertreten würden, wäre diese Grundlage für beide Seiten gestört. Eine zweite Grundstrategie wäre nach Luhmann diejenige der Umweltdifferenzierung, wie man sie bezogen auf den Unterricht in den unterschiedlichen Funktionszuweisungen an Lehrer und Schüler festmachen könnte. Eine weitere Grundstrategie läßt sich als Innendifferenzierung des Systems bezeichnen: so etwa bezogen auf den Unterricht die strukturelle Differenzierung in Lern- und Prüfungssituationen[175] oder die prozessuale Differenzierung in einem systematischen (zweckbezogenen) Aufbau des Lernstoffes[176].

Zwei weitere 'Grundstrategien der Reduktion von Weltkomplexität', die mit der Zwecksetzung gegeben sind, verweisen auf die Grenzen der Übertragbarkeit der Zweckprogrammierung auf den Unterricht. Die erste Strategie betrifft die eigentliche Zwecksetzung als Subjektivierung einer objektiven Situation[177]: Die Komplexität der Welt wird durch die Zwecksetzung als subjektiv anzugehende gesetzt, als eine unter möglichen anderen, die damit aber sowohl die Eigenkomplexität (die möglichen Mittelhandlungen) wie auch die Umweltkomplexität des Systems (die möglichen Schwierigkeiten) mitdefiniert. Nun ist aber sogleich klar, daß eine solche Zwecksetzung für den Unterricht als Erziehungssubjekt kaum angebbar ist - aus theoretisch-systematischen Gründen. Mit der Konzeption der Selbstreferenz des Subjekts, d.h. der Unmöglichkeit seiner direkten Beeinflußung, entfällt die Grundlage der strategischen Planung seiner Formung. Mit dem daran anschließenden Konzept der Interpenetration als grundlegendem pädagogischen Wirkungsfaktor, der notwendig formal bleiben muß aufgrund dieser Unmöglichkeit einer geplanten inhaltlichen Formung des Subjekts, entfällt die Möglichkeit einer differenzierten und zweckprogrammierten Integration des Unterrichts-

prozesses als pädagogischem Sachverhalt: Alles, was bleibt, ist auf dieser Grundlage die bloße Gewährleistung und Erweiterung der Mehrheit der Perspektiven. Diese Strategie läßt sich wiederum nur schwerlich mit der Erziehungsfunktion des Lehrers in Einklang bringen. Es scheint also, daß vor dem Hintergrund der theoretischen Annahmen Luhmanns eine pädagogische Qualifizierung des Systems Unterricht über eine Zweckprogrammierung unmöglich ist. Damit wird allerdings auch noch einmal der Stellenwert der angegebenen strukturellen Aspekte des Unterrichts als Erziehungssubjekt fragwürdig.
Die zweite Grundstrategie, die mit einer Zweckprogrammierung des Unterrichts gegeben ist und ebenfalls die Schwierigkeit einer Auffassung eines pädagogisch qualifizierten Unterrichts als Zweckprogramms aufzeigt, besteht "im Ausmaß an Unbestimmtheit der Systemstruktur, das ein System sich leisten kann, ohne sein Selektionspotential zu verlieren"[178]. Ein größeres Maß an Unbestimmtheit der Systemstruktur erlaubt es, flexibler zu reagieren, flexibler mit der Umweltkomplexität umzugehen: Es würde also dem Lehrer gestatten, einer größeren Zahl von Schülerhandlungen situativ zu begegnen, ohne daß die Struktur des Lehrer-Schüler-Verhältnisses geändert werden müßte. Damit kommt nun allerdings stärker die Subjektivität in Form der Flexibilität personaler Systeme, der Ausgestaltung strukturell vorgegebener Handlungsspielräume, ins Spiel. Dies bedeutet aber nichts anderes, als daß man vor der Frage steht, ob diese Ausgestaltungen noch mit dem angegebenen Zweck übereinstimmen: Man steht vor einem situativ zu klärenden Legitimationsproblem. Luhmann und Schorr versuchen, dieser Problematik wie auch derjenigen der Unmöglichkeit einer konsistenten Zweckprogrammierung zu begegnen durch eine erneute Bestimmung des Unterrichts - als Interaktionssystem. Wenn der Unterricht also als Zweckprogramm keine pädagogische Qualität hat, hat er sie dann als Interaktionssystem? Diese Fragestellung bezeichnet den letzten Prüffall für die Qualifizierung des Unterrichts als pädagogisches Subjekt.
Die strukturellen Merkmale des Unterrichtssystems, die Zweckprogrammierung - dies waren Faktoren, die eher auf eine Typisierung des Unterrichts als Organisation hinweisen. "Als organisiert

können wir Sozialsysteme bezeichnen, die die Mitgliedschaft an bestimmte Bedingungen knüpfen, also Eintritt und Austritt von Bedingungen abhängig machen. Man geht davon aus, daß die Verhaltensanforderungen des Systems und die Verhaltensmotive der Mitglieder unabhängig voneinander variieren können .. Die Motivlage wird über die Mitgliedschaft generalisiert: Die Soldaten marschieren, die Schreiber protokollieren, die Minister regieren - ob es ihnen in der Situation nun gefällt oder nicht. In der Form von Mitgliedschaftsregeln können differenzierte Ämterstrukturen und Kommunikationsschranken, Rechte auf Mittelgebrauch und Verantwortlichkeiten, Weisungsketten und Kontrollmechanismen eingerichtet werden, zu deren Pauschalanerkennung der Eintretende verpflichtet wird"[179]. Gegenüber solchen situations- und personunabhängigen Strukturen zeichnen sich Interaktionssysteme (oder wie Luhmann auch sagt: einfache Sozialsysteme) dadurch aus, daß die Anwesenheit in der unmittelbaren Interaktion zum definierenden Kriterium wird[180]. Nur wer sein Erleben und Handeln zur Interaktion beisteuert, kann als Beteiligter gelten. Die Frage, was eine solche Interaktion unter Anwesenden zum System macht, was also gewährleistet, daß die unterschiedlichen Erlebnis- und Verhaltensweisen der Anwesenden ('doppelte Kontingenz') sich in einer systemischen Selektion von Möglichkeiten zusammenfindet, beantwortet Luhmann mit dem Hinweis auf die thematische Konzentrierung der Interaktion: Erst mit der Konzentration auf ein Thema, zu dem die Anwesenden ihre Beiträge abgeben, konstituiert sich das Interaktionssystem. "Es ist die <u>sachliche</u> Selektivität dieses Geschehens im <u>Zeit</u>lauf, die das Aufmerksamkeits- und Erinnerungsvermögen der Beteiligten partiell <u>sozial</u> integriert und dadurch erwartbar macht. Dadurch kann Systemgeschichte zur Struktur werden, indem sie ordnet und laufend verschiebt, eröffnet oder verschließt, was weiterhin noch möglich ist"[181]. Nun wäre es sicherlich möglich, den Vermittlungsprozeß von Unterrichtsinhalten als Kommunikationsprozeß aufzufassen im Sinne des Interaktionssystems. Dies würde bedeuten, daß man Unterricht als soziales System und Subjekt der Erziehung dadurch als gegeben annehmen könnte, daß sich die anwesenden Beteiligten (Lehrer und

Schüler) über ein Thema austauschen, daß diese 'themenzentrierte Interaktion' das System als solches in der Situation konstituieren und damit zugleich das Medium ihrer sozialen Integration abgeben würde. Eine solche Vorstellung würde das Pädagogische demnach an der themenbezogenen Mehrheit der Perspektiven festmachen. Sie würde damit dem Begriff der Interpenetration entsprechen.

Es stellt sich jedoch die Frage, ob das Spezifisch-Pädagogische am Unterricht auf diese Weise erfaßt werden kann. Wenn die Mehrheit der Perspektiven für jedes soziale System als gegeben unterstellt werden kann, bliebe die thematische Konzentration als spezifizierendes Merkmal. Hier gerät man allerdings in folgendes Dilemma: Entweder bezieht man diese Qualität auf die Inhalte, womit man beim Lehrplan wäre, der ja nicht den eigentlich relevanten Erziehungsfaktor darstellen soll (in Anbetracht des 'heimlichen Lehrplans'), oder aber auf die Form, die dann wiederum eine Spezifizierung des Anwesenheitskriteriums verlangen, also das Konzept des Interaktionssystems sprengen würde.

Was die Qualifizierung von Inhalten der thematischen Konzentration angeht, so würde dies voraussetzen, daß diese Qualifizierung vor der Interaktion stattfinden würde, daß also unabhängig von der situativen Anwesenheit Kriterien gegeben wären, die darüber entscheiden würden, was Thema wird. Daß jedoch die Systemgeschichte als durch auf Themen bezogene Interaktion in der Zeit sozial integrierend wirkt - und nur dadurch, bedeutet ja gerade, daß außerhalb dieser Geschichte keine Struktur besteht: Die Struktur ist identisch mit der Systemgeschichte.

"Für die Funktion der Systemgeschichte bedeutet dies, daß Genesis und Geltung undifferenziert bleiben. Geltendes kann nicht als solches ausdifferenziert und stabilisiert, geschweige denn geändert werden. Abstraktionsleistungen solcher Art .. sind nur auf der Ebene von Gesellschaftssystemen und Organisationssystemen möglich"[182]. Interaktionssysteme bleiben 'spontan' in dem Sinne, daß die (unter dem Kriterium der Anwesenheit) sie konstituierenden Themen weder vorgegeben werden können, noch daß diese Themen als behandelte einen Verbindlichkeits- und Geltungsanspruch erheben könnten, der sie etwa gar zu Prüfungsthemen qualifizieren könnte. Sollte dies dennoch gegeben sein, wie etwa im Schulunterricht, so stellt sich die Frage, wer mit welcher Berechtigung diese Vorgaben und Qualifizierungen der Themen bewerkstelligt. Die Antwort auf diese Frage kann nur struktureller Art sein: Der Lehrer als Positionsinhaber beispielsweise ist eine solche strukturelle Qualifizierung, die damit weit über die bloße Anwesenheit als Kriterium des Interaktionssystems hinausweist. Die inhaltliche Vorgabe wie auch die Geltung der Form einer Themenbehandlung - beides konstitutiv für das System Unterricht, sprengen seine Qualifizierung als Interaktionssystem.

Mit dem Abweis der Qualifizierung des Unterrichts als Interaktionssystem ist allerdings das Problem noch nicht adäquat gelöst. Bisher wurde davon ausgegangen, daß der Unterricht entweder als Organisation oder als Interaktionssystem zu analysieren ist. Luhmanns Ansatz sieht jedoch ebenfalls vor, daß Interaktionssysteme einer Organisation zugehören können[183]. Eine solche Möglichkeit, daß der Unterricht sowohl Organisation als auch Interaktionssystem ist, scheint die bisher aufgetretenen Probleme zu lösen: Die strukturellen Vorgaben als Bedingung der Möglichkeit des Erziehens auf der Ebene des Unterrichts geben Prämissen vor, innerhalb derer sich Interaktionssysteme konstituieren, in denen dann die eigentlich pädagogisch relevanten Prozesse stattfinden. Beide Systemtypen könnten jeder für sich weder als hinreichend zur Erfassung des Systems Unterricht angesehen werden noch als hinreichend zur Spezifizierung/Qualifizierung seines pädagogischen Charakters. Wenn nun die strukturellen Faktoren das Interaktionssystem Unterricht präjudizieren (auch hier bleibt der Lehrer demnach ein Lehrer) und in seinen Möglichkeiten begrenzen, hätte man dann nicht die Grundlagen einer adäquaten pädagogischen Konzeption?

Eine solche Konzeption würde demnach darin bestehen, daß die Struktur des Systems Unterricht in ihrer prozessualen Realisierung durch die Mitglieder des Organisationssystems Unterricht die Möglichkeit und Notwendigkeit von Interaktionssystemen setzt, die dann qua themenbezogener Interaktion einer Mehrheit von Perspektiven (also qua Interpenetration) pädagogisch zu qualifizieren wären. Da jedoch bereits gezeigt wurde, daß eine solche pädagogische Qualifizierung der Mehrheit von Perspektiven bezogen auf das Interaktionssystem Unterricht schwerlich auf eine Qualifizierung der Themen zurückgreifen kann, verbliebe also die Form der Themenbehandlung als pädagogischer Faktor, der nun durch den Verweis auf das die Interaktion vorstrukturierende Organisationssystem Unterricht angegeben werden könnte. Dies allerdings würde dennoch eine Besonderheit der Interaktionsform innerhalb des Interaktionssystems Unterricht gegenüber derjenigen innerhalb des Zweckprogramms Unterricht voraussetzen. Wann also ist Unterricht Organisations- und wann Interaktionssystem?

Hier zeigt sich eine terminologische Unklarheit bei Luhmann und Schorr als Indikator einer theorie-systematischen Schwachstelle: Um das Unterrichtssystem als Subjekt der Erziehung behaupten zu können, sprechen sie sowohl von einem Organisations- bzw. zweckprogrammatisch verfaßten System wie auch von einem Interaktionssystem, wobei letzteres gemäß der theoretischen Konzeption Luhmanns allenfalls auf einzelne Situationen innerhalb des Unterrichts anwendbar ist. Diese terminologische Unklarheit erlaubt, darüber hinwegzugehen, daß man konkrete Situationen in ihrem Stellenwert als Interaktionssystem aufzeigen müßte, die man zudem als pädagogisch qualifizieren müßte. Die Frage, wann die Mehrheit der Perspektiven im Organisationssystem Unterricht sich zu einem Interaktionssystem kristallisiert und durch dessen Qualität pädagogischen Charakter erhält, wird so weder gestellt noch beantwortet. Eine solche Antwort müßte sich dann wiederum anderer Kriterien bedienen als der bloßen Zuschreibung: Interaktionssystem. Sie müßte die Frage beantworten, wie in einer thematisch zentrierten Interaktion die strukturellen Faktoren als Bedingung des Erziehens im System Unterricht so wirksam werden, daß von einem pädagogischen Charakter des Interaktionssystems gesprochen werden kann.

Faßt man diese Fragestellung als Ergebnis der Bemühungen Luhmanns und Schorrs auf, durch die Entgegensetzung des Unterrichts als zweckprogrammierter Organisation und als Interaktionssystem seinen pädagogischen Charakter näher auszuweisen, so kann man zusammenfassend feststellen, daß dieses Vorgehen einen doppelten Effekt hat: Zum einen löst sich das Konzept des sozialen Systems als Erziehungssubjekt zunehmend in Richtung situativer 'Subsysteme' auf und zum anderen sind diese situationsbezogenen Interaktionssysteme innerhalb des Unterrichts immer noch nicht so angegeben, daß ihre spezifische pädagogische Qualität gegenüber anderen Interaktionssystemen einsehbar wäre. Es scheint fast so, als ob das Bemühen um eine pädagogische Qualifizierung von sozialen Systemen ihren Charakter als Subjekt der Erziehung relativieren würde. Dieser Eindruck verstärkt sich, wenn man eine weitere Perspektive Luhmanns und Schorrs auf den Erziehungsbegriff rekonstruiert. Diese Perspektive könnte man als einen Schritt zur Beantwortung der obigen Frage nach einer pädagogischen Qualifizierung der Interaktionssysteme innerhalb des Unterrichts als Organisation verstehen: Es handelt sich um eine Qualifizierung desjenigen Handelns als pädagogisch, das sich gegen das Organisationssystem Unterricht wendet. Es wird zu fragen sein, ob eine solche Qualifizierung nicht das Konzept des Interaktionssystems sprengt, ob diesem solche Handlungsweisen zuzurechnen sind.

2. Luhmann und Schorr gehen einerseits davon aus, daß mit der Bestimmung des Unterrichts als Interaktionssystem, deren Problematik oben aufgewiesen wurde, das Subjekt der Erziehung mit hinreichender Deutlichkeit aufgezeigt ist: "Weil Schulunterricht in Interaktionssystemen mit deutlich ausgezeichneter, besonderer, anderwärts nicht vorkommender Struktur[(184)] erfolgt, ist zu erwarten, so können wir die bisherigen Überlegungen zusammenfassen, daß er auch systematische Effekte mit - sagen wir ruhig demographischer Breitenwirkung erzeugt. Trotz bester Intentionen: die Schule erzieht, aber nicht so wie gedacht"[185]. Auf der anderen Seite wird die These aufgestellt, daß Unterricht auf Ziele hin programmiert sein müsse, während Erziehung konditional und wirkungsoffen verstanden werden müsse[186], so daß man allenfalls davon ausgehen kann, daß Unterrichten pädagogisch auswertbare oder blockierte Situationen erzeugen kann[187]. Damit stellt sich erneut die Frage nach dem Subjekt der Erziehung: Wer (in Luhmanns Terminologie: welches System) diagnosti-

ziert solche Situationen und wertet sie gegebenenfalls aus?

Daß Erziehung konditional stattfindet, also als Reaktion auf gegebene Situationen, deutet auf die Unmöglichkeit einer Vorab-Planung eines kontinuierlichen Programms hin. Daß sie zudem als wirkungsoffen gedacht werden muß, bedeutet die Anerkennung der Selbstreferenz personaler Systeme, ihre Nicht-Verfügbarkeit für soziale Planung. Obwohl beide Aspekte mit der Kennzeichnung des Unterrichts als Interaktionssystem kompatibel erscheinen, stellt sich dennoch die Frage nach dem Subjekt der Erziehung. Ist es möglich, daß der Unterricht als Zweckprogramm, als organisiertes System, wirkt und zugleich als Interaktionssystem erzieht, daß also innerhalb eines sozialen Systems zwei unterschiedliche und sogar gegenläufige Handlungsstrategien verfolgt werden? Diese Frage stellt sich besonders dann, wenn man bedenkt, daß das Verhältnis von Organisation und Interaktionssystem als determinierendes gedacht wird: Die Organisation gibt Prämissen struktureller Art vor und begrenzt damit zugleich die Möglichkeit von Themen des Interaktionssystems. Wie wird also Erziehung vor dem Hintergrund ihrer qualifizierenden Abgrenzung vom Unterricht gefaßt?
Daß Erziehung nicht im gesellschaftsfreien Raum stattfindet, darauf haben nicht zuletzt die Theorien zur gesellschaftlichen Funktionalität schulischer Abläufe hingewiesen. "Vielmehr reagiert jeder pädagogische Prozeß, das ist die strukturelle Konsequenz von Ausdifferenzierung, auf eine <u>selbstgeschaffene Realität</u>. Erziehung ist also ihrerseits auf der Ebene sozialer Systeme ein selbstreferentieller Prozeß. Sie kann, sobald sie sich selbst begreift, sich auch nur als selbstsubstitutive Ordnung begreifen. Sie bekommt es sehr rasch mit eigenen Struktureffekten zu tun. Und die Frage ist, ob die Erziehung sehr viel mehr tun kann, als das zu beobachten und abzuschwächen, was sich daraus ergibt, daß in der Form ausdifferenzierter Interaktionssysteme erzogen wird"[188]. Hier werden offensichtlich zwei Begriffe von Erziehung verwendet: Erziehung soll darauf reagieren, daß in der Form von Interaktionssystemen erzogen wird. Dies kann Erziehung jedoch nur, wenn sie von der faktischen Erziehung in diesen Interaktionssystemen unterschieden

wird. Eine solche Unterscheidung ist allerdings nur begründbar über inhaltliche Kriterien, die an die 'reagierende' Erziehung angelegt werden, da die (strukturelle) Form von Erziehung ja feststeht. So wäre die Frage: "Wie ist Erziehung unter solchen gesellschaftlichen Bedingungen möglich?"[189] sinnlos, da sie beantwortet ist: in ausdifferenzierten Interaktionssystemen. Auch die Antwort: "Als Korrektur selbstgeschaffener Realität!"[190] verweist auf andere Kriterien, als sie gerade dem als faktisch behaupteten Vollzug von Erziehung zugrundeliegen. Wenn man demnach an der These des Interaktionssystems Unterricht als dem Subjekt der Erziehung festhalten wollte, würde man vor einer doppelten Problematik stehen: Zum einen wären spezifizierende Kriterien dafür erforderlich, welche Situationen innerhalb des Unterrichts als pädagogische Situationen angegeben werden dürfen, und zum zweiten wären Kriterien zu benennen, die eine Korrektur eben dieser Systeme einleiten könnten.
Mit dieser Problematik scheint die These vom Interaktionssystem Unterricht als Subjekt der Erziehung überlastet zu sein. Vielmehr werden hier die 'klassischen' Bestandteile des Erziehungsbegriffs wieder eingeführt. Erziehung als bewußtes und an Kriterien orientiertes Gegenlenken gegen strukturelle Einflüsse des Interaktionssystems bezeichnet einen Punkt, der funktional im Rahmen einer Systemtheorie nicht mehr angebbar ist, sondern sich weitgehend mit dem 'klassischen' Konzept pädagogischer Verantwortung (hier allerdings: auf der Grundlage einer realistischen Einschätzung der Möglichkeiten) deckt. Die Angabe von Kriterien würde unweigerlich in die Probleme des Erziehungsbegriffs führen, die gerade durch eine systemtheoretische Fassung aufgehoben werden sollten. So würden diese Kriterien, sollten sie ihre Funktion überhaupt erfüllen, den behaupteten faktischen Erziehungsprozeß (mit Subjekt: Interaktionssystem) als Erziehungsprozeß in Frage stellen müssen. Dies wäre allerdings nur möglich, wenn man wiederum den einen Prozeß vom anderen intendierten abgrenzen würde, was man nur mit Hilfe von Begründungen kann. Diese Kriterien würden also zugleich als Definitions- wie als Rechtfertigungskriterien fungieren - eine Rechtfertigung, die man wahrscheinlich, da sie sich eben nicht

nur auf den als faktisch behaupteten Erziehungsprozeß durch das System bezieht, sondern auf normative Vorstellungen, die dessen Korrektur bewirken sollen, anzweifeln kann mit Hilfe anderer Kriterien. Durch die Distanzierung vom faktisch ablaufenden Systemprozeß ergibt sich auch eine zweite Rechtfertigungsproblematik des Erziehungsbegriffs: Wenn dieser Prozeß als funktionale Tätigkeit eines sozialen Systems problematisiert wird anhand solcher Kriterien, so bedeutet dies zugleich eine Relativierung dieser erzieherischen Handlungen durch vorgestellte bessere, wobei sich dieses 'besser' sowohl auf die gesellschaftliche Funktionalität wie auch auf die adäquate Berücksichtigung der Zu-Erziehenden beziehen kann. Da man wohl nicht davon ausgehen kann, daß die Schüler darüber entscheiden, was für sie gut ist, noch das System darüber reflektiert, anhand welcher Kriterien es ein anderes werden könnte, wird der Lehrer über dieses 'besser' befinden müssen - für andere. Damit ergibt sich wieder das Problem, mit welchen Gründen er dazu berechtigt sein soll.
Die aufgezeigte begriffliche Verworrenheit, die sich daraus ergibt, daß nun der klassische Erziehungsbegriff wieder eingeführt wird, läßt sich noch einmal an einer Argumentationskette verdeutlichen, die Luhmann und Schorr im Kontext der Frage, was Erziehung zur Herausbildung personaler Identität beizutragen vermag[191], verwenden. Man kann diese Argumentationskette in drei Schritte gliedern: 1. Das Interaktionssystem Unterricht erzeugt zumindest zwei Kommunikationsprämissen: Leistung und Angst[192]. 2. Daraus entsteht die Gefahr der Entwicklung von Einseitigkeiten, Übertreibungen, Fehlentwicklungen, zumindest aber eine Orientierung an Zensuren und Konkurrenzverhaltensweisen[193]. 3. "Das mag dann Anlaß sein, sich Korrektive zu überlegen - sei es in Bezug auf einzelne Personen oder Teilgruppen einer Schulklasse, sei es in Bezug auf das gesamte Klassenklima oder gar Tendenzen im gesamten Schulsystem .. Man könnte vielleicht sogar meinen, daß starke Fixierung auf Schulerfolg schon für sich genommen ein pädagogisches Warnzeichen sein müßte"[194]. An dieser Argumentation läßt sich nicht nur die Inkonsistenz der Begriffsverwendung nachweisen, sondern zugleich auch, daß

sie von einer konsequent systemtheoretischen Perspektive her gar nicht vertretbar ist..
Man wird zum ersten davon ausgehen müssen, daß nicht das Interaktionssystem Unterricht (gemäß der Definition Luhmanns) die erwähnten Kommunikationsprämissen vorgibt, sondern daß das Organisationssystem Unterricht hier die Notwendigkeit und die begrenzten Möglichkeiten des Interaktionssystems vordefiniert. Leistungsprinzip und aufgrund von Konkurrenzdruck entstehende Angst kann man wohl über das System der Benotung als strukturell verankert ansehen - ein Strukturaspekt, der allerdings im Rahmen der dargelegten strukturellen Aspekte des Systems Unterricht keine Erwähnung gefunden hat. Wenn hier Struktur und Interaktion miteinander konfundiert werden, so fällt die Aussagekraft einer solchen Analyse weit hinter die Präzision anderer (gesellschaftstheoretischer) Ansätze zu dieser Problematik zurück. Daß aus einer solchen Beschreibung von Unterricht sich zum zweiten Fehlentwicklungen, die Einprägung bestimmter Orientierungen folgern lassen, mag eine gut bestätigte Hypothese darstellen, daß dies allerdings als Gefahr bezeichnet wird, ist systemtheoretisch eine Unmöglichkeit. Eine solche Qualifizierung setzt voraus, daß man den als funktional definierten Prozeß einer Erziehung durch das soziale System, der als solcher keiner Begründung und Rechtfertigung bedarf, weil ihn keine Person mehr verantwortet, nun dennoch auf seine Geltung hinterfragt. Daß etwa die Fixierung auf den Schulerfolg - was anderes sollte Sinn und Zweck einer Erziehung durch das System Unterricht sein - als pädagogisches Warnzeichen betrachtet werden kann, setzt einen anderen Standpunkt voraus als denjenigen des sozialen Systems Unterricht.
Man ist also nach einem gleichsam stufenweisen Rückzug von der These des sozialen Systems als Erziehungssubjekt wieder bei der traditionellen Problematik des Erziehungsbegriffs angelangt, ohne sie als solche angeben zu können. Weder konnte das soziale System Unterricht in seiner Spezifität als pädagogisches Subjekt qualifiziert werden, noch konnte der Erziehungsbegriff angegeben werden, ohne daß wiederum der Blick auf die Rechtfertigungsproblematik frei wurde. Damit muß allerdings auch der An-

spruch einer systemtheoretischen Pädagogik zurückgewiesen werden, die Pädagogik auf eine neue Grundlage jenseits der Rechtfertigungsproblematik zu stellen. Was den Erziehungsbegriff selbst angeht, also das Problem des perspektivischen Gegenstandes der Pädagogik, so kann man wohl sagen, daß dieser Ansatz sich der Problematik nicht einmal gestellt hat. Die mißlungene Zurechnung der Erziehungshandlungen zum sozialen System als Subjekt bedeutet noch nicht deren Klärung als Erziehungshandlungen. Man kann wohl eher vermuten, daß es gerade der ungeklärte Begriff des Erziehens ist, der sowohl die neue Perspektive durch eine Subjektveränderung möglich machte wie auch diese Perspektive, sobald sie konkreter gefaßt wird, zum Scheitern verurteilte.

Das hier aufgezeigte Dilemma der pädagogischen Konzeption der Systemtheorie zeigt sich auch in den verschiedenen Dimensionen des Erziehungsbegriffs: in der zeitlichen (Zielperspektive), in der sozialen ('pädagogisches Verhältnis') wie in der sachlichen (Intention und Wirkung). Von diesen unterschiedlichen Dimensionen der Erziehung ist die zeitliche bereits implizit angesprochen worden: Sie soll daher zunächst behandelt werden, bevor in zwei weiteren Kapiteln sowohl die traditionellen Herangehensweisen wie auch die systemtheoretische Perspektive bezogen auf die sachliche und soziale Dimension näher erläutert werden.

III.2.2. SYSTEMRATIONALITÄT UND KONTINGENZFORMELN

Das soziale System als Subjekt der Erziehung und die Unverfügbarkeit des Subjekts, gedacht als Selbstreferenz des personalen Systems, verweisen auf eine negative Pädagogik. Gesetzt ist damit die Unmöglichkeit einer geplanten Beeinflußung etwa im Sinne von Zweckprogrammen. Obwohl diese einen strukturellen Bestandteil des Systems Unterricht bilden, konnten sie daher nicht als pädagogisch relevant angesehen werden. Erziehung wurde in einem letzten Anlauf als situativ-spontaner, korrigierender, allenfalls an konditionale 'Wenn-dann-Programme' gebundener Prozeß betrachtet. Solche Konditionalprogramme sind nicht an einen Zweck gebunden, der sie in eine zeitliche Abfolge zu bringen und gleichzeitig zu rechtfertigen in der Lage wäre: Sie sind situationsabhängig formuliert und geben Lösungsmöglichkeiten von Problemsituationen vor. Zweckprogrammierung des Systems zielt auf seinen Output (etwa einen 'gut erzogenen Schüler'), während die Konditionalprogrammierung vorab erwartbaren Problemsituationen systemadäquate Lösungen gegenüberzustellen bemüht ist.
Wenn man nun mit Luhmann beide Programmierungsformen bezogen auf die Problemformulierung und -lösung durch Systeme als funktional äquivalent betrachtet[195], so hat man vielleicht ein 'Scharnier', das Zweckprogrammierung des Unterrichts als organisiertem System und Konditionalprogramme des Unterrichts als Interaktionssystem zu integrieren erlauben könnte. Beide wären demnach bezogen auf einen Punkt, den Luhmann mit dem Begriff der Systemrationalität zu fassen sucht: Ein System ist rational "in dem Maße, als es seine Probleme bestandssicher formulieren und lösen kann"[196]. Gegeben wäre damit wieder die Aufspaltung der traditionellen pädagogischen Thematik in den Bereich eines selbstreferentiellen Subjekts, also des abstrakten selbstzentrierten Bürgers, einerseits und einer Systemrationalität, die jene akzeptiert, aber zugleich pädagogisch wirkt,

andererseits. Die Umschreibung der korrektiven Maßnahmen als 'Wenn-dann-Programm' ließe sich demnach als eine ebenfalls auf das soziale System bezogene betrachten: Die pädagogischen Bemühungen im situativen Bereich tragen zur Stabilisierung des Systems bei, sofern sie die durch andere Elemente des Systems hervorgerufenen Probleme erfassen und abarbeiten. Systemrationalität muß daher auch von einer Handlungsrationalität unterschieden werden[197]: Sie setzt sich ungeachtet der Motive des Handelnden durch. Es stellt sich damit die Frage, ob nicht über den Begriff der Systemrationalität auch die situativen Reaktionen so integriert werden können, daß das System Unterricht als Subjekt der Erziehung angegeben werden kann.
Diese Problemstellung soll im Folgenden unter zwei Aspekten diskutiert werden. Zum einen soll die angegebene Perspektive unter Absehen von den bereits erwähnten Schwierigkeiten, die aus einer Hierarchisierung von Zweck- und Konditionalprogrammen bzw. von Organisations- und Interaktionssystem entstehen, durchgeführt werden, und zum zweiten sollen die Konsequenzen für eine pädagogische Qualifizierung des Unterrichts als Subjekt der Erziehung deutlich gemacht werden.
Systemrationalität läßt sich begreifen als radikaler Verzicht auf pädagogische Zielformulierungen. Wenn etwa die Korrekturen des Organisationssystems Unterricht durch das Interaktionssystem Unterricht - ungeachtet der möglichen Motive der Beteiligten - systemrational verstanden werden können, dann bedeutet dies, daß sich diese Systemrationalität unabhängig von der Handlungsrationalität der Beteiligten durchsetzt, also auch deren Begründung ignoriert. Systemrationalität kann nicht begründet werden[198]: Sie wird als de facto gegeben betrachtet. Diese Unbegründbarkeit der Systemrationalität und d.h. auch: systemischer Erziehungsziele hat dennoch zur Voraussetzung, daß sie irgendwie erfüllt wird, daß also das, was im Unterricht abläuft, auch auf irgendeine Weise funktional bezogen auf das System und seine gegebene Aufgabenstellung ist.
Für den wissenschaftlichen Ansatz ergibt sich daraus ein Reflexionsverzicht als Grundentscheidung: Das Forschungsinteresse kann sich unter diesen Umständen nur darauf richten, vermeint-

liche oder reale empirische Sachverhalte, die im Kontext eines sozialen Systems stattfinden, das über seine Funktion ausgegrenzt und definiert wird, als rational bezogen auf diese Funktion zu interpretieren. Die Grundentscheidung bezieht sich also darauf, das, was man für gegeben hält, als richtig und rational im Sinne der problematischen Funktionserfüllung zu rekonstruieren. Alles, was abläuft, muß als eine unter anderen möglichen (rationalen) Strategien des Systems interpretierbar sein. Dies ist eine Prämisse des funktionalen Vergleichs von Handlungsmöglichkeiten sozialer Systeme. Zugleich ist damit der Verzicht auf und die Ablehnung möglicher Kriterien gegeben, die zur Prüfung der funktionalen Bezugspunkte dienen könnten. So konnte etwa die Angabe, daß eine zu starke Bindung an schulische Normen für sich schon ein pädagogisches Warnzeichen darstellt, deshalb nicht begründet werden, weil eine solche Aussage Kriterien voraussetzt, die das, was systemrational abläuft, unter anderen Gesichtspunkten (etwa dem der Kosten für das Subjekt) in Frage zu stellen erlauben. Die Unbegründbarkeit der Systemrationalität verbietet es, systemische Abläufe einem Geltungsanspruch zu konfrontieren, der für die pädagogische Argumentation meist als einer von moralischen Prinzipien erhoben wird: Sie tut dies, indem einerseits das Einklagen von Geltungsansprüchen dem personalen System zugeschrieben, also subjektiviert und privatisiert wird, und indem andererseits das, was abläuft, als auch (faktisch) moralisch gesetzt wird. Daß der funktionale Ablauf des sozialen Systems Unterricht als moralisch unterstellt wird, bedeutet die Setzung der Legitimationsproblematik, die sich mit der gesellschaftlichen Funktion dieses Systems gegenüber dem Zu-Erziehenden ergibt, als irrelevant: Die Unüberprüfbarkeit der Erziehung durch das soziale System und der damit gesetzten moralischen Ansprüche wird zum Programm erhoben.
In der traditionellen pädagogischen Zieldiskussion[199] fungierten moralische Prinzipien sowohl als Instanzen der Prüfung faktischer pädagogischer Abläufe wie auch ihrer Legitimation: Entwickelt an der Autonomie des Subjekts wurden sie einerseits verzeitlicht als Anspruch, dem jede Handlung zu folgen hat, soll

sie als 'pädagogisch' qualifizierbar sein; andererseits konnte das Handeln in diesem Falle ebenfalls als legitim gelten - vor dem Hintergrund einer Erziehung, die immer auch 'Bestimmung für Andere' einschließt. Pädagogische Zielvorstellungen dienten also nicht nur als Normen, an denen der Lehrer sich zu orientieren hat und zu deren Befolgung der Schüler befähigt werden soll; zugleich konnten sie als Kriterien (im Sinne der Ethik: als Prinzipien) an den faktischen Erziehungsprozeß und dessen Anspruch gelegt werden. Nur so, durch die Differenz von faktischer Normenbefolgung (etwa im geregelten Ablauf schulischer Sozialisation) und moralischen Prinzipien, war es überhaupt möglich, die faktisch geltenden Normen (beispielsweise den Zwang der Notengebung) unter pädagogisch-moralischen Gesichtspunkten zu kritisieren.

Wenn also einerseits durch die Unbegründbarkeit der Systemrationalität keine Geltungsansprüche gegenüber dem Funktionieren des sozialen Systems erhoben werden können, so stellt sich andererseits vor diesem Hintergrund die Frage bezogen auf das System Unterricht und seine Funktion des Erziehens, wie denn der Anspruch auf moralische Anerkennung, der mit der Interpenetration der Subjekte (Lehrer und Schüler) in dieses soziale System gegeben ist, so neutralisiert werden kann, daß er die Systemrationalität nicht zu problematisieren in der Lage ist. Luhmann lehnt die erwähnte Möglichkeit ab, diese Ansprüche ernstzunehmen und sie anhand von Kriterien (z.B. der Frage ihrer Universalisierbarkeit) zu prüfen: Eine solche Herangehensweise sei selbst moralisch und es komme darauf an, daß man die faktisch vorkommende Moral nicht auf ihren Geltungsanspruch prüft, sondern moralfrei auf ihre Funktion hin befragt[200]. Moral läßt sich dann im Kontext der mit der doppelten Kontingenz gesetzten Problematik sozialer Ordnung bestimmen als eine Möglichkeit der Reduktion dieser Komplexität. Sie kann als Faktor innerhalb der Systembildung betrachtet werden[201]. "Die Gesamtheit der faktisch praktizierten Bedingungen wechselseitiger Achtung oder Mißachtung macht die Moral einer Gesellschaft aus .. Moral ist also ein Codierprozeß mit der spezifischen Funktion, über Achtungsbedingungen Achtungskommunikation und damit ein laufendes

Abgleichen von Ego/Alter-Synthesen zu steuern"[202]. Mit der Bindung des Moralkonzepts an die doppelte Kontingenz und nicht an die Systemstruktur erreicht Luhmann eine Ebene, auf der sich beides denken läßt: die Autonomie des personalen Systems wie auch die Systemrationalität dieser Autonomie.
Moral muß, da nicht an die Systemstruktur gebunden[203], nicht auf die bloße Erfüllung von normativen Erwartungserwartungen eingeschränkt sein. Auch über unerwartetes, also nicht an die generalisierten Erwartungserwartungen gebundenes, Handeln kann man Achtung gewinnen[204]. Wichtig ist ebenfalls nicht der moralische Anspruch, sondern nur die (faktischen) Bedingungen seiner Anerkennung. "Zum Umgang mit Moral ist daher eine Metamoral erforderlich: Takt. Über die Moralisierung von Takt kann Moral reflexiv werden - nicht im Sinne einer weiteren Begründung ihrer Begründungen, sondern im Sinne einer Anwendung von Moral auf die Kontrolle der spezifischen Risiken der Moral selbst"[205]. Der Takt bildet demnach die moralisierten Bedingungen wechselseitiger Achtung ab. Achtung ist also nicht an den moralischen Konsens gebunden, auf den man sich als 'Prüfungsinstrument' zurückziehen könnte, sondern an die faktisch eingeübten Spielregeln taktvollen Miteinander-Umgehens. Es sind diese Spielregeln, die über die Zuteilung von Achtung entscheiden. Dies bedeutet auch, daß man die Zuteilung von Achtung gerade nicht mehr an die Anerkennung der Geltung der moralischen Ansprüche bindet. Man achtet jemanden auch dann - soweit er die Regeln des Taktes einhält -, wenn seine moralische Anschauung mit der eigenen unvereinbar ist. Dies ist selbst wiederum kein moralischer Widerspruch, wie er etwa in einer utilitaristischen Moral formulierbar wäre, sondern eine notwendige, empirisch immer irgendwie gelöste, Problematik, die überhaupt erst einen (systemfunktionalen) Ablauf der Interaktion gestattet.
Was problematisiert werden kann, sind nicht die Geltungsansprüche der Moral, sondern nur die Einhaltung der faktischen Bedingungen der Zuteilung von Achtung. Wenn Luhmann betont: "Achtungsbedingungen müssen themafähig und kommunizierbar bleiben. Man muß sich auf sie berufen können. Sie werden in der Gestalt von Normen oder Wertideen, Prototypen, Gleichnissen oder Bei-

spielen für ernste Kommunikation aufbewahrt"[206], so bedeutet diese Aussage keineswegs die kommunikative Prüfung moralischer Geltungsansprüche. Gemeint ist die Prüfung, ob die faktisch geübten Regeln der Gewährung von Achtung verletzt wurden oder nicht. Es geht um die bloße Übereinstimmung des konkreten Verhaltens mit den faktisch geübten Formen. Sollte sich also jemand taktlos verhalten und dem Anderen die Zuteilung von Achtung verweigern, weil er dessen moralische Position für untragbar hält, so geht es in der Kommunikation über Achtungsbedingungen nicht darum, ob der dahinter zu vermutende moralische Geltungsanspruch gerechtfertigt ist oder nicht, sondern nur darum, daß die faktischen Bedingungen der Zuteilung von Achtung, wie sie sich in den empirisch beobachtbaren Formen taktvollen Umgangs widerspiegeln, verletzt wurden oder nicht. Hier wird nur kontrolliert, ob Regeln eingehalten wurden.

Eine solche Position ist nur verständlich dann, wenn der moralische Anspruch der Person nicht konstitutiv ist für ihre Achtung. Der Takt reduziert sich im Kern auf die faktisch praktizierte Regel, daß man die Achtung einer Person nicht an ihre moralischen Ansprüche binden darf. Damit ist eine Subjektivierung moralischer Ansprüche in diesem Konzept vorausgesetzt - eine Subjektivierung, wie sie oben vor dem Hintergrund der Entwicklung der bürgerlichen Gesellschaft skizziert wurde. Die Achtung der Subjekte resultiert demnach aus der taktvollen Anerkennung ihres abstrakt-autonomen Charakters. Moralisch richtig verhält sich jemand, wenn er die üblichen Regeln des Taktes reproduziert: wenn er demnach Normen folgt, die zwar nicht unmittelbar zur Funktionserfüllung des Systems beitragen mögen, allerdings aber auf mittelbarem Wege zu dieser Funktionserfüllung notwendig, d.h. im Sinne des Systems rational sind. Moralische Achtung wäre damit nicht so sehr als ein Beitrag zur Stabilisierung der moralischen Position einer Person zu betrachten, sondern als Aspekt der Systemrationalität. Für das Subjekt akzeptabel wäre eine solche Achtung dann, wenn mit ihr zugleich seine moralischen Ansprüche anerkannt würden. Dies ist nach Luhmann dadurch möglich, daß das Hauptziel der Moral: Selbstbestimmung/Freiheit immer schon Voraussetzung der Achtung ist[207].

Freiheit ist hier nur ein anderes Wort für die Kontingenz des Handelns: Daß die Handlungen des Subjekts aus der Sicht Anderer letztlich unvorhersehbar sind, ist gleichbedeutend mit seiner Freiheit. Nun ist dies allerdings ein formaler Freiheitsbegriff, der bewußt die konkreten Bedingungen von Freiheit unter Systembedingungen ausklammert. Freiheit als Begriff wird hier weder sozial relationiert noch moralisch an Zielperspektiven gebunden, die ihr Wozu angeben: diese Probleme werden als subjektive abgeschoben.
Für den Erziehungsbegriff und seine Zurechnung zum sozialen System bedeutet dies, daß diese Funktion nicht durch Auseinandersetzung mit den Geltungsansprüchen der Handlungsweisen des Zu-Erziehenden erfüllt wird, sondern durch die Mehrheit der Perspektiven, die sich im Takt formal vermitteln, und die gerade aufgrund dieser formellen Vermittlung systemrational betrachtet werden können. Die Anerkennung der Freiheit, die in die Achtungsbedingungen immer schon eingeht, geschieht als formal-abstrakte und dies bedeutet zugleich: ohne Verbindlichkeit.
Da man dies auch für die Interaktionsteilnahme des Lehrers behaupten kann, sollte man nicht andere, inhaltliche Kriterien angeben, ist damit zugleich die Unverbindlichkeit seiner moralischen Ansprüche für den Zu-Erziehenden gesetzt: Taktvoll enthält er sich der Problematisierung von ihm als gefährlich angesehener moralischer Optionen von Kindern und Jugendlichen. Der historische Anspruch der Pädagogen, das Subjekt zur Mündigkeit zu erziehen und damit eine Verbesserung der Gesellschaft zu erreichen, verkehrt sich nun gegen diese Pädagogik, da der Anspruch angesichts der formalen Freiheit des Subjekts und der davon losgelösten Systemimperative nunmehr die eigene Unverbindlichkeit zum Ausgangspunkt nehmen muß. Es lassen sich allenfalls die faktischen Formen taktvollen Verhaltens als formale Kompetenzen anvisieren, die qua Unterricht als Systemprozeß praktisch eingeübt werden.
Das Problem einer solchen Konstruktion liegt jedoch offenbar darin, daß der harmonische Prozeß der formalen Vermittlung inhaltlich unterschiedlicher moralischer Ansprüche, der durch die Neutralisierung ihres Geltungsanspruchs zustandekommt, auch für

den Prozeß der Subjektwerdung bereits vorausgesetzt wird. Die so definierten Bedingungen der Achtung im Takt sind sowohl Ziel im Sinne ihrer Funktionalität für das soziale System bzw. für 'die' Gesellschaft als auch konstitutiv für das spezielle soziale System Unterricht, dessen Funktion in der Vorbereitung auf diese Gesellschaft und deren mit ihm nicht-identischen Subsysteme liegt. Hier kehren nun alle Probleme der Spezifizierung und Qualifizierung dieses Systems wieder. Wenn das taktvolle Verhalten schon hier stattfindet, warum dann noch von Erziehung reden? Wenn aber demgegenüber behauptet werden sollte, daß es die pädagogische Funktion des Interaktionssystems Unterricht sei, dieses taktvolle Verhalten einzuüben, da man dies nicht einfach voraussetzen könne - so kann diese Einübung, soll sie als Prozeß sinnvoll sein, nur darin bestehen, daß die Zu-Erziehenden lernen, taktvoll miteinander umzugehen, d.h. die Geltungsansprüche ihrer moralischen Vorstellungen zurückzunehmen, zu subjektivieren, und damit ihren eigenen moralischen Anspruch als unverbindlich zu begreifen. Ein solcher Prozeß ist allerdings nur möglich dadurch, daß man gegen diese Ansprüche vorgeht, sich mit ihnen, d.h. mit ihrem Geltungsanspruch auseinandersetzt, was wiederum das Konzept der Moral und der Systemrationalität sprengen würde. Man wäre auf Umwegen wieder beim traditionellen Erziehungsbegriff angelangt[208]. Das Subjekt soll lernen, daß seine Ansprüche an ein sinnvolles Leben dann geachtet werden, wenn sie adäquat dargestellt werden, nicht aber deshalb, weil sie sinnvoll sind. Sozialisationstheoretisch gesehen dürfte damit das Problem entstehen, wie aus einer so begründeten Achtung Selbstachtung entstehen kann. Diese kann sich nach dem skizzierten Modell nicht darauf stützen, was man vertritt, was man in seinen Handlungen ausdrückt, damit: wer man ist[209], sondern nur noch darauf, wie man sich darstellt.

Daß mit einer solchen Lernperspektive ebenfalls eine Wertung verbunden ist, eine normative Minimalperspektive, dürfte einsichtig sein. Allerdings wird diese bei Luhmann nicht explizit formuliert, was daran liegt, daß er eine solche Perspektive voraussetzen zu müssen glaubt, weil die Bedingungen der Achtung im Takt auch für die Schule erfüllt sein müßten. Luhmanns Theorie der Moral, die hier im Kontext des Konzepts der Systemrationalität entwickelt und auf das soziale System Unterricht übertragen wurde, erreicht ebenfalls nicht die Ebene einer Qualifizierung dieses Systems als eines ausdifferenzierten pädagogischen Subjekts. Auch hier wird, wie dies bereits am Beispiel des auf dem Interpenetrationsbegriff basierenden Sozialisationskonzept gezeigt wurde, einfach das, was erreicht werden soll, bereits vorausgesetzt: die Person als selbstreferentielles personales System, das sie (unter der formalen systemtheoretischen Perspektive) immer schon ist und immer bleibt. Wenn das Ergebnis von Erziehung ihr vorausgesetzt wird, dann erübrigt sich die Rede von Erziehung und damit auch ihre Legitimation. Da keine qualitative Spezifizierung von Kriterien der Veränderung des selbstreferentiellen personalen Systems angegeben werden kann, bleibt der Gegenstand 'Erziehung' für Luhmann immer wieder ungreifbar. Man könnte dies im Hinblick auf die weiter oben angestellten Überlegungen so verstehen, daß die aufgezeigte Einheit von Definition und Rechtfertigung der 'Erziehung' sich auch hier - allerdings im umgekehrten Sinne - als konstitutiv erweist: Weil Luhmann jede Rechtfertigungsproblematik aus der Gegenstandsdefinition, die ihm zur bloßen alternativen Zurechnung gerät, ausklammern möchte, ist er nicht in der Lage, diesen Gegenstand zu fassen. Das, was diesen Gegenstand qualifizieren könnte - und hier schließt sich der systemtheoretische Ansatz eigentlich nahtlos an die Problemstellungen der traditionellen Pädagogik an -, wird dadurch ausgeschlossen, daß der Kernpunkt der systemtheoretischen Überlegungen die Ausklammerung des Geltungsaspekts ist. Dies zeigt sich auch beim zweiten Versuch zur Zielproblematik - dem Versuch, traditionelle Zielvorgaben in ihrem Geltungsanspruch zu relativieren, sie als Kontingenzformeln zu verstehen.

Kontingenzformeln sind Leitideen des Erziehungssystems (wie auch anderer sozialer Systeme)[210]. Sie leisten im Hinblick auf die Funktion eines ausdifferenzierten sozialen Systems eine Begründung der Beziehung dieses Systems zum gesellschaftlichen Gesamtsystem (Funktion des ausdifferenzierten Systems), seiner

Bedeutung für andere Teilsysteme (seine Leistung beispielsweise zur Aufrechterhaltung der Wirtschaft) sowie seiner Selbstreflexion, indem eine Identität festgelegt wird[211]. Kontingenzformeln bestimmen damit zugleich die vom betreffenden System zu verarbeitende Kontingenz: Sie formulieren auf einer generellen Ebene Möglichkeiten, die im konkreten Prozeß respezifiziert, konkretisiert und handhabbar gemacht werden müssen. "Kontingenzformeln werden nicht beliebig geprägt. Die Bedingungen erfolgreicher Formulierungen sind durch ihre eigene Funktion vorgezeichnet. Sie müssen die Unbestimmtheit anderer Möglichkeiten einschränken - zum Beispiel durch Bewertung oder durch plausible Strukturen der Alternativität"[212]. Kontingenzformeln sind notwendig, weil die Ausdifferenzierung, also die Entstehung eines autonomen (hier: Erziehungs-) Systems, dieses nicht determiniert, sondern als autonomes setzt: In Abgrenzung zum Begriff der Determination gesellschaftlicher 'Subsysteme' durch gesamtgesellschaftlich relevante Widersprüche (Althusser) spricht Luhmann von einer Unterdetermination ausdifferenzierter Systeme[213]. Kontingenzformeln als Leitideen eines Systems haben daher gerade nicht die Funktion, eine (inhaltlich qualifizierte) Autonomie des Systems zu behaupten, sondern sie reagieren auf eine evolutionär entstandene Autonomie als "Notlage der Unterbestimmtheit"[214], die durch generelle Bestimmungen handhabbar gemacht werden soll.

Die Schnelligkeit des Prozesses der Ausdifferenzierung des Erziehungssystems, das immense Anwachsen möglicher Unterrichtsstoffe und die bleibende Relevanz anderer Erziehungsbereiche, machten es nötig, daß sich die Kontingenzformeln für das Erziehungssystem änderten. "Die Kontingenzformel lautet zunächst humane Perfektion, dann Bildung, dann Lernfähigkeit. Ein durchlaufendes Element im Wechsel dieser Kontingenzformeln ist das Einhalten einer Reflexionsebene, von der aus es möglich ist, das einfache Lernen und den Erwerb bloßer Kenntnisse abzuwerten. Erziehung wird damit als selektives Verfahren begründet. Dem dient im Kontext der Perfektion die Berufung auf Vernunft (raison), im Kontext von Bildung die Idee des Allgemeinen im Unterschied zum Besonderen (das allein gelernt werden kann) und im Kontext von Lernfähigkeit schließlich die Lernfähigkeit selbst, das heißt die anschließenden Lernmöglichkeiten, auf die es in allem Lernen letztlich ankommt .. Während humane Perfektion eine Formel ist, die Familienerziehung und Schulerziehung übergreift, gewinnt die Formel Bildung ihren spezifischen Gehalt durch die Voraussetzung eines besonderen Erziehungswertes der Wissenschaft. Lernfähigkeit formuliert eine Kondition, die vor allem auf spätere Verwendung im beruflichen Leben blickt und besagt, daß die Erziehung, was immer sie sonst mitgibt, vor allem zum Lernen von Lernfähigkeit führen müsse, um für jede spätere Lebenslage zu wappnen"[215].

Bezogen auf den pädagogischen Charakter des Systems Unterricht haben Kontingenzformeln somit eine doppelte Funktion: Sie geben Leitideen vor und damit dem Prozeß innerhalb des Systems einen Rahmen; zugleich grenzen sie Erziehung als spezifischen Vorgang gegenüber anderen Vorgängen (hier: dem bloßen reproduktiven Lernen) ab. Wichtig im vorliegenden Zusammenhang ist allerdings, daß Luhmann und Schorr diese Funktion nur als Funktion betrachten, also den qualitativen Charakter der Kontingenzformeln, ihre Adäquatheit oder den mit ihnen immer auch gegebenen Geltungsanspruch ausgrenzen. "Das Problem der Autonomie liegt daher nicht in der Rechtfertigung einer Zweckidee, sondern in der Ausfüllung eines durch Ausdifferenzierung konstituierten Spielraums"[216]. Von Bedeutung erscheint also nicht so sehr, welche Leitideen und Abgrenzungen von Erziehung vorgenommen werden, sondern daß sie überhaupt gegeben sind, da sie erst pädagogischen Sinn konstituieren.

Es gibt zwar die Möglichkeit, Kontingenzformeln in ihrer Geltung zu problematisieren, da ohne dies kaum die Ersetzung gegebener durch neue Kontingenzformeln vorstellbar wäre. Jedoch wird diese Problematisierung eben nicht - wie in der pädagogischen Tradition üblich - an die Problemstellung gebunden, was für das Kind gut und richtig sei, was also ihm und den eigenen moralischen Maßstäben gegenüber verantwortet werden kann, sondern was problematisiert wird, ist die Rationalität dieser Formeln für das soziale System: für seine Systemrationalität, die sich abbildet in den drei Bereichen Funktion, Leistung,

Reflexion. In diese Problematisierung des Systems geht das Kind als Umweltkriterium nicht ein. Die Problematisierung der Geltung von Kontingenzformeln erfolgt als Reaktion auf systemexterne Probleme. So ist der Übergang von der Kontingenzformel 'humane Perfektion' zu der der 'Bildung' bedingt durch die 'industrielle Revolution', die durch ihre "Bedingungen eines arbeitsteilig und schichtmäßig differenzierten Wirtschaftssystems -- dem ihr von außen angetragenen Ziel der Selbstverwirklichung des Menschen"[217] die Realisierung versagt. Die Folge ist (mit der Bildungsidee) eine Distanzierung von der Idee der Nützlichkeit und eine Hineinverlagerung der Arbeit in das Subjekt. Mit der zunehmenden Erkennbarkeit anderer Einflüsse auf die Entstehung des Subjekts verliert auch der Bildungsbegriff seine Schärfe[218]: Er wird inflationär gebraucht und daher untauglich zur Spezifizierung der Funktion des Erziehungssystems.

Wenn man einerseits davon ausgeht, daß Kontingenzformeln das Pädagogische der Schule über Leitideen und Abgrenzungen vorgeben, sowie andererseits voraussetzt, daß eine Problematisierung dieser Kontingenzformeln anhand externer Kriterien erfolgt, daß also das Pädagogische beispielsweise durch wirtschaftliche Einflüsse bedingt neu formuliert werden muß, kann man dann behaupten, daß mit solchen Formeln das Pädagogische des Unterrichts als seine genuine Funktion hinreichend begründet ist? Diese Frage ist eigentlich zu bejahen - solange man auf einer abstrakten Ebene bleibt, also auf einer Ebene, auf der das System nicht handelt. Sobald man aber an die notwendige Respezifizierung, die konkrete Ausfüllung dieser Kontingenzformeln im Sinne einer praxiskonstituierenden Funktion, herangeht, ergeben sich Probleme, die die Qualifizierung der Handlungen 'des' Unterrichts als Erziehung betreffen. Wenn externe Faktoren eine systeminterne Revision der Kontingenzformeln bewirken können, so ist offensichtlich vorausgesetzt, daß das, was im System faktisch geschieht, im Einklang steht mit dem in den Kontingenzformeln gegebenen Programm. Externe Reaktionen beziehen sich auf den Output, also die faktischen Wirkungen des Systems, nicht auf Kontingenzformeln, die bloße Leitideen ohne

jegliche praktische Relevanz wären. Es wird damit vorausgesetzt, daß die Respezifizierung der Kontingenzformeln problemlos geschieht, d. h. aber auch, daß die Handlungen des Systems, die als Erziehung bezeichnet und qualifiziert werden können, innerhalb des durch die Kontingenzformeln gesetzten Spielraums verbleiben. Es taucht also nicht das Problem auf, ob bestimmte Handlungsvollzüge des Systems gemäß dem allgemeinen Sinnhorizont, wie er durch Kontingenzformeln gesetzt ist, als Erziehung anerkannt werden können oder nicht. Dieses Legitimationsproblem angesichts faktischer Handlungsvollzüge stellt sich deshalb nicht, weil das Verhältnis von Leitidee und Respezifizierung als unproblematisch vorausgesetzt wird.
Diese Entproblematisierung der konkreten Qualifizierung von Handlungen als 'erziehen' ist theorietechnisch dadurch bedingt, daß Kontingenzformeln gerade nicht als Legitimationsformeln für konkrete Handlungen eingeführt werden, nicht als Zweckideen, die konstitutiv wären für die Wahl der Mittel zu ihrer Erreichung. Kontingenzformeln können daher auch ihre Respezifizierung (etwa in Lehrprogramme) nicht legitimieren: Sie sind dieser zwar vorausgesetzt, indem sie allgemeine Leitideen von Erziehung entwickeln; wie diese aber praktisch umgesetzt werden, ist keine Frage der Berufung auf sie, sondern eine praktische Frage, die unterschiedlich gelöst werden kann, ohne sich damit als Mittel zur Erlangung dieser Leitideen zu qualifizieren. Andererseits setzt aber gerade die Erklärung der Änderung von Kontingenzformeln voraus, daß die Respezifizierung mit diesen übereinstimmt, da man sonst unter geänderten historischen Bedingungen nur die Respezifizierungen, nicht aber die Kontingenzformel austauschen müßte. Wenn man aber die Kontingenzformel nicht nur in ihrer Funktion nach außen, sondern auch in ihrer Funktion nach innen - bezogen auf die Identitätsreflexion des sozialen Systems, die sich faktisch reproduzieren muß - betrachtet, so kann sie diese nur wahrnehmen als Orientierungspunkt für konkrete Praxis. Dieser Orientierungspunkt ist aber nur dann nicht problematisch, wenn der Ablauf selbst problemlos ist, d.h. wenn die Faktizität des konkreten prozessualen Geschehens mit der Leitidee, mit der qualifizierenden

und abgrenzenden Kontingenzformel, übereinstimmt. Dies wäre allerdings eine idealistische Position, die die Übereinstimmung von Idee und Realität behaupten würde - eine Position, gegen die sich die These, daß in der Schule erzogen wird, aber nicht so wie gedacht, als theorieimmanenter Gegensatz ausspielen läßt.

Die Systemrationalität, die als Konzept gerade die Theorien der Subjekte von Erziehung als gegenüber dem faktischen Prozeß, der sich hinter ihrem Rücken durchsetzt, irrelevant erweisen und damit auch die Bemühungen um Qualifizierung ihrer Handlungen als Erziehung ausklammern wollte, läßt sich auf dem Wege über Kontingenzformeln so kaum als Qualifizierung dieser Handlungen begreifen. Das kritisierte Konzept der Systemrationalität wird so nur auf eine 'höhere Stufe' gestellt - um den Preis, daß der behauptete Zusammenhang als systemrationaler nicht einmal mehr problematisiert werden kann. Die Qualifizierung von faktischen Handlungsprozessen als 'Erziehung' auf diesem Wege muß als gescheitert angesehen werden: Offensichtlich verweist diese Aufgabe auf ein über die funktionale Betrachtung hinausgehendes Verständnis von 'Kontingenzformeln' als auch 'Zweckideen' bzw. zumindest: als auch Legitimationsfaktoren, deren Respezifizierung das Legitimationsproblem auf der konkreten Handlungsebene nicht löst, sondern allenfalls verschärft. Dies war ja auch der Tenor der Bemühungen um eine Konkretisierung/Verzeitlichung von Erziehungszielen, wie sie an den Ansätzen Schleiermachers und Diltheys anschaulich gemacht wurden[219].

III.2.3. EXKURS ZUM BEGRIFFSPAAR: SYSTEM UND LEBENSWELT

Luhmanns Theorie der Erziehung und Sozialisation geht aus von der These, daß im Rahmen der Institution Schule Prozesse ablaufen, die über den Kopf bzw. die subjektiven Intentionen der Beteiligten hinweg Sozialisationsergebnisse erzielen, die diesen Intentionen konträr zuwiderlaufen können. Die Konsequenz, die Luhmann daraus zieht, ist dahingehend, daß eben diese subjektiven Intentionen und der mit ihnen verbundene Geltungsanspruch aus der Theorie der Sozialisation und Erziehung ausgeklammert werden. Es wird eine Übereinstimmung der Systemrationalität mit der Konstitution des Subjekts behauptet. Daß diese Übereinstimmung nur behauptet werden kann, ohne daß Kriterien angegeben werden könnten, die die Systemrationalität auf diese Funktion hin spezifizieren könnten, wurde eingehend aufgezeigt. Gegen diese Gleichsetzung von Systemrationalität und Konstitution der Subjekte sind auch von anderer Seite Einwände formuliert worden, die nicht so sehr auf sozialisations- bzw. erziehungstheoretische Konsequenzen hinweisen, sondern die Unvereinbarkeit von System- und Sozialintegration betonen. Hervorgehoben wird also die Unvereinbarkeit der Faktoren, die ein soziales System integrieren, mit denjenigen, die eine Vergesellschaftung der Subjekte bedingen. Es wird zu fragen sein, inwieweit sich diese begriffliche Unterscheidung fruchtbar machen läßt für eine adäquatere Fassung des Erziehungsbegriffs.

"Gesellschaftliche <u>Systemintegration</u> meint eine über <u>Leistungen</u> vermittelte Interdependenz zwischen Teilsystemen des Gesellschaftssystems, so daß eine je nach Differenzierung und Medien charakteristische Interdependenz der Teilsysteme gesichert ist (a), so daß der Systembestand (Sollwert) gegenüber einer äußeren und inneren Umwelt behauptet werden kann (b) und teilsystemspezifische Strukturen (z.B. Organisationen) relativ erhalten bleiben (c)"[220]. Es sind damit auch die Punkte genannt,

die (oben bezogen auf das Erziehungssystem) als Funktion, Leistung und Reflexion die Kriterien dafür abgaben, daß systemische Abläufe als rational rekonstruiert werden konnten. Demgegenüber wird nun betont, daß die Konstitution der Subjekte wie auch ihre damit zusammenhängende Integration in gesellschaftliche 'Subsysteme' mit diesen Kategorien nicht zu erfassen ist, sondern daß man hierzu auf den sozialen Kontext, wie er als sinnhafter und normativer für die Perspektive der Subjekte gegeben ist, zurückgreifen muß. Die soziale Integration der Subjekte wird nun nicht so sehr durch die Strukturen systemischer Abläufe determiniert, als durch die 'Strukturen der Lebenswelt', innerhalb derer die Verständigung der Subjekte möglich ist. 'Lebenswelt' wäre demnach (aufgrund ihres 'transzendentalen' Status) eine letzte Reduktion von 'Weltkomplexität', die den Sinnhorizont aller möglichen Verständigungen innerhalb der Sozialform, auf die sie konkret bezogen werden kann, konstituiert. Allerdings bezieht sich die Lebenswelt in dieser Funktion nicht auf systemische Abläufe, sie konstituiert keine Systemstrukturen, sondern sie ist Garant für die Möglichkeit einer Koordinierung sozialer Handlungen auf der Grundlage von normativen Vorverständnissen und Verständigungsprozessen; sie gibt den Rahmen vor, innerhalb dessen Welt- und Selbstverständnis diskutabel sind, d.h. Geltungszusammenhänge problematisch werden und verhandelt werden können. "Die Strukturen der Lebenswelt legen die Formen der Intersubjektivität möglicher Verständigung fest. Ihnen verdanken die Kommunikationsteilnehmer die extramundane Stellung gegenüber dem Innerweltlichen, über das sie sich verständigen können. Die Lebenswelt ist gleichsam der transzendentale Ort, an dem sich Sprecher und Hörer begegnen; wo sie reziprok den Anspruch erheben können, daß ihre Äußerungen mit der Welt (der objektiven, der sozialen oder der subjektiven Welt) zusammenpassen; und wo sie diese Geltungsansprüche kritisieren oder bestätigen, ihren Dissens austragen und Einverständnis erzielen können"[221].
Das Konzept der Lebenswelt gibt damit zugleich Bedingungen intersubjektiver Verständigung an wie den Ort, an dem diese stattfindet. Es ist der Ort, der aus der Systemtheorie ausgegrenzt

bzw. durch sie integriert werden sollte: der Ort, an dem individuelle Perspektiven als subjektive mit einem sozialen Geltungsanspruch auftreten können, und wo dieser Anspruch in seiner sozialen Relevanz anerkannt und diskutiert werden kann. Subjektivität und eine (als Kultur definierte) Objektivität haben in ihr das Vermittlungsmedium. Sie ist damit zugleich als Medium gesetzt, das den Zusammenhang von Subjekt und sozialem System gerade dadurch gewährleistet, daß es Geltungsprobleme miteinbezieht: Die Lebenswelt ermöglicht vor einem gemeinsamen Sinnhintergrund die Qualifizierung sozialer Beziehungen als legitim, wobei sich diese Legitimation an dem gängigen Selbstverständnis der gesamtgesellschaftlichen Ordnung, ihrer durchgesetzten Legitimation ausrichtet. Damit ist zugleich die Dimension bezeichnet, in der nicht nur gesellschaftliche 'Rollen' gelernt werden, sondern zugleich (über die Auseinandersetzung mit Geltungsansprüchen) eine ihnen (über Subjektivität vermittelte) adäquate Motivation aufgebaut werden kann, die als ein Indikator für die Vermittlung von Subjekt und sozialem System gelten kann, an der sich eine soziale Identität des Subjekts erst bilden kann. Das Konzept der Lebenswelt schafft somit Raum für eine Reformulierung des Sozialisationstheorems. "Die kulturelle Reproduktion der Lebenswelt stellt sicher, daß in der semantischen Dimension neu auftretende Situationen an die bestehenden Weltzustände angeschlossen werden; sie sichert die <u>Kontinuität</u> der Überlieferung und eine für die Alltagspraxis jeweils hinreichende <u>Kohärenz</u> des Wissens. Kontinuität und Kohärenz bemessen sich an der <u>Rationalität</u> des als gültig akzeptierten Wissens. Das zeigt sich bei Störungen der kulturellen Reproduktion, die sich in einem Sinnverlust manifestieren und zu entsprechenden Legitimations- und Ordnungskrisen führen .. Die soziale Integration der Lebenswelt stellt sicher, daß neu auftretende Situationen in der Dimension des sozialen Raumes an die bestehenden Weltzustände angeschlossen werden: sie sorgt für die Koordinierung von Handlungen über legitim geregelte interpersonale Beziehungen und verstetigt die Identität von Gruppen in einem für die Alltagspraxis hinreichenden Maße. Dabei bemessen sich die Koordinierung von Handlungen und die

Stabilisierung von Gruppenidentitäten an der Solidarität der Angehörigen. Das zeigt sich bei Störungen der sozialen Integration, die in Anomie und entsprechenden Konflikten zur Erscheinung kommen .. Die Sozialisation der Angehörigen einer Lebenswelt stellt schließlich sicher, daß neu auftretende Situationen in der Dimension der historischen Zeit an die bestehenden Weltzustände angeschlossen werden: sie sichert für nachwachsende Generationen den Erwerb generalisierter Handlungsfähigkeiten und sorgt für die Abstimmung von individuellen Lebensgeschichten und kollektiven Lebensformen. Interaktive Fähigkeiten und Stile der Lebensführung bemessen sich an der Zurechnungsfähigkeit der Personen. Das zeigt sich bei Störungen des Sozialisationsvorgangs, die sich in Psychopathologien und entsprechenden Entfremdungserscheinungen manifestieren"[222].
Bezogen auf Luhmanns Ausgangsthese, daß systemische Abläufe über die Köpfe der Beteiligten hinweg sozialisieren, scheint hier das genaue Gegenteil seiner Argumentation vorzuliegen.
Wie Habermas selbst sieht, geht ein solches lebensweltliches Sozialisationskonzept von der Fiktion eines autonom Handelnden, einer (von Systemimperativen) unabhängigen Kultur und der Durchsichtigkeit von Kommunikation aus: "ausgeblendet werden alle kontraintuitiven Aspekte des gesellschaftlichen Reproduktionszusammenhangs"[223]. Es stellt sich damit die Frage, wie das Verhältnis von System und Lebenswelt begriffen werden muß, damit eine 'realistische' Sozialisationskonzeption möglich wird, an die hier zugleich der Anspruch gestellt werden soll, daß sie relevant für eine Reformulierung pädagogischer Perspektiven sein sollte. Man steht mit dieser Problemstellung indirekt wieder bei der Frage, wem denn nun Sozialisations- und Erziehungswirkungen zuzurechnen sind.
Habermas beschreibt das Verhältnis von System und Lebenswelt zum einen evolutionstheoretisch als eine zunehmende Verselbständigung beider gegeneinander[224], damit zugleich auch als eine zunehmende Verselbständigung der diese tragenden Rationalitätskonstrukte: Der Abkoppelung der Systemstrukturen von der Lebenswelt und ihrer damit gesetzten Unabhängigkeit von individuellen Motiven und Sinndeutungen (ihrer Systemrationalität)

entspricht auf der anderen Seite eine weitgehend von Systemimperativen 'entlastete' kommunikative Rationalität, die sich im Medium des Diskurses als Garant universalisierbarer Norm- und Sinnentscheidungen darstellt. Man kann diese Verselbständigung beider Bereiche gegeneinander zurückführen bis zur anthropologischen Differenz der Logik von instrumentellem und kommunikativem Handeln[225]. Beide Bereiche verlangen eine eigenständige methodologische Perspektive, die Habermas als die von innerer und äußerer Betrachtung angibt[226]. Die letztlich auf dem Verhältnis Gattung - Natur und demjenigen zwischen Menschen beruhende Trennung von Arbeit und Interaktion bei Habermas, deren Entwicklungslogik sich im Laufe der Evolution als eine der 'Entkoppelung' erwies, wobei deren Rationalität qua Handlungsvollzug von Beginn an als einer unterschiedlichen Logik unterworfen betrachtet werden muß, sowie die beiden Bereichen entsprechende methodologische Unterscheidung von objektiver Rekonstruktion der Funktionslogik von Systemen und der an die subjektive Perspektive der Beteiligten anknüpfenden Rekonstruktion der Konstitutionsbedingungen intersubjektiv-sinnhaft normierter Lebensverhältnisse - diese beiden Faktoren legen folgende Konsequenz nahe: "seine Fassung dieser beiden Praxisdimensionen reduziert einerseits das Verhältnis zwischen Mensch und Natur auf den Spezialfall eines generellen Austauschmusters zwischen System und Umwelt, andererseits das Verhältnis zwischen Menschen in der Gesellschaft auf stufenweise Annäherungen an die universalistischen Normen der Interaktion"[227].
Einem solchen Verständnis versucht Habermas nun durch eine zweite Perspektive auf das Verhältnis von System und Lebenswelt entgegenzutreten, die die evolutionäre Verselbständigung beider gegeneinander als Problem faßt. Dies geschieht nicht (und kann vor dem Hintergrund der Trennung von Arbeit und Interaktion nicht geschehen) als eine generelle Problematisierung dieser Verselbständigung, sondern als eine Kritik an trotz dieser Verselbständigung bestehenden Determinationen der Lebenswelt durch das System. Zwar akzeptiert Habermas ein Determinationsverhältnis von System und Lebenswelt derart, daß evolutionäre Fortschritte im Bereich von Systemproblemen festzumachen

sind, daß diese aber auch im Bereich der Lebenswelt 'verankert' werden müssen, also diese verändern müssen, sollen sie sich durchsetzen. "Die Anstöße für eine Differenzierung des Gesellschaftssystems gehen vom Bereich der materiellen Produktion aus. Deshalb können wir den institutionellen Komplex, der jeweils den evolutionär führenden Systemmechanismus in der Lebenswelt verankert und damit den Spielraum der in einer Gesellschaftsformation möglichen Komplexitätssteigerung umschreibt, als 'Basis' verstehen"[228]. Dieses Determinationsverhältnis darf aber nicht so weit gehen, daß die lebensweltliche Kommunikation durch Systemprozesse ersetzt wird - auch wenn in eingegrenzten Bereichen systemische Kommunikationsmedien wie Geld oder Macht intersubjektive Verständigung zu ersetzen oder überflüssig zu machen scheinen. Habermas' Kritik setzt denn auch genau dort ein, wo systemische Zwänge die "kommunikativ strukturierte Lebenswelt <u>instrumentalisieren</u>"[229].
Hatte die Entkoppelung von System und Lebenswelt es möglich gemacht, beides relativ unabhängig voneinander zu rationalisieren, eine Komplexitätssteigerung durch Systemdifferenzierung auf der einen Seite und eine kommunikative Selbstvergewisserung auf der anderen Seite (die auch eine Reflexion auf die Strukturen der Lebenswelt als transzendentale Bedingung von Verständigung einschloß), so scheint für Habermas nun der Punkt gegeben zu sein, an dem sich Systemimperative auf die Lebenswelt destruktiv auswirken. "Die Systemtheorie behandelt sozial- und systemintegrative Leistungen als funktionale Äquivalente und begibt sich des Maßstabes kommunikativer Rationalität. Ohne ihn können Komplexitätssteigerungen, die <u>auf Kosten</u> einer <u>rationalisierten</u> Lebenswelt erzielt werden, nicht <u>als</u> Kosten identifiziert werden"[230].
Nicht die Verselbständigung von Systemstrukturen ist also Ansatzpunkt der Auseinandersetzung, sondern die Kritik findet ihren Gegenstand erst dann, wenn diese Verselbständigung sich auswirkt auf den Vollzug kommunikativer Rationalität, indem sie sich "der Form der Intersubjektivität möglicher Verständigung bemächtigt"[231], indem sie also die universalen Formprinzipien kommunikativer Rationalität durch ihren Einfluß destruktiv

verformt. Das universalpragmatisch formulierte Kommunikationsmodell rationaler Verständigung ist als Prüfkriterium für eine Systemrationalität also nur insoweit geeignet, als diese seinen, in einem idealen Vorgriff abgegrenzten Bereich zu beeinflussen droht. Daß die Verselbständigung von Systemstrukturen selbst eine Geltungsfrage ist - diese Problematik scheint sich von hier aus nicht mehr zu stellen , da dieser Bereich nicht der kommunikativen Rationalität, sondern dem instrumentellen Handeln und der diesem korrespondierenden Systemrationalität zugeteilt wurde. Die Geltung der Verselbständigung von Systemstrukturen in Frage zu stellen, scheint nur dann möglich, wenn man die dem System zugerechneten Handlungen wieder auf die Subjekte zurückbezieht - als möglicherweise ihrer Subjektivität enteignete. Dies allerdings bedeutet, daß eine Zurechnung von Handlungen zum sozialen System kaum denkbar ist in dem Sinne, daß man sagt: Das soziale System handelt. Man kann allenfalls davon reden, daß eine Person sich systemrational verhält, wobei diese Handlungsweise immer noch dialektisch betrachtet wird, indem der individuelle Anteil bei der Zurechnung zum Allgemeinen mitgedacht wird, indem die Handlungsweise also als 'besondere' erscheint. Selbst als Materialisation gesellschaftlicher Verhältnisse bleibt diese Handlung immer auch die Objektivation des Einzelnen[232]. Erst durch die Berücksichtigung des subjektiven Anteils auch an als 'kontraintuitiv' zu bezeichnenden systemischen Abläufen wird es möglich, 'Kosten' auch im Bereich der 'instrumentellen Tätigkeiten' festzumachen.
Wenn man beispielsweise in der Schule davon reden kann, daß durch die Form der Aneignung von Lerninhalten (Fremdbestimmtheit von Inhalten, Nicht-Entziehbarkeit, Kontrolle geregelter Aufnahmebedingungen beim Schüler usw.) sowie ihrer 'Verwertung' (Quantifizierung von Qualität in der Notengebung, abstrakte Vergleichbarkeit, Entsubjektivierung der subjektiven Vergegenständlichung usw.) Lernprozesse stattfinden, die gesellschaftlich funktional sind, aber über den Kopf und gegen die pädagogischen Intentionen des Lehrers sich durchsetzen, so wird man dennoch nicht übersehen, daß es der Lehrer mit seinen Handlungen (mitteilen, disziplinieren, benoten usw.) ist, der dies

durchsetzt. Gemäß der Luhmannschen Trennung von Unterricht als Organisations- und Interaktionssystem könnte die Kritik also erst dort einsetzen, wo das Interaktionssystem durch die Organisationsstrukturen in seiner als kommunikativ unterstellten Rationalität beeinträchtigt würde. Es ist nur konsequent, wenn Habermas als Beispiel für das Übergreifen der Systemrationalität auf lebensweltliche Zusammenhänge im schulischen Raum die Verrechtlichung, also die allgemeine Normierung intersubjektiver Verhältnisse angibt[233]. Im Dual von Lebenswelt und System ist letzteres, soweit es sich auf den instrumentellen Bereich beschränkt, unproblematisch. Erst die Verrechtlichung von als intersubjektiv unterstellten kommunikativen Bezügen führt zum Protest: dies aber auch nur deshalb, weil vorher der Sozialisationsbereich einseitig dem kommunikativen Handeln zugeschlagen wurde. Daß die Aneignungskapazität des Schülers durch die Form und die Inhalte, die strukturellen Erfordernissen weitgehend angepaßt sind, deformiert wird, liegt außerhalb der Betrachtungsweise einer solchen Sozialisationskonzeption.

Wenn das Lebensweltkonzept zunächst so erschien, als würden von ihm die von der Systemtheorie unberücksichtigt gelassenen subjektiven Momente und mit ihnen das Problem der Geltung als funktional gesetzter Systemprozesse, die gerade als unabhängig von subjektiver Problematisierung gesetzt wurden, gegen diese zur Geltung gebracht, so läßt sich nun feststellen, daß die Subjektivitäts- und Geltungsproblematik auf den Lebensweltbereich beschränkt bleibt. Hier wird nur versucht, dem Subjekt und seinem Anspruch auf eine intersubjektiv als sinnvoll zu begründende Lebensform einen Raum gegen die verselbständigte Systemlogik zu erhalten. Von hier aus wäre eine pädagogische Perspektive - auf der Basis des lebensweltlichen Sozialisationsbegriffs - wieder nur als diejenige möglich, die von der Systemtheorie mit Recht als eine kritisiert wurde, die gegenüber systemisch induzierten Wirkungen blind bleibt. Eine solche pädagogische Perspektive läßt sich nur dadurch überwinden, daß nicht nur die mit ihr als übereinstimmend betrachteten Handlungen ins Blickfeld geraten, sondern zugleich auch diejenigen Handlungen, die man im Sinne der Aufrechterhaltung des sozialen Systems als rational bezeichnen kann. Erst dadurch, daß sich das pädagogische Subjekt auch diese 'Materialisationen von Systemimperativen' als eigene Objektivation zurechnet, ist es in der Lage, die von Luhmann postulierte Funktion der pädagogischen Problematisierung dieser Imperative wahrzunehmen und korrigierende Schritte einzuleiten.

Pädagogisches Handeln läßt sich so weder über seine Identifizierung mit Systemprozessen begreifen, die nur Systemzwecke als pädagogisch relevant gelten läßt, noch über seine Subjektivierung, wie sie im Lebensweltkonzept impliziert ist. Beide Konzeptionen werfen die Legitimationsproblematik erneut auf: Erziehung geht weder in der Systemrationalität noch in der kommunikativen Rationalität auf, sie verlangt zu ihrer Identifizierung die Vermittlung subjektiver Ansprüche an objektive Bedingungen wie umgekehrt dieser objektiven Bedingungen an subjektive Ansprüche. Damit ist das Legitimationsproblem nicht gelöst, vielleicht aber - soweit eben mit diesen objektiven Bedingungen historisch-sozialstrukturelle Verhältnisse innerhalb von Erziehungsinstitutionen gemeint sind - auf eine neue Ebene gestellt. Sollte auch hier ein neues theoretisches Instrumentarium entwickelt werden, stellt sich das Problem pädagogisch qualifizierter Herrschaft, der Sinn- und Wertsetzung für Andere, auch weiterhin.

Für das weitere Vorgehen ergibt sich aus dieser gestuften Problematik, daß zunächst eine Auseinandersetzung mit der Konzeption Luhmanns und Schorrs zur Erfassung subjektiver und objektiver Faktoren bei der Erziehung als 'Wirkungszusammenhang', als Technologie, sinnvoll ist, bevor das Problem der Resymmetrisierung der Funktionsasymmetrie (diesmal unter dem speziellen Aspekt des sozialen Verhältnisses von Erzieher und Zögling) diskutiert wird.

IV. PÄDAGOGIK ZWISCHEN TECHNOLOGIE UND RECHTFERTIGUNGSPROBLEM

Festzustellen, was Erziehung meint, scheint deshalb schwierig, weil mit dieser Feststellung die Interpretation von Handlungsweisen gemeint ist, die sich zugleich als Interpretation und als Rechtfertigung von Herrschaft begründen muß. Damit diese Begründung nicht nur im moralisch-ethischen Bereich angesiedelt wird, hat man seit jeher versucht, Kriterien für die Interpretation einer Handlungsweise als Erziehung auch im empirisch nachprüfbaren Bereich anzugeben. Dabei bot sich einmal der Hinweis auf die Wirkungen, das durch Erziehung Bewirkte, und zum anderen auf die Absichten des Erziehers an. In der theoretischen Perspektive auf die Praxis mag sich dabei die Frage zuerst aufdrängen, wie die empirischen Absichten der Erzieher mit den Definitionskriterien von Erziehung in Einklang gebracht werden können bzw. wie man es bewerkstelligt, daß die Wirkungen mit den Absichten übereinstimmen. Nimmt man gegenüber dieser Problematik einen metatheoretischen Standpunkt ein, so zeigt sich, daß Intention und Wirkung (sowohl wenn man unterstellt, daß sie adäquat bezogen aufeinander sind, wie auch, wenn man davon ausgehen muß, daß zwischen ihnen ein 'Bruch' besteht[1]) nicht nur unter Effektivitätsgesichtspunkten für die pädagogische Theoriebildung von Bedeutung sind, sondern auch unter dem Aspekt, daß sie als empirische Sachverhalte zugleich Prüfkriterien sind für den Rechtfertigungsanspruch pädagogischer Theorien. Die Frage, ob eine unterstellte (als pädagogisch qualifizierte) Absicht überhaupt angesichts komplexer Situationen mit empirischen Absichten korrespondieren kann, sowie diejenige, ob beabsichtigte Wirkungen erzielt werden können - diese Fragen zielen nicht nur auf technische Probleme, sondern zugleich auf eine Problematisierung des mit dem Erziehungskonzept verbundenen Geltungsanspruchs, der immer auch Rechtferti-

gungscharakter hat. Man kann dies auch so formulieren, daß eine Diskussion über empirische Absichten und Wirkungen bereits eine Qualifizierung von Erziehung voraussetzt, die es erst ermöglicht, über diese Sachverhalte als 'pädagogische' zu reden.
Vor diesem Hintergrund wird man vermuten können, daß es Luhmann und Schorr Schwierigkeiten machen wird, das 'Technologieproblem'in der Pädagogik angemessen zu diskutieren, da es ihnen auf der Gegenstandsebene nicht gelungen ist, Erziehung als Systemprozeß zu spezifizieren. Es wird daher zu prüfen sein, inwieweit ihre Diskussion des 'Technologieproblems', die zunächst bei den Wirkungen ansetzt, der Spezifität pädagogischer Handlungsweisen gerecht wird - dies sowohl, was die Problemstellung, als auch, was die Lösungsperspektiven angeht, die die Feststellung bloßer Systemrationalität pädagogischer Handlungen konkretisieren müßte.
Bevor darauf näher eingegangen wird, möchte ich zunächst die angedeuteten Probleme aus der Sicht der traditionellen pädagogischen Theoriebildung zu verdeutlichen versuchen.

IV.1. ABSICHT UND WIRKUNG: DAS PROBLEM DER KONTINUITÄT ALS RECHTFERTIGUNGSKRITERIUM VON ERZIEHUNG

Erziehung, so wurde im dritten Kapitel aufgezeigt, ist keine Bezeichnung für eine bestimmte, empirisch beobachtbare Handlung, sondern für eine Vielzahl sehr unterschiedlicher Handlungen, denen pädagogische Qualität zugeschrieben wird. Hinzu kommt noch, daß man bei einer solchen Handlung (wie z.B. beraten, ermahnen, strafen usw.) darüber streiten kann, ob man sie als Erziehung bezeichnen will oder nicht: Das deutlichste Beispiel eines solchen Streites ist zweifellos das Problem der Strafe. Erziehung, so wurde gesagt, bedeutet eine Qualifizierung von Handlungen (und Ereignissen), die an bestimmte Kriterien gebunden ist. Gerade diese Kriterien aber, so zeigte sich ebenfalls, sind selbst nicht eindeutig verwendbar: Die Vermittlung von Wertvollem beispielsweise erwies sich bei der Diskussion der Zielproblematik als schwieriges Problem der Rechtfertigung. Ebenso wurde bereits im dritten Kapitel die Abgrenzung von anderen 'Formwandelphänomenen' (Lochner) problematisch.
Als ein weiteres mögliches Abgrenzungskriterium gegenüber anderen Prozessen bietet sich daher vielleicht eher eine empirische Markierung von Anfang und Ende der Erziehung an, wobei man den den Anfang in der Absicht des Erziehers, pädagogisch zu handeln, und das Ende in den von ihm erzielten Erziehungswirkungen, einem Zustand des Erzogen-Seins, sehen könnte. Solche Versuche verweisen auf ein weiteres Problem, das in diesem Zusammenhang ebenfalls (neben der Identifikation des Erziehens) gelöst werden müßte: dasjenige des Prozeßcharakters von Erziehung. Erziehung wird kaum als ein einzelner zeitlich klar begrenzter Akt gedacht, sondern eher als übergreifender Handlungszusammenhang, in dessen Rahmen sich viele Einzelhandlungen einfügen. Dabei wird durchaus die Möglichkeit einbezogen, daß dieser in der Zeit

ablaufende Prozeß unterbrochen werden kann: Das Verhältnis Eltern - Kind ist neben Handlungen und Prozessen, die als pädagogisch bezeichnet zu werden pflegen, ebenfalls konstituiert durch eine Reihe anderer Prozesse, die vielleicht ebenfalls eine Wirkung auf das Kind ausüben - aber keine intendierte.
Die Frage, die sich damit an eine Erziehungsdefinition stellt, die Anfang und Ende des Prozesses als Kriterium in den Vordergrund rückt, ist die, wodurch denn die Kontinuität des Gesamtprozesses 'Erziehung' gewährleistet ist. Bevor ich auf diese Probleme solcher Absichts- und Wirkungskonstrukte von Erziehung eingehe, möchte ich daher die prägnante Darlegung des Problems der Kontinuität und damit auch die Abgrenzung von Erziehung gegenüber anderen zur gleichen Zeit stattfindenden oder zeitlich dazwischen geschobenen Prozessen durch Rudolf Lochner aufgreifen.
Die Schwierigkeiten Lochners, seinen intentionalen Erziehungsbegriff von anderen 'Formwandelphänomenen' (vor allem der Prägung) abzugrenzen, die durch seine empirisch-deskriptive Orientierung offenbar wurden, sind bereits im dritten Kapitel dargelegt worden. Erziehung und Prägungsvorgänge wurden als empirisch immer ineinander verflochten, qualitativ umschlagend eines in das andere, sich auch möglicherweise in ihren Wirkungsweisen widersprechend gedacht[2]. Die Frage nach der Wirksamkeit dieser unterschiedlichen, aber aufeinander bezogenen Prozesse, wie also diese ineinander verwobenen Prozesse in ihrer zeitlichen Wirkungsweise identifizierbar sind, motiviert Lochner zur Problematisierung der Stetigkeits-Annahme pädagogischer Theorien: "Der Gedanke der <u>Gleichmäßigkeit</u> und der <u>Stetigkeit</u> durch mehr oder weniger längere Zeiträume hindurch ist bisher wenig überprüft worden. Weder die alten Hofmeister noch die Schullehrer aller Zeiten, aber auch nicht die Erzieher in einer Familie können sich ihres gesamten außererzieherischen Verhaltens so völlig entäußern, daß sie in gleichmäßiger Energie ihr erzieherisches Handeln durch längere Zeiträume hindurch bedachtsam und intensiv aufrechtzuerhalten vermögen. Alles Erziehen, wo immer es sich ereignet und unter welchen Umständen es ablaufe, erfolgt in 'Stößen' oder 'Schüben' (bzw., wenn man ein ganz

modernes Wort gebrauchen will, in 'Quanten')"[3]. Die Diskontinuität des Erziehens veranlaßt Lochner nun nicht zu einer 'Unstetigkeitspädagogik', die den Zusammenhang der Erziehungsprozesse in unterschiedliche, nicht zusammenhängende Einzelaktionen auflöst[4]. Daß auch eine planmäßige und bedachtsame Erziehungskonzeption empirisch nur in Schüben wirksam werden kann, ist für Lochner kein Argument gegen eine pädagogische Annahme der Kontinuität in der Diskontinuität. Lochner versucht nun auch, seinem deskriptivem Ansatz gemäß, das Ineinander von Erziehung und Prägung als zeitlich gestreckten Prozeß darzustellen. Aus dem unbewußten Prägungsprozeß heben sich seiner Ansicht nach immer wieder 'Erziehungsquanten' heraus, unterbrechen die 'Prägungsquanten'. Lochner versucht, dies auch graphisch darzulegen (vgl. die folgende Seite)[5]. Die Zone der Bewußtheit deckt sich hier mit derjenigen der 'Erziehungsquanten'. Lochner setzt nun voraus, daß die Kontinuität der 'Erziehungsquanten' durch den Erziehungsbegriff, die Intentionalität des Erziehenden, aber auch durch dessen Wirkungen gewährleistet ist: Dies muß aber vor dem Hintergrund der Diskussion seiner Abgrenzung von Erziehung und Prägung (oben: III.1.1.) bestritten werden. Wenn man, wie Lochner selbst sagt, die begriffliche Unterscheidung empirisch kaum nachvollziehen kann[6], so trifft dies auch für ihre Verortung in der Zeit, ihre Kontinuität zu. Die Frage, wie man diese Kontinuität von Erziehung nachvollziehen kann, bleibt wohl deshalb unbeantwortet, weil Lochner die interpretative Dimension seiner deskriptiv verstandenen Erziehungsdefinition nicht thematisiert. Im Sinne seiner empirisch-deskriptiven Orientierung könnte man vermuten, daß die unterbrochene alltägliche Prägung des Menschen, ihre kontinuierliche Wirkung, die Grundlage für eine aus diesem Prozeß sich erhebende Erziehung sein könnte. Eine solche 'empirische' Einbettung der Erziehung würde jedoch nur dann gegeben sein, wenn man Erziehung als eine Funktion im Prägungsprozeß angeben würde. Dies aber hieße, ihre Eigenständigkeit als Prozeß und damit den abgrenzbaren Gegenstand der Erziehungswissenschaft aufzugeben, was sicherlich nicht die Intention Lochners ist.

Das Problem, was denn nun die Realität von Erziehung in der Zeit

Beispiele für den Quanten-Charakter erzieherischer Aktionen und für die Konkurrenz der Erziehungs- bzw. Prägungs-Quanten.
Die Reaktions-Quanten des Zöglings sind nicht berücksichtigt.

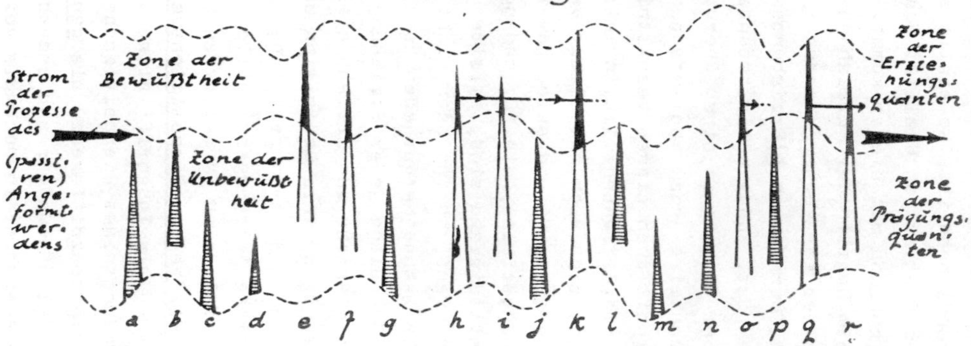

Erläuterungen: a–d, g, m Prägungsquanten; e und f erzieherische Gelegenheitsquanten; h, i, k Quanten einer geplanten erzieherischen Aktion, unterbrochen, gestört und überwältigt durch die Prägungsquanten j und l. n–r neuer Anstieg konkurrierender Prägungs- und Erziehungsquanten: Quant o wird zunächst verdrängt durch Quant p, dann aber setzt sich ein geplanter Erziehungsprozeß (q–r) durch.

ausmacht, bleibt damit bestehen. Wenn man mit Dilthey davon ausgehen muß, daß Erziehung nur in der Abstraktion für sich besteht, also mit anderen Worten: eine an Kriterien gebundene Interpretation von Handlungen ist, so stellt sich die Frage, inwieweit eine solche Abstraktion Realität überhaupt zu fassen vermag, wo sie in Berührung mit dieser kommt. Diese Problematik zeigte sich schon beim Begriff der 'Erziehungswirklichkeit', die nur als eine von der ihr vorhergehenden Theorie konstituierte möglich erscheint. Wenn somit "'Erziehungswirklichkeit' kein Bereich neben anderen ist, sondern ein besonderes Verhältnis zwischen Einzelnen und Gruppen in einem übergreifenden System von Gesellschaft, dann wird jedem abgrenzenden Definieren eine Analyse der Besonderheit eben dieses Verhältnisses vorausgehen müssen"[7]. Wenn also die Erziehungswirklichkeit von der Theorie der Erziehung abhängt, sich auch mit dieser verändert, und wenn man über den Erziehungsbegriff und seine jeweilige Orientierung an bestimmten Erziehungszielen, die für pädagogisches Handeln als solches sinnkonstituierend sind, streiten kann, so ergibt sich doch gerade die Frage, ob man denn nicht einen Aspekt in der Bestimmung von Erziehung hervorheben kann, der auf eine empirisch ausmachbare Grundlage jeder Erziehung verweist.

Ein Ausweg scheint die Angabe von Erziehung als 'Wirkungszusammenhang' (Dilthey) zu sein, ihre Definition und Rechtfertigung über erfolgte Wirkungen und deren zeitlichen Zusammenhang. Ein Beispiel für eine solche 'Wirkungsdefinition' findet sich bei Scheuerl: "Erziehung läßt sich im weitesten Sinne definieren als Inbegriff aller Hilfen zur Dispositionsverbesserung; in einer engeren Bedeutung als Inbegriff aller derjenigen Hilfen, die sich zur Überwindung eines Dispositionsgefälles (Wissens-, Könnens-, Reife-, Kompetenzdifferenz) als generell intendierte Hilfen aus der Vielzahl unbewußter und unbeabsichtigter Sozialisationswirkungen herausheben; in nochmals verengter Bedeutung schließlich als Inbegriff aller im einzelnen gezielten, möglicherweise geplanten und methodisch verantworteten Hilfen"[8]. Die Abhebung des Erziehungsprozesses von anderen Prozessen unbewußter und unbeabsichtigter Art erfolgt hier schrittweise, wenn auch im Ergebnis derjenigen Lochners sehr ähnlich. Scheuerl relativiert jedoch die strenge Abgrenzung Lochners durch einen unterschiedlichen Umfang der Begriffsdefinition: Sein weiter Begriff von Erziehung hebt praktisch die getroffene Unterscheidung von Erziehung und Sozialisationsprozessen anderer Art auf. Scheuerl versucht hier, die Schwierigkeit einer solchen Abgrenzung positiv zu wenden: Seine Wirkungsdefinition von Erziehung in gestufter Form habe den Vorteil, daß sie die Kriterien offen lasse, die festlegen sollen, wann Wirkungen als pädagogische oder sozialisatorische einzustufen sind[9]. Dies heißt jedoch nur, die Problematik der interpretativen Bestimmung von Erziehung von der Theorie auf die Ebene der Forschungspraxis zu verlagern. Diese soll im Einzelfall entscheiden, ob sie etwas als Erziehungs- oder als Sozialisationsergebnis betrachten will. Die Kriterien für diese interpretative Entscheidung mag sie dabei ad hoc aufstellen.

Die Schwierigkeiten der Wirkungsdefinition von Erziehung, d.h. also; eines Versuchs der Definition von Erziehung über ihre Wirkung als empirisch feststellbare, die etwa auch ein Kriterium für einen Effektivitätsvergleich verschiedener Pädagogiken ermöglichen würde, zeigen sich auch bei H. Fend. Er definiert Erziehung folgendermaßen: "Unter Erziehung sind alle Maßnahmen - formelle und informelle - zu verstehen, die Erwachsene in Interaktion mit Heranwachsenden ergreifen, um Lernvorgänge hervorzurufen, die zu wünschenswerten Ergebnissen führen"[10]. Was jedoch die Möglichkeit einer empirischen und eindeutigen Identifizierung von Erziehungswirkungen angeht, bemerkt er einschränkend: "Diese Definition sollte nicht zur Illusion verleiten, daß durch sie eine Klasse des sozialen Verhaltens scharf abgegrenzt werden könnte. Alle angeführten Merkmale sind ungenaue Abgrenzungskriterien, die es nicht ermöglichen, jede konkrete soziale Handlung als 'erzieherisch gemeinte Handlung' zu identifizieren und zu klassifizieren"[11]. Vom Standpunkt empirischer Forschung spricht somit gegen eine Identifikation der Erziehung über die empirische Wirkung die vorausgesetzte Möglichkeit, ein Kausalverhältnis zwischen der einzelnen aus ihrem (Wirkungs-) Zusammenhang isolierten Handlung und einer zeitlich später liegenden isolierbaren Handlungsweise beim Zu-Erziehenden herstellen zu können. In die Änderung einer Handlungsweise des Zu-Erziehenden gehen als Voraussetzungen immer sehr unterschiedliche Vorgänge, darunter auch Handlungsweisen anderer Personen, aber ebenso seine Wahrnehmung von Kontexten, von sozialen Zusammenhängen, von praktisch erfahrenen Wissens- und Könnensdefiziten ein[12].

Dieses pragmatische Argument empirischer Forschung trifft jedoch nicht die gesamte Problematik. Dies wird deutlich, wenn man einmal unterstellt, daß man solche Wirkungen einzelner Handlungen empirisch ausmachen könnte, daß eine Bestrafung des Schülers A durch den Lehrer bei diesem Schüler die Einsicht in die Notwendigkeit des höflichen Grüßens hervorgerufen habe, die der Lehrer als Wirkung intendierte. Daß es also weder eine äußere Anpassung ist, die von taktischen Erwägungen des Schülers gesteuert wird, noch daß es für diese Änderung des Schülerverhaltens andere Gründe gibt wie etwa den Druck der Mitschüler, die in dieser Hinsicht konform sind, ihn daher argwöhnisch betrachten, zur Rede stellen, weil auch sie unter der dadurch bedingten schlechten Laune des Lehrers zu leiden haben usw. Wenn man also unterstellt, daß eine Handlung und nur sie die von ihr beabsichtigte Wirkung bei einem Gegenüber hervorruft, ist dies dann ein empirisch eindeutiger Beleg für die Realität von Erziehung? Dies würde bedeuten, daß eine Identifikation von Erziehung jenseits des Rechtfertigungsproblems möglich sein könnte. Es ist jedoch leicht einsichtig, daß selbst unter diesen Voraussetzungen keine empirische Identifikation von Erziehung stattfinden würde, sondern nur die eines Zusammenhangs von Intention und Wirkung. Daß aber eine intentionale Handlung eine entsprechende Wirkung hat, ist keine Begründung ihres 'pädagogischen Charakters'. Man kann dies auch am obigen Beispiel verdeutlichen. Die Strafarbeit, die der Lehrer dem Schüler A aufgegeben hatte, bewirkte seine Einsicht und damit eine Änderung in seiner Verhaltensdisposition. Ob dieser Zusammenhang aber 'pädagogisch sinnvoll' war, ob es sich also um eine Erziehungshandlung oder nur um einen Willkürakt des Lehrers handelt, der nur seiner verletzten Eitelkeit entsprungen sein mag, darüber wird man auch dann noch streiten können, wenn der

empirische Zusammenhang gegeben wäre.
Andere Schwierigkeiten, die für die Konstruktion pädagogischer Theorien ebenfalls bedeutsam sind, ergeben sich aus einer Betrachtung zeitlicher Implikationen des Wirkungsbegriffs von Erziehung. Wenn man die Rechtfertigung der Verwendung des Erziehungsbegriffs an das Eintreten beabsichtigter Wirkungen bindet, so stellt sich immer noch die Frage nach dem Zusammenhang solcher Wirkungen: Auch sie wurde oben schon am Beispiel Lochners deutlich. Was erlaubt die Feststellung, daß die durch ihre Wirkung als Erziehung gerechtfertigte Handlung zum Zeitpunkt t_1 mit den anderen, ebenfalls durch ihre Wirkung als Erziehung gerechtfertigten Handlungen zu den weit auseinander liegenden Zeitpunkten t_2, t_3 usw. verbunden ist? Zumindest zwei Lösungsmuster sind hier vorstellbar. Zum einen könnte man versuchen, das Ergebnis der pädagogischen Handlung zum Zeitpunkt t_1 als Grundlage für das Ergebnis der pädagogischen Handlung zum Zeitpunkt t_2 usw. zu bestimmen. Pädagogische Wirkungen würden so als aufeinander aufbauend vorgestellt. Dies scheint jedoch nicht nur aus empirischen Gründen wenig realistisch zu sein: Betrachtet man beispielsweise eine Absicht wie diejenige, eine Verbesserung sittlich-moralischer Dispositionen zu erreichen, so muß man feststellen, daß es zwar Theorien über entwicklungsbedingte Perioden der moralischen Entwicklung gibt (Piaget, Kohlberg), daß man aber kaum davon ausgehen kann, daß eine Verbesserung solcher Dispositionen kontinuierlich verläuft. Man wird vielmehr in Rechnung stellen müssen, daß ein als Ausdruck moralischen Fortschritts eingestuftes individuelles Handeln nicht als solches schon einen generellen Fortschritt dieses Individuums bedeutet, sondern daß immer wieder 'Rückfälle' möglich sind, daß sich eine neue Grundlage moralischen Handelns erst allmählich, vielleicht zunächst nur punktuell bezogen auf einzelne typische Situationen ausbildet usw. Daß zudem eine solche als Fortschritt interpretierte Veränderung nur über pädagogisches Handeln möglich sei, wie es eine solche Kontinuitätsannahme unterstellt, ist wohl ebenfalls kaum realistisch. Wäre diese Unterstellung nicht gegeben, wäre für pädagogisches Handeln keine Kontinuität gegeben: Es würde zu verschiedenen

Zeitpunkten immer wieder neu ansetzen müssen, auf einen von ihm nicht bewirkten Entwicklungsstand reagieren müssen.
Eben dies macht - man kann sich auch diese Lösungsstrategie am Schema Lochners verdeutlichen - sich eine zweite Perspektive zum Ausgangspunkt ihres Lösungsversuchs. Man nimmt einen kontinuierlichen Entwicklungsprozeß des Kindes an, in den Erziehung, immer wirkungsvoll steuernd, eingreift. Erziehung hat so auch den gesamten Sozialisationsprozeß dadurch in der Hand, daß sie an markanten Punkten Richtungsvorgaben setzt. Die Kontinuität der von ihr gesteuerten Entwicklung ist somit keine von empirisch isolierten Einzelhandlungen, sondern eine von Handlungen, die ihren Zusammenhang einerseits ihrer Zielformulierung verdanken, andererseits aber auch der Kontinuität des real ablaufenden Entwicklungs- bzw. Sozialisationsprozesses. Solange man hier vom Wirkungsbegriff der Erziehung ausgeht, stellt sich damit aber ein (für jeden Wirkungsbegriff) bedeutsames Problem verschärft: Wenn man einen realen Wirkungszusammenhang unterstellt, in den Erziehung nur steuernd eingreift, was ist dann, wenn dieser Eingriff versagt, wenn die intentionale Handlung scheitert? Sind gescheiterte Wirkungsversuche noch als Erziehung zu klassifizieren? Wenn beispielsweise eine Ermahnung beim ersten Mal nichts fruchtet, hingegen beim zweiten Mal die gewünschte Wirkung zeitigt, ist sie dann beim ersten Mal keine pädagogische Handlung? Eine strikte Wirkungsdefinition wird diese Frage verneinen müssen. Damit zeigt sich jedoch nur der interpretative Charakter einer solchen Wirkungsdefinition: Auch sie legt nur (empirische) Kriterien fest, wonach die gleiche Handlung einmal als Erziehung interpretiert werden kann und einmal nicht. Empirie hat hier funktional den gleichen Stellenwert im Aufbau der Argumentation wie eine Metaphysik der Erziehung.
Die Schwierigkeit des Zusammenhangs von Intention und Wirkung ist nun keine spezifisch pädagogische, sondern eine grundsätzliche Problematik interpersonellen Handelns. Nur wenn man solches Handeln in der Art einer Produktherstellung nach festgelegten technischen Regeln betrachtet, wird man diesen Zusammenhang als eindeutigen unterstellen können. Wenn man jedoch das

Gegenüber als Subjekt (als 'selbstreferentielles System') begreift, wie dies in der pädagogischen Tradition aufgrund ihrer Bindung an die Freisetzung des Subjekts gegeben ist, so wird die Handlung eines Erziehers nicht nur in ihren Erwartungen, d.h. in ihrer Intentionalität, die Erwartungen des Adressaten zu antizipieren suchen, sondern auch diejenigen Erwartungen des Adressaten, die sich auf die eigenen (pädagogischen) Erwartungen an ihn richten. Die Gefahr einer Fehleinschätzung sowohl der Situation des Gegenübers, seiner Interpretation der Situation, als auch seiner auf die eigene Person bezogenen Erwartungen und Erwartungserwartungen ist nie auszuschließen[13]. Wie die Ausgangslage so sind auch die Wirkungen unter diesen Voraussetzungen kaum kalkulierbar: Man wird unmöglich alle Reaktionsweisen in der jeweiligen konkreten Situation vorhersehen können, auch wenn sie durch ein (pädagogisches) Machtgefälle eingeschränkt sind. Es ist nie auszuschließen, daß man andere, gar gegenteilige Wirkungen erzielt als die, die man anstrebte, daß 'Nebenwirkungen' auftreten, die den Erfolg zunichte machen können. Dies ist ein vor allem bei der Problematik des Strafens häufig diskutiertes Problem[14]. Unter diesen Bedingungen den Erziehungsbegriff an empirische Wirkungen binden zu wollen, ist wohl ein hoffnungsloses Unterfangen.
Wenn nun die erzieherische Absicht scheitern kann, andere und gegenteilige Wirkungen zeitigen kann, so stellt sich die Frage einer möglichen empirischen Fundierung des Erziehungsbegriffs von neuem. Hinzu kommt, daß selbst der antizipierte Endzustand, die Erzogenheit, kaum angebbar ist. Was 'erzogen' heißen soll, dafür gibt es kein intersubjektiv anerkanntes Kriterium - dies stellte schon Bernfeld fest[15]. Lochner spricht von Erzogenheit als einem Hilfsbegriff[16]. Unter diesen Voraussetzungen stellt sich als Perspektive einer empirischen Begründung, einer deskriptiven Identifikation von Erziehung, nur noch diejenige einer Optimierung der Wirkungsabsichten über eine realistische Ausrichtung dieser Absichten. Eine solche Perspektive geht bis auf Herbart zurück. Herbart sah in der Bildung des Gedankenkreises des Erziehers eine Möglichkeit, den Erziehungsvorgang zu qualifizieren, ihn wirksamer zu machen. Der gebildete Gedan-

kenkreis als etwas, was konstitutiv in jeder Handlung des Erziehers wirksam wird, stellt sich als entscheidendes Merkmal der Qualität von Erziehung dar. Cohn, für den Erziehung wesentlich aus zwei Momenten besteht: aus Aktivität und Dauer[17], löst das Kontinuitätsproblem durch eine ähnliche Annahme: Der erzieherische Wille ist für ihn eine Dauereinstellung[18] und eben als solche (in welcher vorstellbaren Qualität auch immer) kontinuierlich wirksam.

W. Brezinka reiht sich in diese Tradition ein, wenn er auch vor dem Hintergrund der Abgrenzung zur Wirkungsdefinition von Erziehung den Aspekt der Absicht radikalisiert. Stellen jene Autoren noch einen Zusammenhang von konsistenter Absicht und Wirkung her (wenn auch implizit), so zerreißt Brezinka diesen Zusammenhang: "Ob der Zweck erfüllt wird, ob das Ziel, das zu erreichen beabsichtigt wird, tatsächlich erreicht wird, ob die Handlung Erfolg hat, ist für die Begriffsbestimmung belanglos"[19]. Nicht nur sind also für die Bestimmung dessen, was als Erziehung zu verstehen ist, die Ziele, obwohl konstitutiv für den Begriff der Erziehung, als relativ beliebig zu setzen, darüber hinaus erweist sich auch ihre Realisierung als irrelevant für die Rede von der Erziehung. Relevant als Kriterium für eine Bestimmung von Erziehung bleibt somit die Absicht des Erziehers. "Unter Erziehung werden Soziale Handlungen verstanden, durch die Menschen versuchen, das Gefüge der psychischen Dispositionen anderer Menschen in irgendeiner Hinsicht dauerhaft zu verbessern oder seine als wertvoll beurteilten Komponenten zu erhalten"[20]. Daß die Absicht als entscheidendes Kriterium so in den Vordergrund rückt, liegt an der Formalisierung der Zielangabe, die inhaltlich beliebig gesetzt wird. Mit dieser Beliebigkeit ist die zweckrationale Orientierung verbunden: Vorgegebene Ziele müssen erreicht werden. Erzieherisches Handeln läßt sich als Mittel zur Erreichung bestimmter Ziele begreifen, dessen Wert in der Effektivität der Erreichung eben dieser Ziele besteht[21]. Dabei zieht Brezinka durchaus den Aspekt der Kontinuität in Betracht: "Die meisten Ziele der Erziehung sind (wenn überhaupt, dann) nur nach einer längeren Zeitperiode erreichbar. Zwischen den einzelnen erzieherischen Handlungen liegen Perioden, in denen nicht erzogen wird, ohne daß diese Sinneinheit zusammengehöriger erzieherischer Handlungen dadurch beeinträchtigt werden würde"[22]. Brezinka betont nun, daß es die Absicht, also die subjektive Intention auf ein Ziel hin, sei, die nicht nur bestimmt, was als Erziehung gelten kann, sondern die darüber hinaus das kontinuitätsstiftende Moment darstellt. "Nur durch das subjektive Merkmal der Förderungsabsicht wird ein logischer Zusammenhang hergestellt zwischen den höchst verschiedenartigen Einzelhandlungen, Handlungsketten und Handlungssystemen, die als Erziehung bezeichnet werden können"[23]. Soll die subjektive Absicht, der erzieherische Wille, diesen Anspruch einlösen, muß sie allerdings eine gewisse Konsistenz besitzen: "Das Begriffsmerkmal der '<u>Förderungsabsicht</u>' ('Versuch, .. zu verbessern' bzw. 'zu fördern') muß so großzügig interpretiert werden, daß nicht nur aktuelle Willenserlebnisse, sondern auch zeitlich zurückliegende Willensentschlüsse und Absichten sowie die durch sie bedingten <u>Einstellungen</u> einbezogen werden"[24]. Eine Parallele zum aufgezeigten Wirkungsbegriff der Erziehung besteht also insofern, als versucht wird, <u>empirisch</u> konstatierbare Sachverhalte (Einstellungen) als <u>logischen</u> Zusammenhang stiftend auszugeben. Daß empirisch konstatierbare Sachverhalte ausgewiesen werden, ist selbstverständlich Voraussetzung einer sich empirisch verstehenden erziehungswissenschaftlichen Forschung.

Das Problem, das sich ergibt, wenn eine logische Bedingung der Rede von 'Erziehung' mit einem empirischen Sachverhalt gleichgesetzt wird, verdeutlicht sich, wenn man bedenkt, daß man empirisch eine Reihe von Intentionen feststellen kann, die man alle einem abstrakten Erziehungsziel subsumieren kann. Unter das abstrakte Ziel 'Förderung selbständigen Handelns', das man beispielsweise als eine Einstellung im Sinne Brezinkas nehmen könnte, fallen sicherlich in konkreten Situationen sehr unterschiedliche Intentionen: Da die Grenzen dessen, was Selbständigkeit (etwa im Unterschied zum Egoismus, Anarchismus usw.) bedeutet, fließend sind, zählen dazu die Absichten, Lob zu erteilen bei Ansätzen eines als selbständig interpretierten Handelns, disziplinierend einzugreifen bei der Ausnutzung Anderer, rigi-

den Handlungsweisen, wobei man vielleicht auch noch nach Personen differenziert (es gibt welche, gegen die man lernen muß, sich durchzusetzen) usw. Den Zusammenhang zwischen interpretiertem Erziehungsziel und der Vielfalt von situativ-reaktiven Intentionen herzustellen, ist nicht empirisch möglich, sondern nur in einer Interpretation, die zugleich Rechtfertigungscharakter hat. Es zeigt sich somit, daß Brezinka eigentlich nur die Problematik, die sich bei einer Deduktion von Handlungen aus obersten Werten ergibt, auf die Ebene der Intentionalität verschoben hat.
Sicherlich kann man die Einordnung von Motivationen durch die empirischen Subjekte über Fragen in übergeordnete Sinnzusammenhänge empirisch erheben: Man verfügt dabei aber über kein Kriterium, bloße Rechtfertigungen, die immer möglich sind, von 'wahren' Angaben zu unterscheiden. Dies ist nicht nur ein Problem der Validität empirischer Forschung, also der Frage, ob man auch das erhebt, was man erheben möchte, sondern es ist begründet darin, daß man eine logische Bedingung der Rede von 'Erziehung' zur empirischen Bedingung ihrer Erforschbarkeit macht. Brezinka hat diese Problematik - allerdings vor seiner Anlehnung an die empiristische Methodologie des kritischen Rationalismus - selbst einmal dargestellt: "Wird an der Intentionalität festgehalten, so droht die Gefahr, das mit Erziehung gemeinte Geschehen in unverbundene Einzelakte aufzulösen, die den bloßen 'Umgang' unterbrechen. Man hat ihr dadurch zu begegnen versucht, daß man den erzieherisch wirksamen Personen eine pädagogische Grundintention zuschrieb, die in ihrem Verhalten und in ihren Maßnahmen auch dann zum Ausdruck käme, wenn sie sich ihrer erzieherischen Funktion momentan nicht voll bewußt seien .. Damit ist das Problem jedoch nicht gelöst, sondern nur verschoben"[25]. Es ist schwer zu erkennen, inwieweit sich Brezinkas Absichtsdefinition dieser Kritik entziehen könnte.

Schon A. Fischer hatte 1914 aufzuzeigen versucht, daß es einen dritten Weg geben müsse, nachdem er sich bemüht hatte darzulegen, daß weder die Absicht noch die Wirkung eine Handlungsweise empirisch als pädagogische ausweisen können. Aber auch sein dritter Weg verlegt nur die Absicht in eine 'tiefere Dimension': Der Glaube, daß jede Handlung gegenüber einem formbaren Kind oder Jugendlichen Wirkungen formender Art habe, sei als allgemeine Grundeinstellung zwar selten bewußt, aber zur Erziehung immer schon vorausgesetzt[26]. Diese allgemeine Grundeinstellung erst mache eine Handlung zur 'pädagogischen Tatsache'. Der 'Glaube, daß eine Handlung gegenüber einem Heranwachsenden immer eine formende Wirkung habe' als Konstituens von Erziehung löst jede Bindung an eine Zielvorstellung. Er löst damit auch das Zweck-Mittel-Schema auf, da man keine bestimmten Absichten mehr verfolgt, zu denen man noch effektive Mittel suchen könnte - es reicht der allgemein bleibende Glaube an die Veränderbarkeit des Gegenübers durch eigene Handlungen. Dieser (hinsichtlich einer empirischen Identifikation von Erziehung) hoffnungslosen Position stellt sich allerdings nicht das Problem, welches sich für eine Absichtsdefinition von Erziehung, die immer auch an der effektiven Realisierbarkeit dieser Absicht interessiert ist, ergibt: Man braucht nicht die richtige Absicht zu haben, um eine als richtig interpretierte Wirkung zu erzielen. Dies ist die einfache Umkehr des Satzes, daß für richtig gehaltene Absichten gegenteilige Wirkungen haben können. Zur Begründung dieser Problematik darf ebenfalls auf die obigen Ausführungen zur intersubjektiven Kommunikation hingewiesen werden.

Zum Problem wird damit auch das, was üblicherweise mit dem Terminus 'Erziehungsmittel' bezeichnet wird. Erziehungsmittel sind "Maßnahmen und Situationen, mit deren Hilfe Erziehende auf Heranwachsende einwirken, in der Absicht, deren Verhalten, Einstellungen, Motive zu bilden, zu festigen oder zu verändern"[27]. Erziehung als Prozeß ist selbst somit zur Erreichung des mit ihr gesetzten Zieles ein Mittel. Sicherlich kann man darüber streiten, was alles unter 'Erziehungsmittel' verstanden werden kann: ob nur Handlungen (ermahnen, loben, strafen, beraten, auffordern, appellieren usw.) oder auch genutzte situative Umstände, Personen-Konstellationen etc. Eines kann jedoch festgehalten werden: Zu einem Mittel der Erziehung werden solche Handlungen und Gegebenheiten erst im Hinblick auf eine Definition von Erziehung. Was als 'Erziehungsmittel' betrachtet wird, ist abhängig vom Erziehungsbegriff. Sicherlich hat Brezinka Recht, wenn er betont, daß eine Mittellehre von jeher im Zentrum der Pädagogik gestanden hat[28]. Jedoch ist hervorzuheben, daß es dabei immer um eine Qualifizierung von Handlungen und Ereignissen als Mittel der Erziehung gegangen ist: Wann eine Strafe beispielsweise pädagogisch sinnvoll und vertretbar ist, bedeutet einen Streitpunkt, ob man sie überhaupt als Erziehungsmittel qualifizieren darf ebenso. Qualifizierung als Erziehungsmittel bedeutet Rechtfertigung: Was als Handlung oder Umstand pädagogisch relevant ist, gilt damit auch (im Lichte der jeweiligen Pädagogik) als gerechtfertigt[29]. Daß die Bewertung eines Mittels unabhängig von der eines Zweckes sei, wie Brezinka behauptet[30], wäre nur unter der Bedingung eine vertretbare These, daß die deskriptive Bestimmung des Erziehungsbegriffs, also eine Bestimmung, die nicht schon als Qualifizierung von Handlungen deren Rechtfertigung wäre, möglich wäre. Daß genau dies aber nicht möglich ist, daß sich also 'Phänomene der Erziehung' immer auch als mit dem Erziehungsbegriff gerechtfertigte darstellen, muß als Ergebnis der bisherigen Ausführungen festgehalten werden: Die Kriterien für die Qualifizierung von Handlungen als 'erziehen' sind immer auch Kriterien zu ihrer Rechtfertigung als 'pädagogisch sinnvoll'.

IV.2. DAS »TECHNOLOGIEDEFIZIT« DER PÄDAGOGIK

Luhmann und Schorr betrachten 'Technologie' nicht unter dem Aspekt einer Anwendungswissenschaft: Ihnen geht es also nicht um die Frage, wie wissenschaftliche Erkenntnisse so aufbereitet werden können, daß sie in die Praxis umsetzbar sind. Technologie bezeichnet hier den Grad der Rationalität koordinierter Regeln, die das Erreichen des Systemzwecks gewährleisten sollen. "Der Begriff ('Technologie' - A.S.) bezieht sich auf die operative Ebene eines Systems, auf der der Gegenstand seiner Tätigkeit durch geordnete Arbeitsprozesse in Richtung auf Ziele verändert wird. Die Technologie ist die Gesamtheit der Regeln, nach denen dieser Veränderungsprozeß abläuft, also zum Beispiel Schüler das lernen, was ihnen gelehrt wird"[31]. Faßt man die angesprochenen Ziele als Kontingenzformeln und nicht als Zwecke, an denen sich konkrete Handlungen auf ihre Rationalität hin prüfen lassen, so geht es bei der Technologie primär um strukturelle Bedingungen, die es ermöglichen, daß das System die mit seiner Ausdifferenzierung verbundene Aufgabe erfüllt. Wenn Luhmann und Schorr daher von einem 'Technologiedefizit' der Pädagogik sprechen, ist damit nicht das Versagen pädagogischen Handelns direkt gemeint; "Was interessiert, sind die strukturellen Bedingungen und die strukturellen Konsequenzen einer unzureichenden Technologie, und darunter vor allem: daß eine auf Metaebenen nicht behebbare Unsicherheit darüber besteht, ob richtig oder falsch gehandelt worden ist"[32]. Eine Behebung des Technologiedefizits wäre demnach gleichbedeutend mit der Klärung der Frage, ob richtig oder falsch gehandelt wird: mit der Lösung der Rechtfertigungsproblematik. Umgekehrt formuliert: Solange das Technologiedefizit besteht, muß man auch von der Rechtfertigungsproblematik ausgehen. Genau diese aber sollte mit der 'Umbesetzung' der Rolle des Erziehungssubjekts ausgegrenzt werden. Daß das soziale System Subjekt der Erziehung ist, und daß sich seine Handlungen (als pädagogische) systemrational erklären

lassen - dies war zugleich bereits der intendierte Abweis der Rechtfertigungsproblematik. An die Systemrationalität lassen sich, da sie auf Funktionalität bezogen ist, die Kriterien 'richtig' und 'falsch' nicht mehr anwenden. In der Konsequenz des Ansatzes von Luhmann und Schorr würde es demnach liegen, auch das Technologieproblem funktional aufzulösen: Wenn mit der Systemrationalität von Handlungen zugleich das Legitimationsproblem entfällt, so kann es eigentlich nicht so sehr um die Frage gehen, welche Technologie denn nun die richtige sei[33], sondern nur noch darum, wie das Technologieproblem unter funktionalem Gesichtspunkt aufgelöst werden kann.
Diese funktionale Perspektive bietet sich vor allem auch dann an, wenn man von den Schwierigkeiten einer zweckrationalen Technologie ausgeht, die sich mit der Selbstreferenz von Systemen ergeben - eine Selbstreferenz, die die Dichotomie 'richtig/falsch' zumindest dadurch relativiert, daß sie die Verfügbarkeit des Gegenstandes und damit die Wirksamkeit zweckrationaler Technologie in Frage stellt. Eine solche Technologie steht nicht nur vor dem Problem doppelter Kontingenz, sondern auch vor demjenigen einer doppelten Systemreferenz: der Selbstreferenz des Interaktionssystems Unterricht und derjenigen des Educandus. "Ein interaktives Sozialsystem dieser Art, in dem Zeithorizonte, Erwartungen und Erinnerungen der Beteiligten übereinandergreifen, ist nicht rational dekomponierbar. Das heißt: Es läßt sich nicht in Teile oder Teilschritte zerlegen, zwischen denen keine (oder so gut wie keine) Interdependenzen bestehen. Das macht Planung oder schrittweise Progression schwierig und schließt direkte technische (das heißt: unreflektiert anwendbare) Durchgriffe von einer Festlegung (Selbst- oder Fremdfestlegung) des Lehrerverhaltens auf Lernprozesse auf seiten der Schüler aus. Alle Technik muß sich in der Anwendung selbst kontrollieren an der jeweiligen Lage des Sozialsystems Unterricht, an seiner unmittelbaren Vergangenheit und an den im Moment implizierbaren oder erfolgreich suggerierbaren Zukunftsaussichten. Alle Rezeptierung muß diese Brechung durch die Selbstreferenz des Sozialsystems berücksichtigen. Alle Technologie ist in der Situation anwendbar, ohne daß die Entscheidung darüber auf eine

Liste abprüfbarer Bedingungen zurückgeführt und an Hand dieser Liste später kontrolliert werden könnte. Unterrichtstechnologie ist damit nicht schon vorab für unmöglich erklärt, aber sie hat es unter diesen Bedingungen unausweichlich mit einer doppelten Systemreferenz zu tun: Sie bezieht sich immer, mag das nun eingeplant sein oder nicht, auf personale Systeme und auf ein soziales System zugleich"[34]. Es sind also zum einen die Systemreferenz der Person und zum anderen diejenige des Unterrichts als Interaktionssystem, die eine zweckrationale Steuerung von Erziehungsprozessen ausschließen. Eine solche Position hat Implikationen, die sich vor dem oben dargelegten Diskussionsspektrum pädagogischer Autoren lokalisieren lassen: Sie bedeutet zum einen eine Absage sowohl an Absichts- wie auch an Wirkungsdefinitionen der Erziehung, weil mit der Bindung an das Interaktionssystem die Erziehung auf die je vorhandene Gegenwärtigkeit festgelegt ist, und weil mit der Bindung an die Selbstreferenz der Subjekte die Unmöglichkeit einer unmittelbaren Einwirkung gesetzt ist. Zum zweiten muß davon ausgegangen werden, daß Erziehung kaum als kontinuierlicher Prozeß angebbar ist: Sie ist qua Interaktionssystem nur situationsbezogen faßbar und qua Person als selbstreferentiellem System nicht 'von außen' systematisiert vorstellbar. So können Luhmann und Schorr zusammenfassend feststellen: "Die untere Ebene des Erziehungssystems, die Ebene des faktischen Unterrichtsvollzugs, wird dadurch in eigentümlicher Weise autonom: sie bleibt auf situative Selbststeuerung angewiesen"[35].

Die erste Fragestellung, die sich mit dieser Skizzierung des Grundproblems ergibt, ist die nach der Möglichkeit einer Technologie, die nicht als defizitär zu bezeichnen wäre. Ist also, um bei der Definition Luhmanns und Schorrs anzusetzen, Erziehung in Form eines systematisch geordneten Arbeitsprozesses in Richtung auf Ziele hin überhaupt möglich, wenn man die angegebene doppelte Systemreferenz berücksichtigt? Ist demnach Erziehung als situative Selbststeuerung von Interaktionssystemen rational zu begreifen und zu leisten? Theorietechnisch ergibt sich damit für den Ansatz von Luhmann und Schorr das Problem, wie denn und ob überhaupt die strukturellen Bedingungen des

Unterrichts als Organisationssystem sich auf die Ebene des Unterrichts als Interaktionssystem auswirken - eine Beziehung, die als Determinationsverhältnis gedacht und bereits im voraufgehenden Kapitel problematisiert wurde.
Die zweite Fragestellung betrifft wiederum die Spezifizierung von Handlungen als 'erziehen'. Wenn Erziehung als konditional und wirkungsoffen, als situative Selbststeuerung des Unterrichts verstanden wird, so ist zu fragen, ob diese Bedingungen einer situativen Selbststeuerung von Interaktionssystemen nicht genereller Art sind, ob also Konditionalität, Nicht-Verfügbarkeit und Situationsbezogenheit nicht Grundlagen jeder Kommunikation sind, wenn man einmal von formalisierten und ritualisierten Vollzügen absieht. Woran also wäre das spezifisch Pädagogische einer situativen Selbststeuerung im Unterricht festzumachen? Diese Fragestellung scheint wiederum diejenige nach der Qualität und der empirischen Gegebenheit von Absichten und Wirkungen aufzuwerfen, die ja gerade durch die situative Selbststeuerung ausgeschlossen werden sollte. Das Konzept eines durch situative Selbststeuerung gekennzeichneten Interaktionssystems Unterricht als Subjekt der Erziehung scheint so zwar eine Kritik an Absichts- und Wirkungsdefinitionen von Erziehung zu ermöglichen, allerdings um den Preis, daß nicht mehr von 'Erziehung' die Rede sein kann - es sei denn, man stellt sich den problematisierten Fragen erneut. Es wird demnach weiterhin zu fragen sein, ob die Momente der von Luhmann und Schorr kritisierten Lösungsversuche des 'Technologiedefizits' nicht ebenfalls konstitutiv für ihre eigene Perspektive werden.
Luhmanns und Schorrs Kritik an traditionellen pädagogischen Versuchen, das 'Technologiedefizit' zu beheben, richtet sich auf den Anspruch, zum einen Systemzwecke erfaßt und zum anderen operationalisiert, also in einen auf diesen Zweck hin geordneten Arbeitsprozeß gegliedert zu haben. Eine erste Strategie versucht der Trennung des Unterrichts als Organisation vom Unterricht als Interaktionssystem Rechnung zu tragen. Für beide Bereiche etablierten sich historisch unterschiedliche Steuerungsinstrumente: Der Organisation des Erziehungssystems steht die Pädagogik als Wissenschaft gegenüber. "Als Wissenschaft befaßt

die Pädagogik sich mit dem Erkennen derjenigen Verhaltensprämissen, die, wenn man sie setzt oder ändert, den Erziehungsprozeß in angebbare Richtung beeinflussen. Das setzt, wie immer die Begriffe dann verschönt und plausibilisiert werden, ein erhebliches Maß an Abstraktion voraus. Beim Organisieren geht es dagegen um Entscheiden über Entscheidungsprämissen, ob dieses Entscheiden nun durch Wissen gedeckt oder nicht. Die 'Sicherheitsgrundlagen' des Abstraktionsprozesses divergieren; sie beruhen im Falle der Wissenschaft auf (wie immer ihrerseits gesicherter) Wahrheit, im Falle von Organisation dagegen auf politisch oder durch Mitgliederkonsens gedeckter Macht"[36]. Nun müssen sowohl Entscheidungs- wie auch erkannte Verhaltensprämissen auf der konkreten Ebene faktischen Handelns umgesetzt werden, soll diese Hierarchisierung unter technologischen Gesichtspunkten sinnvoll sein. Eben diese Umsetzung ist jedoch aufgrund der situativen Selbststeuerung des Interaktionssystems Unterricht und der Selbstreferenz der Zu-Erziehenden kaum möglich: Das Technologiedefizit äußert sich nun als eines von Anspruch und Wirklichkeit. "Die Fehlerquellen sind dann differenzierbar, aber die Fehler nicht zurechenbar. Neben der primären Ungewißheit, ob man richtig handelt, entsteht eine sekundäre Ungewißheit, ob es am Wissensstande, an den Organisationsformen oder am eigenen Verhalten liegt, wenn Mißerfolge eintreten oder ein gegebenes Leistungsniveau nicht weiter angehoben werden kann. Im Schutze dieser sekundären Ungewißheit wird die primäre Ungewißheit stabilisiert: Sie wird einerseits erträglich, andererseits auf Dauer gestellt; denn niemand kann jemandem unwiderlegbar klarmachen, wie es besser gemacht werden könnte"[37].

Das Technologieproblem wird so mit dem Rechtfertigungsproblem verknüpft: Das Technologiedefizit ist gleichbedeutend mit der Unmöglichkeit, pädagogische Handlungen zu legitimieren. Nun ist allerdings einsichtig, daß eine solche Verknüpfung beider Probleme nur dann sinnvoll ist, wenn man eine gelingende Technologie als einzige Möglichkeit betrachtet, Handlungen zu rechtfertigen. Diese Verknüpfung ist allerdings nicht notwendig, wenn man den Technologiebegriff der Autoren zugrundelegt, der sich

auf das Regelsystem geordneter Arbeitsprozesse bezieht, also die Ebene konkreten Handelns nicht unmittelbar einschließt. Die Gleichsetzung von Technologiedefizit und Rechtfertigungsproblem bzw. Technologie und Rechtfertigung geht demgegenüber von einer anderen Fassung des Technologiebegriffs aus: Diese ist nicht nur gebunden an die Konsistenz eines Regelsystems geordneter Arbeitsprozesse, die an der Aufgabenstellung des sozialen Systems zu bemessen wäre, sondern zugleich darüber hinaus an die Übereinstimmung situativer Praxis mit diesem Regelsystem. Luhmann und Schorr verwenden also zur Kritik pädagogischer Theorietraditionen einen Technologiebegriff - den einer stringenten Anwendungswissenschaft -, gegen den sie sich zuvor ausgesprochen haben. Der Hiatus von allgemeiner Regel und individueller Ausführung wird so zur Grundlage des Vorwurfs eines Technologiedefizits. Luhmann und Schorr hatten den Technologiebegriff so definiert, daß er neben der situativen Selbststeuerung von Interaktionssystemen noch sinnvoll verwendbar war: Nun wird er so gefaßt, daß die situative Selbststeuerung des Interaktionssystems Technologie unmöglich macht - und damit auch die Rechtfertigung individueller Praxis, soweit sie an einen solchen Technologiebegriff gebunden wird[38].
Die Gleichsetzung der gelingenden Technologie mit der erfolgten Rechtfertigung setzt einen Wirkungsbegriff der Erziehung voraus. Einen solchen Wirkungsbegriff der Erziehung konnte man auch für den Ansatz Luhmanns und Schorrs annehmen, soweit in ihm die über den Kopf des Erziehers hinweg sich durchsetzenden Erziehungsleistungen des sozialen Systems hervorgehoben wurden. Wenn "die Schule erzieht, aber nicht so wie gedacht"[39], so muß man davon ausgehen, daß sich die Erziehungsleistungen des sozialen Systems primär an seinen Wirkungen festmachen lassen. Eben diesen Wirkungsbegriff der Erziehung kritisieren Luhmann und Schorr nun durch den Hinweis auf die Unmöglichkeit einer konsistenten Planung bis hinunter auf die Ebene von konkreten Handlungen. Wenn diese an der situativen Selbststeuerung von Interaktionssystemen scheitert, die wiederum an der Selbstreferenz der beteiligten Subjekte ihre Wirkungsgrenze haben, so kann man den erziehenden Einfluß des sozialen Systems unter technologi-

schen Gesichtspunkten und damit auch unter dem Aspekt der Kontinuität als zufällig betrachten. Damit wird die Rede von Erziehung in doppelter Weise problematisch: Zum ersten besteht, auch wenn man unterstellt, daß Absichten bestimmte Wirkungen zeitigen, daß also das so definierte Technologieproblem gelöst wäre, noch keine Rechtfertigung dafür, diese Wirkungen auch als pädagogische zu qualifizieren. Dies wird in der Gleichsetzung von Technologie und Rechtfertigung unterstellt. Luhmann und Schorr argumentieren demgegenüber (mit dieser Voraussetzung) auf einer anderen Ebene: Sie gehen davon aus, daß das Technologiedefizit das Rechtfertigungsproblem konstituiert, daß also, da man nicht über Wirkungen verfügen kann, kaum von Erziehung die Rede sin kann. Es ist so der unterstellte Wirkungsbegriff, der eine Kritik der pädagogischen Tradition erlaubt, der aber zugleich für den eigenen Ansatz (qua situative Selbststeuerung und Selbstreferenz) abgelehnt wird[40].

Von dieser zwiespältigen Position aus ist es relativ einfach, Gegensätze zu konstatieren wie etwa den von pädagogischer Terminologie und gleichzeitigem Rückgriff auf psychologische Konzepte, die man als technologiefähig vermutet, oder denjenigen von Technologen und Technikern. Ebenso läßt sich die Wirkungslosigkeit pädagogischer Theorien einsehen als Gegensatz von Idealen und Organisation - härter: von Irrationalität und Realität. Für diese Thesen aus der Perspektive eines Wirkungskonzepts von Erziehung ist der Technologiebegriff grundlegend, für den situative Selbststeuerung eines Interaktionssystems Unterricht erst dann pädagogisch legitimiert ist, wenn sie keine Selbststeuerung mehr ist, sondern ein über extern gesetzte Prämissen gesteuerter Ablauf.

Interessant ist in diesem Zusammenhang die Kritik von Luhmann und Schorr an der (geisteswissenschaftlichen) Kategorie des 'pädagogischen Taktes', die gerade die Einheit von Theorie und Praxis im handelnden Subjekt festzumachen und damit die Trennung von Erziehungswissenschaftler und praktischem Erzieher aufzuheben versuchte. "Die heimliche Voraussetzung all dieser Überlegungen war: daß es eine Art Rationalitätskontinuum gebe, das vom Denken bis zum Handeln reiche. Diese Annahme war noch selbstverständlich und war nicht angewiesen auf das Regel-/Anwendungsmodell der Subsumtionstechnologie. Sie mochte es nahelegen, Technologie zu verabschieden, ohne daß die Frage aufgetaucht wäre, ob man damit nicht auf Rationalitätstransfers vom Denken ins Handeln oder umgekehrt verzichte"[41]. Die Theorie vom pädagogischen Takt, die man als 'Kunstlehre' betrachten kann, die als solche der situativen Selbststeuerung des Interaktionssystems Unterricht gerecht zu werden sich bemüht, wird hier gerade nicht aus der Perspektive situativer Selbststeuerung diskutiert, sondern ihr wird vorgeworfen, daß sie das Technologieproblem ignoriere. "In jedem Fall ist mit der geisteswissenschaftlichen Pädagogik herausgekommen, daß mit diesem Schema (der Synthese von Theorie und Praxis - A.S.) keine Operationalität zu sichern ist"[42]. Zeitliche Kontinuität scheint nur über Operationalisierung gesichert werden zu können - eine Operationalisierung, die ja gerade an der situativen Selbststeuerung von Interaktionssystemen ihre Grenze hat, die von Luhmann und Schorr zugleich als Grenze möglicher Rechtfertigung angesehen wird. Eine Rechtfertigung und Qualifizierung erzieherischen Handelns über den pädagogischen Takt setzt - und das meint wohl der Begriff des Rationalitätskontinuums - primär auf die Konsistenz von (theoretischer) Absicht und deren (praktischer) Umsetzung: Sie impliziert keinen Wirkungsbegriff von Erziehung. Die Kritik einer Absichtskonzeption von Erziehung, die die Kontinuität pädagogischen Geschehens in derjenigen einer handlungsrelevanten Disposition sieht, die sich situativ konkretisiert, erfolgt wiederum aus der Perspektive eines Wirkungsbegriffs von Erziehung, der Operationalisierung als einzige Möglichkeit von Kontinuität wie auch von Rechtfertigung gelten läßt. Aus dieser Perspektive lautet die zentrale Fragestellung: "Wie ist es möglich, einen <u>Zeitverlauf</u> (Erziehung, Unterricht) über <u>Prämissen</u> ohne Beteiligten an der Interaktion selbst zu <u>steuern</u>?"[43]. Eine Beantwortung dieser Frage ist nur möglich, wenn man die Selbstreferenz des Interaktionssystems, seine situative Selbststeuerung, zumindest partiell außerkraft setzt.

Legt man demnach den gleichen Technologiebegriff, wie er in der Kritik an traditionellen pädagogischen Theorien verwandt wurde, auch einer Rekonstruktion der Thesen Luhmanns und Schorrs zugrunde, so lassen sich Kriterien für eine Beantwortung der weiter oben formulierten Fragestellungen, wie das Interaktionssystem Unterricht als pädagogisches zu qualifizieren ist und ob das Technologiedefizit angesichts der Selbststeuerung des Systems überhaupt aufhebbar ist, angeben. Diese Antwort müßte den Nachweis erbringen, daß eine solche Technologie für das Interaktionssystem Unterricht möglich ist und daß gerade dadurch der pädagogische Charakter dieses Systems gegeben ist, weil erst auf diesem Wege sowohl Kontinuität des Erziehungsprozesses wie auch seine Legitimierung gewährleistet werden können.

IV.3. INDIVIDUELLE KAUSALPLÄNE: DIE THESE DER UNBEGRÜNDBARKEIT PÄDAGOGISCHEN HANDELNS

Eine technologische Überformung des sich selbst situationsabhängig steuernden Interaktionssystems Unterricht gewährleistet erst die Kontinuität des Erziehens als einer auf einen längeren Zeitraum bezogenen Aufgabenstellung. Zugleich hat sie damit die Funktion, Handlungsunsicherheiten und die damit gegebenen Rechtfertigungsprobleme aufzuheben. Eine solche Technologisierung des Interaktionssystems Unterricht stößt jedoch auf die Schwierigkeit, daß Wirkungen aufgrund der Selbstreferenz dieses Systems wie auch der in es interpenetrierenden personalen Systeme nicht kontrollierbar sind. Ein Wirkungsbegriff von Erziehung, wie er im Technologiebegriff bzw. zumindest in der Kritik des Technologiedefizits der Pädagogik impliziert ist, scheint von hier aus kaum sinnvoll konzipierbar zu sein.
Luhmann und Schorr versuchen daher auch, für ihren eigenen Ansatz zur Lösung des Problems die Ausgangsfragestellung zu verän-

dern. Statt der Frage, wie es möglich sei, Zeitverläufe über die Setzung von Prämissen von außen zu steuern, wird nun gefragt, was noch möglich ist, wenn das nicht möglich ist: "Man sucht nicht die vorhandene Technologie zu verbessern, man kritisiert sie auch nicht aus sittlichen oder humanen Gründen, man wehrt Technologie nicht ab. Man vermißt sie. Und das Problem ist demzufolge nicht: wie man Wirkungen besser kontrollieren könne oder ob man es solle, sondern vielmehr: was noch möglich ist, wenn das nicht möglich ist"[44]. Wenn aber Wirkungen nicht kontrollierbar sind, also das Technologiedefizit für das sich selbst steuernde Interaktionssystem Unterricht kaum aufhebbar ist, wie kann dann eine solche Technologie zum Garanten der Kontinuität und Legitimation von Erziehung werden? Eine solche Fragestellung wird sich auch nicht dadurch auflösen lassen, daß man funktionale Äquivalente für Technologie ansetzt - es sei denn, diese lösen die beiden gleichen Aufgaben der Konstitution eines kontinuierlichen Erziehungsprozesses in Verbindung mit seiner Legitimation qua verbürgter (technologischer) Sicherheit.

Der Ausgangspunkt der Herangehensweise Luhmanns und Schorrs an diese Problematik besteht in einer Subjektivierung: "Als erstes wäre der Vorschlag zu machen, die Suche nach objektiven Kausalgesetzen einzustellen und statt dessen zu fragen, aufgrund welcher Kausalvorstellungen die Menschen handeln .. Wir schlagen die (ebenfalls nicht sehr glückliche) Bezeichnung 'Kausalpläne' vor. 'Plan' ist dabei nicht nur die ausgearbeitete eigene Absicht, sondern eine selektive Konstellation von Kausalfaktoren, die als objektiv gegeben oder als erwirkbar unterstellt wird"[45]. Eine solche Subjektivierung des Technologieproblems bedeutet zugleich den Übergang von einem Wirkungsbegriff der Erziehung zu einer Absichtskonzeption. Dies wiederum steht in Gegensatz zum ursprünglich angegebenen Technologiebegriff, der sich auf das (objektive) Regelsystem der auf einen Systemzweck hin geordneten Arbeitsprozesse bezog. Man hat es hier offensichtlich mit einer dritten Variante des Technologieproblems zu tun, die sich wohl auch an der Kritik der Autoren am geisteswissenschaftlichen Theorie-Praxis-Verhältnis messen

lassen muß.
Der Kritik der Absichtsdefinition von Erziehung aus der Perspektive einer Wirkungsdefinition: daß Absichten sehr unterschiedliche, also kaum kontrollierbare Wirkungen haben, tragen Luhmann und Schorr dadurch Rechnung, daß sie individuelle Kausalpläne aus dieser Geltungsdiskussion herauszuhalten versuchen. Sie sind immer falsch: "Offene Kausalität ist eine Schematisierung der Welt, die Simplifikationen geradezu erzwingt - aber eben damit auch entwicklungsfähig, anpaßbar und situativ beeinflußbar macht. Insofern kann man überspitzt sagen: Kausalpläne sind immer falsch"[46]. Wichtig ist allein die Funktion dieser Kausalpläne, in konkreten Situationen durch Reduktion komplexer Kausalverhältnisse Handlungsorientierungen zu ermöglichen. Für diese Funktion spielt das Problem der Geltung, ob sie wahr oder falsch, vernünftig oder unvernünftig sind, keine Rolle.
Nun können diese individuellen Kausalpläne nicht die Funktion einer Technologie übernehmen: Durch ihre Subjektivität und Situationsabhängigkeit können sie weder als Beitrag zur Erklärung der Erziehung als eines kontinuierlichen Prozesses beitragen noch (da sie immer falsch sind) eine gerechtfertigte Sicherheit herstellen. "Da es keine für soziale Systeme ausreichende Kausalgesetzlichkeit, da es mit anderen Worten keine Kausalpläne der Natur gibt, gibt es auch keine objektive Technologie, die man nur erkennen und dann anwenden müßte[47]. Es gibt lediglich operativ eingesetzte Komplexitätsreduktionen, verkürzte, eigentlich 'falsche' Kausalpläne, an denen die Beteiligten sich selbst und in Bezug auf andere Beteiligte orientieren. Das ist die einzige Basis jeder möglichen Technologie"[48]. Dadurch, daß die 'objektive Technologie', die auf nomologischem Wissen basieren würde, als Maßstab vorausgesetzt wird, verwenden Luhmann und Schorr zur Kennzeichnung der nun noch möglichen 'Rest-Technologie' den Begriff einer "Technologieersatztechnologie"[49].

Welche Möglichkeiten hat nun eine solche 'Technologieersatztechnologie', die letztlich die Grundlage subjektiver, situationsabhängiger und immer falscher Kausalpläne nicht verlassen kann, die Rationalität dieser Pläne zu steigern und damit Kontinuität

und Legitimität zu sichern? Die traditionellen Antworten auf diese Fragen an eine Absichtsdefinition von Erziehung bestanden zum einen in der These einer 'Bildung des Gedankenkreises' des Erziehers (Herbart), die gewährleisten sollte, daß die 'Kausalpläne', also die Handlungsorientierungen des Erziehers, obwohl situationsabhängig, dennoch eine gewisse Kontinuität aufweisen und durch die Schulung an gesichertem Wissen ebenfalls eine Legitimität erhalten sollten. Eine zweite Antwort bestand in der Unterstellung einer allgemeinen Handlungsdisposition oder Einstellung des Erziehers, mit der die situativ konkretisierten Motivationen und Orientierungen in Einklang stehen sollen - eine Antwort, die das Legitimationsproblem außeracht läßt. Luhmann und Schorr scheinen dem ersten Antwortversuch zuzuneigen, wenn sie als die beiden Möglichkeiten zur Verbesserung individueller Kausalpläne angeben, daß man zum einen die Komplexität der in diesen Plänen gegebenen Kausalfaktoren erhöhen könne und zum zweiten vielleicht erforschen sollte, wie sich solche individuellen Kausalpläne auf die Praxis auswirken[50]. Während die pädagogische Tradition noch vermuten konnte, daß durch die Bildung des Gedankenkreises die Rationalität und Qualität erzieherischen Handelns gesteigert werden könnte, so müssen Luhmann und Schorr allerdings - aufgrund der Tatsache, daß individuelle Kausalpläne immer falsch sind - davon ausgehen, daß auch durch eine Erhöhung der Komplexität der von diesen Plänen erfaßten Kausalfaktoren sich an der grundsätzlichen Irrationalität dieser Pläne nichts ändert. "Rationalität ist aus der Analyse von Kausalplänen nicht zu gewinnen. Man kann alles falsch machen"[51]. Wenn aber auf diesem Wege keine höhere Rationalität erreichbar ist, so stellt sich die Frage nach dem Sinn einer 'Technologieersatztechnologie': Es ändert sich demnach nichts an der Konstatierung des Technologiedefizits. Man kann zudem die Kritik Luhmanns und Schorrs an der Absichtsdefinition der Erziehung auch auf den eigenen Ansatz anwenden.
Einen Beitrag zur Lösung des mit dem Technologieproblem verknüpften Kontinuitäts- und Legitimationsproblems würde die Konzeption einer 'Technologieersatztechnologie' nur dann leisten, wenn die höhere Komplexität als Verbesserung individueller Kau-

salpläne von den praktisch tätigen Erziehern übernommen würde. Es stellt sich allerdings die Frage nach dem Sinn einer solchen Übernahme für den Praktiker, da dies an seinen prinzipiellen Problemen der Legitimation seines Handelns nichts ändern würde: Aufgrund der fehlenden Steigerung der Rationalität seines Handelns wäre der 'Effekt' gleich. Wenn man aber einmal annimmt, eine solche Übernahme komplexerer Handlungspläne durch den Praktiker fände statt, so könnte diese nur dann einen Beitrag zur Rationalisierung seiner Handlungen leisten, wenn a) die vorgegebenen (komplexen) Kausalpläne eine situationsübergreifende Konsistenz aufweisen würden, und b) die Umsetzung dieser Theorie in die Praxis als Einheit unterstellt würde, der man mit Luhmann und Schorr den Vorwurf eines unterstellten Rationalitätskontinuums machen könnte. Wenn man diese beiden Voraussetzungen ablehnt, erhebt sich die Frage nach der Möglichkeit eines kontinuierlichen Zeitverlaufs von Erziehung erneut.
Diese Frage ist auch nicht zu beantworten dadurch, daß man die ersatzweise Technologisierung der individuellen Kausalpläne des Erziehers als eine konditionale Programmierung kennzeichnet. Erziehung soll konditional und wirkungsoffen programmiert werden: "sie muß an educogene Situationen anschließen und dem Moment Tragweite geben können. Soweit für Erziehung überhaupt Programmformen und erfolgsträchtige Verhaltensstrategien entwickelt werden können, müssen sie daher auf Anlaßtypisierungen und letztlich auf einer Situationsdiagnostik beruhen"[52]. "Sie müßte von Problemstellungen und Situationstypisierungen ausgehen, müßte sich induktiv eine größere diagnostische Vielfalt erarbeiten, müßte dabei vor allem das sich bewahren, was man Sensibilität für Zufälle und Chancen nennen könnte"[53]. Auch eine solche Programmierung wäre demnach letztlich nicht nur situationsbezogen, sondern auch an Subjektivität gebunden. Die konditionale Äußerung: 'Wenn du in einer Situation vom Typ x bist, dann handle y' entbindet durch ihren Bezug auf individuelle Kausalpläne nicht von der Offenheit der Situation, die durch diese konditionale Programmierung eben nicht geschlossen werden kann, sondern nur durch die Sensibilität der praktisch Tätigen. Dies ist letztlich die Position der Theorie des 'pädagogischen

Taktes'. Auch für die konditionale Programmierung - ein Ausdruck, der Kontinuität suggeriert - stellen sich damit die beiden genannten Probleme: Wie kann durch sie eine Kontinuität unterstellt werden, wenn sie nur situationsbezogen formulierbar ist? Und wenn man diese Kontinuität unterstellen würde: Was gewährleistet die praktische Umsetzung dieser 'Hintergrundkontinuität'?
Will man diese Fragen auch von der anderen Aufgabenstellung einer Technologie (und 'Ersatztechnologie'), derjenigen einer Legitimation erzieherischer Handlungen, angehen, so wird leicht einsichtig, daß die Frage nach dem, was die Einheit situationsbezogener Konditionalaussagen ausmacht, was also die situationsübergreifende Kontinuität verbürgt, zugleich die Frage nach der pädagogischen Qualität dieser Konditionalaussagen ist. Dies sowohl auf eine einzelne situationsabhängige Konditionalaussage bezogen, die sich (als immer falsche) vor dem Hintergrund anderer Möglichkeiten rechtfertigen muß, als auch mit Bezug auf die zeitliche Einheit, die erst die Rede von einem Erziehungsprozeß erlaubt. Gemäß der Einheit von technologischer Operationalisierung und Rechtfertigung, die im Ansatz Luhmanns und Schorrs impliziert ist, könnte man demnach von einer 'Rechtfertigungsersatzrechtfertigung' sprechen. Das behauptete Technologiedefizit schlägt so auf den Ansatz Luhmanns und Schorrs ebenfalls durch; als Vorwurf formuliert, radikalisiert es sich sogar: Nicht nur kann (gemäß dem eigenen Anspruch) ein solches Defizit auch für die 'Technologieersatztechnologie' konstatiert werden, sondern (vor dem Hintergrund der Verknüpfung des Technologiebegriffs mit Kontinuität und Rechtfertigung) muß diesem Ansatz vorgeworfen werden, daß er nicht in der Lage ist, begründet von Erziehung zu reden. Auch dieser Versuch einer Annäherung an den Erziehungsbegriff (diesmal unter zeitlichem Aspekt) scheitert an einer konfusen Begrifflichkeit.
Diese begrifflichen Konfusionen werden auch deutlich, wenn man sich eine letzte (theorieimmanente?) Möglichkeit vor Augen führt, Kontinuität im Erziehungsprozeß gewährleisten zu wollen. Diese bestände darin, daß man der diskontinuierlichen und nicht-endgültig begründbaren Technologieersatztechnologie die Kontinui-

tät des Systemablaufs, die Systemrationalität, gegenüberstellt. Der Unterrichtsprozeß im Sinne des Organisationssystems Unterricht "ist dann immer nur Anlaß, vielleicht ein Verfahren der laufenden Erzeugung von pädagogisch auswertbaren oder auch pädagogisch blockierten Situationen; und es ist keineswegs gesagt, daß diese Art, Situationen zu generieren, bei jeder Art von Schülerpersönlichkeit gute oder auch nur einigermaßen sinnvolle Erziehungsmöglichkeiten eröffnet"[54]. Unter dem Gesichtspunkt der Kontinuität erinnert eine solche Aufteilung an das weiter oben dargestellte Schema Lochners: Aus der Kontinuität des nicht-erzieherischen Prozesses heben sich diskontinuierlich pädagogische Handlungen heraus. Eine solche Konzeption steht aber wieder vor der Schwierigkeit, daß diese Diskontinuität subjektiv überbrückt wird, was Lochner durch die Konsistenz einer Absicht festhalten konnte. Diese Möglichkeit besteht bei einer Technologieersatztechnologie nicht: Es stellen sich damit die gleichen Probleme der konditionalen Programmierung.
Zugleich ist aber mit der Gegenüberstellung von systemischer Kontinuität und der davon unabhängigen Kausalpläne, deren Gemeinsamkeit nur in ihrer Unbegründbarkeit gesehen werden kann, in der Architektonik der Theorie Luhmanns und Schorrs der Punkt erreicht, der die Frage nach den Grundlagen der sich systemtheoretisch verstehenden Diskussion des Technologieproblems aufwirft. Mit der 'Lösung' des Technologieproblems über subjektive Kausalpläne ist der Erzieher als Subjekt wieder in jene Position eingesetzt worden, die man ihm mit der Zurechnung pädagogischer Handlungen zum sozialen System abzusprechen versuchte. Der Lösungsvorschlag zum Technologieproblem bedeutet die Aufgabe der eigenen Grundlagen, die allerdings deshalb möglich ist, weil diese Grundlagen (die Zurechnung von Erziehungshandlungen) selbst widersprüchlich waren.
Es ist abschließend zu fragen, ob die Wendung zu einem auf nomologischem Wissen beruhenden Technologiebegriff, die zugleich über Kontinuität auch die Rechtfertigung der pädagogischen Qualifizierung herstellen wollte, sinnvoll ist. Vom systemtheoretischen Standpunkt, der dem sozialen System die erzieherischen Handlungen zurechnet, war sie überflüssig, da das System als

rational funktionierendes diese Probleme immer schon gelöst haben muß: Es hätte sich daher angeboten, die Rationalität ablaufender Systemprozesse im Hinblick auf den Systemzweck in ihrer operativen Ordnung zu rekonstruieren. Eine solche Vorgehensweise wäre ohne den Umweg über einen an nomologisches Wissen gebundenen Technologiebegriff sinnvoll, der wiederum auf die Subjektivität personaler Systeme abstellt. Vom Konzept der Systemrationalität her ergibt sich auch nicht das Problem der Rechtfertigung von Erziehung, das hier mit der Technologieproblematik verbunden wurde. Systemrationalität als von Subjekten unabhängige ist ja gerade auch als von deren Rechtfertigungsproblemen unabhängige gedacht.
Selbst wenn man diese Ungereimtheiten innerhalb des systemtheoretischen Ansatzes außeracht läßt oder sie darauf zurückführt, daß die Auseinandersetzung mit traditionellen Problemen der pädagogischen Theorie die systemtheoretische Analyse sprengt, so ist die Frage nach dem Ausgangspunkt der Diskussion des Technologieproblems noch nicht beantwortet. Es ist diejenige, ob, wenn man nicht davon ausgehen kann, daß es im sozialen Bereich nomologische Gesetze gibt, man dann auf eine Rechtfertigung (und damit auch auf eine begründete Qualifizierung) pädagogischen Handelns verzichten muß. Eine Bejahung dieses Verzichts ist dann geboten, wenn man wie Luhmann und Schorr davon ausgeht, daß nur nomologisches Wissen subjektive Irrationalität in der Rechtfertigung von Handlungen überwinden kann. Hier wäre aber mit Benner darauf hinzuweisen, daß nomologisches Wissen die Legitimationslücke kaum schließen kann, da aus ihm keine präskriptiven Sätze ableitbar sind[55]. Die angestrebte Sicherheit der Rechtfertigung ist eine Fiktion, da sie einfach unterstellt, daß mit dem Wissen um wahre Sachverhalte das Wissen um das, was (pädagogisch) richtig ist, gleichbedeutend sei. Die traditionelle pädagogische Diskussion, deren Schwierigkeiten eingehend dargestellt wurden, ging in ihrem Zugriff auf das Kontinuitätsproblem gerade von dieser Differenz aus. Wenn aber die Frage, ob eine Handlung pädagogisch sinnvoll ist oder nicht[56], nicht durch die Vorgabe nomologischen Wissens zu entscheiden ist, so löst sich diese Frage damit auch nicht in Sinnlosigkeit

auf, wenn man feststellt, daß nomologische Gesetze im sozialen Bereich nicht konstatierbar sind. Man wird also nach anderen Rechtfertigungskriterien fragen müssen, die eine soziale Abstützung von Erziehungshandlungen als gerechtfertigt erlauben. Mit der Intersubjektivität als Kriterium der Anerkennung einer Erziehung als Qualität und Rechtfertigung von Handlungen auch in ihrem zeitlichen Zusammenhang ist das Rechtfertigungsproblem andererseits auch nicht gelöst: Es ist allenfalls neu gestellt als die Frage, bis zu welchen Grenzen sich pädagogische Parteilichkeit verallgemeinern läßt - sowohl als inhaltliche Position (als immer auch politische Absicht) wie auch von den vermuteten Wirkungen her. Daß man darüber diskutieren kann, stellt das Legitimationsproblem auf Dauer, ohne daß es damit an Bedeutung verlieren würde. Sich als pädagogisch verstehendes Handeln wird nicht nur vollzogen: Es will durchgesetzt werden.

V. PÄDAGOGISCHES VERHÄLTNIS ODER FUNKTIONALE SELBSTSTEUERUNG: DAS PROBLEM DER KOMMUNIKATIONSMEDIEN

Daß Pädagogik es auch mit der Legitimation von Herrschaftsausübung zu tun hat, ihr Bemühen um die 'Resymmetrisierung der Funktionsasymmetrie', stellt ein Problem dar, das bereits konstitutiv eingeht in die Definition des Gegenstandes 'Erziehung'. Geht diese Problematik auch in die für den Erziehungsbegriff konstitutiven Zukunftsantizipationen und Kontinuitätsannahmen ein, deren pädagogische Qualifizierung immer auch mit diesem Rechtfertigungsproblem konfrontiert ist, so wird diese Aufgabenstellung konkret bei der Betrachtung des sozialen Verhältnisses von Erzieher und Zögling. Die Frage, durch was sich dieses Verhältnis als spezifisches Abhängigkeitsverhältnis legitimiert, wird hier unabweisbar.
Der Umgang der pädagogischen Tradition mit dem Verhältnis von Erzieher und Zögling ist daher - sieht man einmal von der Position einer einfachen Bejahung dieses Abhängigkeitsverhältnisses ab, die für die heutige theoretische Diskussion relativ irrelevant ist - gekennzeichnet vor allem durch zwei Strategien: Zum einen ist man bemüht, Aspekte erzieherischen Handelns, in denen sich diese Abhängigkeit offen darstellt, aus der 'eigentlichen' Erziehung auszugrenzen, und zum anderen, die positiven Aspekte dieses Verhältnisses in einem idealen Licht erscheinen zu lassen[1].
Geht man demgegenüber davon aus, daß nicht Subjekte, sondern soziale Systeme erziehen, so scheint sich das Problem der Rechtfertigung persönlicher Abhängigkeit nicht zu stellen. In der bisherigen Diskussion des systemtheoretischen Ansatzes zeigte sich allerdings, daß diese Konzeption des sozialen Systems als Subjekt der Erziehung nicht durchgehalten werden

konnte, daß eigentlich nirgendwo erklärt werden konnte, inwiefern man bei den angegebenen Verhältnissen und Prozessen überhaupt von Erziehung reden kann, inwiefern also nicht immer schon das, was erklärt werden soll: die Einordnung der Subjekte als Subjekte in einen gesellschaftlichen Rahmen, vorausgesetzt wurde. So ist vor dem Hintergrund der bisherigen Diskussion zu fragen, ob es dem systemtheoretischen Ansatz gelingt, bezogen auf die 'soziale Dimension' des Erziehungsbegriffs mehr zu leisten als ein taktisches Manöver zur Ausgrenzung des Legitimationsproblems, das sich einer unklaren Begrifflichkeit verdankt. Auch bei diesem Punkt steht neben der Frage, inwieweit die systemtheoretische Argumentation dem Problem der pädagogischen Qualifizierung von Verhältnissen und Prozessen gerecht wird, die für den systemtheoretischen Ansatz selbst entscheidende Frage zur Disposition, inwieweit die für diesen Ansatz konstitutive Differenz von Subjekten als personalen Systemen und sozialen Systemen als Subjekten genetisch begründet werden kann. Die Diskussion der pädagogischen Qualität systemtheoretischer Argumentation ist somit immer auch eine des zentralen Ausgangspunktes dieser Argumentation.

V.1. PÄDAGOGISCHES VERHÄLTNIS UND PÄDAGOGISCHER TAKT

Etwas als Erziehung zu kennzeichnen, setzt mehr voraus als die Einstellung eines empirischen Beobachters. Es bedarf dazu Kriterien, die es gestatten, eine Handlung, die man in der Beobachtung als Ermahnen, Loben, Beraten usw. ansehen kann, als 'Erziehung' zu qualifizieren. Kriterien können nicht beobachtet werden, sondern ihre Einführung muß gerechtfertigt werden - dies auch, was den Erziehungsbegriff angeht, bezogen auf den Herrschaftsaspekt, auf den Anspruch, besser zu wissen, was für ein Gegenüber gut und richtig ist, als dieses selbst, und die daraus folgenden Handlungsweisen. In den vorangegangenen beiden Kapiteln habe ich untersucht, inwieweit sich bestimmte Aspekte des Erziehungsbegriffs für eine Rechtfertigung seiner Kriterien eignen. Die Angabe von Zielen, von Zukunftsprojektionen, die sich an die Freisetzung des Subjekts binden, gerät als Kriterium zum Problem, weil sie als solche noch nicht die Disziplinierung des dem Erzieher im Erziehungsprozeß gegenüberstehenden Subjekts rechtfertigt. Lösungsvorschläge zu dieser Problematik, die sich um den Aufweis der gegenwärtigen Wirkung des Erziehungszieles sowie seiner Begründung im gegenwärtigen Sein des Kindes oder der Kommunikation/Interaktion bemühten, konnten nicht überzeugen. Auch realitätsorientierte Rechtfertigungsversuche über die Absicht des Erziehers als empirischem Faktum oder die empirisch konstatierbare Wirkung führten hier nicht weiter: Der Erziehungsbegriff scheint weiterhin mit beliebig vielen Begründungsmustern kompatibel zu sein. Die Möglichkeit aber, daß man sich jederzeit auf eine andere Rechtfertigung zurückziehen kann, einen anderen Begriff von Erziehung vertreten kann - diese Möglichkeit allein relativiert die Geltung jeden Begründungsversuchs.
Solche Begründungsversuche scheinen dieser Problematik solange zu unterliegen, wie es keine intersubjektiv anerkannten Krite-

rien zur Qualifizierung von Handlungen als 'Erziehung' gibt. Auch wenn die voraufgegangenen Überlegungen Zukunftsprojektionen und Kontinuität (Absicht und Wirkung) als für einen solchen Zweck wenig geeignet erscheinen lassen, so muß man dennoch davon ausgehen, daß es sich hierbei um wesentliche Konstitutionsmerkmale des Erziehungsbegriffs und damit des Aufbaus pädagogischer Theorien handelt. Wenn also weder die Zielbestimmung noch die Absicht des Erziehers oder die Wirkung beim Zu-Erziehenden eindeutige Abgrenzungskriterien darstellen, ist es dann möglicherweise die spezifische Qualität des sozialen Verhältnisses von Erzieher und Zögling? Auch hier wird der doppelte Aspekt der Rechtfertigungsproblematik gesehen werden müssen: Die Bestimmung des pädagogischen Verhältnisses dient sowohl zur Rechtfertigung der Spezifität einer sozialen Beziehung wie auch des damit gesetzten Herrschafts- und Abhängigkeitsverhältnisses.

Die Qualität eines pädagogischen Verhältnisses wird sich nicht empirisch aufschlüsseln lassen, auch wenn man kontrollierbare Kriterien dieser Qualifizierung anstrebt: Ihre Begründung als Kriterium, d.h. die mit ihnen mögliche Qualifizierung eines sozialen Verhältnisses als pädagogisch, ist kein empirisches, sondern ein Rechtfertigungsproblem. Auch hier wird man kaum weiterkommen, wenn man die bereits diskutierten Probleme der Zielbestimmung, pädagogischer Intentionalität und Wirkung, als Kriterien zur Bestimmung der pädagogischen Qualität eines solchen Verhältnisses ansetzt. So umschreibt etwa H.-J. Ipfling das pädagogische Verhältnis "als interpersonales Führungsverhältnis zwischen einem prinzipiell gleichen, faktisch jedoch ungleichen E (Erzieher - A.S.) und Z (Zögling - A.S.), geleitet von der Absicht des E, den Zustand von Z auf argumentativ-dialogischem Wege und vermittels begründeter Appelle an dessen Urteilsfähigkeit zu erreichen und sich dadurch selbst aufzuheben"[2]. In einer solchen Umschreibung tauchen die bereits behandelten Probleme wieder auf: die Problematik der Zielsetzung zwischen der Freisetzung des Subjekts und seiner Disziplinierung ebenso wie das Kriterium der Intentionalität. Die Begrenzung der 'Erziehungsmittel' auf die argumentativ-dialogische

Form und begründete Appelle verweist auf darüber hinausgehende Kriterien, die die Form des Umgangs innerhalb eines solchen Verhältnisses betreffen - und zwar als normativ festzusetzende.

Daß die Struktur des pädagogischen Verhältnisses normativ festgelegt wird, läßt sich auch an Nohls Theorie des pädagogischen Verhältnisses aufweisen. Grundlage der Erziehung ist für Nohl "das leidenschaftliche Verhältnis eines reifen Menschen zu einem werdenden Menschen, und zwar um seiner selbst willen, daß er zu seinem Leben und seiner Form komme"[3]. Der Erzieher steht dabei als Mittler zwischen Kind und kulturellen Anforderungen. Die Liebe zum Kind in seiner Wirklichkeit und seinem antizipierten Ideal[4] wirkt als Filter für kulturelle Ansprüche an das Kind, als deren beauftragter Vertreter der Erzieher fungiert. "In dieser Einstellung auf das subjektive Leben des Zöglings liegt das pädagogische Kriterium: was immer an Ansprüchen aus der objektiven Kultur und den sozialen Bezügen an das Kind herantreten mag, es muß sich eine Umformung gefallen lassen, die aus der Frage hervorgeht: welchen Sinn bekommt diese Forderung im Zusammenhang des Lebens dieses Kindes für seinen Aufbau und die Steigerung seiner Kräfte, und welche Mittel hat dieses Kind, um sie zu bewältigen"[5]. Die Formulierung dieses pädagogischen Kriteriums als Begründung der Möglichkeit und Notwendigkeit eines autonomen pädagogischen Handelns bedeutet noch nicht die Angabe von Bedingungen, die eine solche Aufgabenstellung als realistische erkennbar werden lassen.

Nohl bestimmt diese Bedingungen nun nicht über die Zielangabe (das für das individuelle Kind angebbare Ideal seiner Entwicklung) und die Intentionalität des Erziehers (in selbstloser Hingabe dem Kind zum Erreichen seines Ideals zu verhelfen), sondern vor allem über eine spezifische Qualität dieser Beziehung, die zugleich deren Wirksamkeit sicherzustellen scheint. Die 'pädagogische Liebe' fungiert als Grundlage für die anerkannte Autorität des Erziehers ebenso wie für das kindliche Vertrauen, daß der Erzieher einen gültigen Einblick in das habe, was für es gut ist, und für den Gehorsam gegenüber seinen Anweisungen[6]. "Die Liebe im Verhältnis zwischen Erwachsenem und Kind ist aber von vorneherein nicht bloß Liebe zwischen Gleichen, sondern zwischen Abhängigem und Überlegenem: als solche ist sie, von der Seite des Erwachsenen angesehen, Heben, von der Seite des Kindes angesehen, Gehobenwerden, woraus ihm die Ehrfurcht entsteht, für die der Erzieher Autorität ist. Ihre Bedingung ist die innere Überlegenheit auf der einen Seite, das Vertrauen in die Wahrheit dieser Überlegenheit auf der anderen. Durch diese Überzeugung vom Vorhandensein des Höheren, ja des Absoluten im Erzieher bekommt der Wille des Kindes seine geschlossene Gestalt im 'Gehorsam im engeren Sinne'. Der Gehorsam der Liebe steigert sich zu einem Gehorsam, der Ziele empfängt"[7]. Zunächst fällt auf, daß hier auf der Beziehungsebene, in der Struktur des sozialen Verhältnisses, eben jene Probleme gelöst werden, die bereits weiter oben diskutiert wurden. So löst sich das Paradox der Zielbestimmung zwischen Freisetzung und Disziplinierung auf: Der Zögling wird als Subjekt unterstellt, welches seinen defizitären Status anerkennt und ebenso die Maßnahmen zu dessen Aufhebung - er bestimmt sich selbst als fremdzubestimmendes Subjekt. Indem Nohl dieses Verhältnis komplementär bestimmt, als Verhältnis, bei dem die pädagogisch-theoretisch formulierte Pflicht des Erziehers, das Kind als Subjekt über Fremdbestimmung zum Subjektstatus zu bringen, der Erwartungshaltung des Subjekts 'Kind' entspricht, entfällt die Rechtfertigungsproblematik für Eingriffe[8]. Zugleich gibt Nohl implizit auch eine Antwort auf die Problematik der Kontinuität: Die kontinuierliche Absicht des Erziehers gründet sich hier nicht in vorgefaßten Willensentschlüssen, ist also nicht eigentlich rational strukturiert, d.h. auch jederzeit inhaltlich zu hinterfragen und zu legitimieren, sondern in emotionalen Einstellungen, die als nicht weiter problematisierbare den wahren Erzieher ausmachen.

Man kann diese These einer spezifischen Qualität von pädagogischen Beziehungen nun unter zwei im vorliegenden Zusammenhang relevanten Aspekten in Frage stellen: zum ersten, was ihren theoretischen Geltungsanspruch betrifft, und zum zweiten durch ihre Konfrontation mit der Realisierung dessen, was mit dem Begriff der Erziehunh häufig auch abgedeckt wird. Nohl selbst erhebt den Anspruch, eine allgemeingültige pädagogische Theorie aufzustellen, die allerdings immer einer inhaltlichen Konkretisierung bedarf - sowohl hinsichtlich der historisch sich wandelnden kulturellen Ansprüche wie auch der Individualität des Kindes[9]. Allerdings wird dieser Anspruch nicht bezogen auf das Verhältnis von Deskriptivität und Normativität konkretisiert. Ulich hat darauf hingewiesen, daß man die Theorie des pädagogischen Bezuges unter mindestens vier Bedeutungen begreifen kann: als Ideal aller Erziehung, an dem empirische Vorkommnisse zu messen wären; als real existierenden Sachverhalt; als 'Grundstruktur' aller Erziehung schlechthin, die nur akzidentiell modifiziert wird oder als Idealtypus im Sinne eines erkenntnisleitenden Prinzips[10]. Wenn man die letzte Alternative prüfen will, also die Frage, ob die Theorie des pädagogischen Bezuges einen 'reinen Grenzfall' der Zusammenfassung empirischer Merkmale darstellt, ob sie also die (ideale) Realität erfaßt, die dann mit empirischen Forschungsstrategien in ihrer konkreten Erscheinungsvielfalt nach Maßgabe dieses Idealtypus ausgeleuchtet werden kann, so ist man verwiesen auf die zweite Problematik, ob denn Nohls Theorie des pädagogischen Bezuges mehr ist als eine mögliche Interpretation des sozialen Verhältnisses zwischen Erwachsenem und Kind, ob sie also wirklich alle Dimensionen dieses Verhältnisses in 'reiner Form' erfassen kann.

Hier sind nun Bedenken angebracht, die von verschiedenen Seiten gegen Nohls Theorie vorgebracht wurden[11]. Diese reichen von der fehlenden Einbindung der Erzieher-Zöglings-Dyade in gesellschaftliche Verhältnisse, ihrer aus übrigen Kontexten herausabstrahierten Darstellung als Subjekte, über den Vorwurf einer Abwertung des rationalen Charakters von Sozialbeziehungen durch eine auf das Emotionale abgestellte Betrachtung bis hin zu dem Vorwurf einer hoffnungslosen Weltfremdheit einer solchen Konzeption gegenüber den durch reale Sozialisationsprozesse vorstrukturierten Möglichkeiten pädagogischer Verhältnisse. Man kann sich diesen Einwänden zwar dadurch zu entziehen versuchen, daß man das pädagogische Verhältnis als ein 'Urphänomen' betrachtet, als Kennzeichen 'echter' Erziehung - jedoch wird es damit zum normativen Abgrenzungskriterium, sein Rechtfertigungscharakter einer pädagogischen Wirklichkeit wird offenkundig und sein deskriptiv verstandener Geltungsanspruch gerade problematisch. Mit einer solchen Verteidigung entfällt zugleich die Einheit von Gegebenem und Aufgegebenem, die Nohl, in der Tradition geisteswissenschaftlicher Pädagogik stehend, in seiner Theorie des pädagogischen Bezuges vorausgesetzt hatte: Ob die Theorie des pädagogischen Bezuges überhaupt einen deskriptiven Geltungsanspruch erheben kann, wird damit fragwürdig. Ihr Rechtfertigungscharakter einer normativ verstandenen Erziehungsrealität, für die keinerlei Kriterien ihrer Begründung angegeben werden, verweist auf andere Auffassungen dieser Wirklichkeit, die sich der Vielfalt empirischer Phänomene zunächst zu stellen versuchen, bevor sie (normative) Eingrenzungen begrifflich fixieren.

Gegen eine vorgängig idealisierend-normative Option bei der Bestimmung dessen, was ein pädagogisches Verhältnis ist, hat sich vor allem Rudolf Lochner gestellt. Lochner kritisiert zunächst eine starre Rollenaufteilung Erzieher - Zögling: Beide sind seiner Ansicht nach Funktionen in einem Prozeß, die ausgetauscht werden können. So kann auch der Zögling auf einen anderen Zögling erzieherisch wirken, also zugleich Zögling und Erzieher sein; er kann sogar mit erzieherischer Intention auf den Erwachsenen einwirken[12]. Ebenso wie eine feste Rollenverteilung und mit ihr die elitäre Stellung des Erziehers macht Lochner auch die Positivität der emotionalen Einstellung nicht zur Bedingung eines pädagogischen Verhältnisses. "Die Formen der Neigung sind so mannigfaltig, daß man sich hüten sollte, sie mit dem Erziehungsphänomen in eine einfache schlechthin gültige Verbindung zu bringen"[13]. Selbst wenn man - so Lochner - annehmen darf, daß alle Erziehungsverhältnisse einen 'Einschlag' positiver Zuneigung zum Kind zeigen, so kann doch eine solche Zuneigung einen Tiefpunkt erreichen. "Gibt es Neigung im erzieherischen Handeln <u>ohne</u> Neigung zum Zögling selbst, den man zu betreuen hat? <u>Erziehen aus Pflichtgefühl</u> braucht noch nicht die schlechteste Erziehung zu sein; sie braucht nicht zur erfreulichen Kategorie gehören - aber wer will behaupten, daß sie im Hinblick auf die Massenhaftigkeit der nötigen Erziehungsleistungen entbehrlich wäre? Die Zöglinge werden oft zwangsweise zugeteilt: will man annehmen, daß durch den Ablauf des erzieherischen Geschehens notwendigerweise dann überall 'Neigung zum Zögling' entsteht? - Sehr kühle Reserve des Erziehers, ja sogar eine ausgesprochene Abneigung gegenüber einem Zögling vermag doch den um die Notwendigkeit seiner Tätigkeit Wissenden nicht von der Verantwortung zu entheben"[14]. Lochner, der von der Beschreibung gemeinhin als Erziehungsbereiche anerkannter Wirklichkeiten ausgeht, versucht so auf die Möglichkeit unterschiedlicher Qualitäten innerhalb dessen hinzuweisen, was die gemeinsame Qualifikation 'pädagogisches Verhältnis' beanspruchen kann. Die Konfrontation eines auf Gefühlsqualitäten abstellenden Irrationalismus mit der Gegenposition rational durchdachter Pflichterfüllung erlaubt solche Differenzierungen. Sie erlaubt es auch, den Machtaspekt wieder in die Diskussion miteinzubeziehen: "Die erzieherische Führung hat ihre Wurzeln nicht nur im Schutz- und Pflegebedürfnis des Neuankömmlings; das Streben des Erziehers, den Zögling vor Fährlichkeiten zu behüten, scheint begründet in der Macht, die man über ihn hat, und in der Herrschaft, die man über ihn ausübt"[15]. Die Berücksichtigung dieser Dimension zerstört die in Nohls Theorie der emotionalen Grundeinstellung einer pädagogischen Liebe gegebene Begründung der Kontinuität des Erziehungsprozesses: Brüche und Konflikte innerhalb dieses Prozesses werden thematisierbar - Brüche, die (wie Lochner betont) den Prozeß als Erziehungsprozeß nicht aufheben. "Führung, Macht, Herrschaft, Autorität laufen auf allen Stufen darauf hinaus, den Willen des Zöglings in die vom Erzieher 'vorgestellte' Bahn zu leiten (mag diese Vorstellung auch noch so vage sein!). Aber wenn, wie das tausendfach nachweisbar ist, der Wille des Zöglings Widerstand leistet? Dann gleiten solche Verhältnisse über in erzieherischen Kampf"[16]. Bestandteil des Erziehungskampfes kann für Lochner auch die körperliche Züchtigung sein[17].

Man kann gegen eine solche differenzierte Betrachtung von Erziehungsverhältnissen einwenden, daß ihr Begriff des erzieherischen Verhältnisses unscharf wird, daß es doch gerade das

Problem ist, wann beispielsweise eine Auseinandersetzung noch als Erziehung gelten kann, ob es dafür nicht Kriterien in der Beziehung selbst geben muß. Lochner weist hier auf funktional äquivalente Möglichkeiten in der Motivation des Erziehers (Zuneigung/verantwortliches Pflichtgefühl) wie auf verschiedene mögliche Reaktionsformen des Zöglings hin. Unterschiedliche, gar gegensätzliche Faktoren können vor dem Hintergrund einer solchen funktionalen Betrachtung konstitutiv werden für die Qualifizierung 'pädagogisches Verhältnis'. Lochner sieht allerdings deutlich, daß es um eine Qualifizierung des pädagogischen Verhältnisses geht und nicht um eine empirische Beobachtbarkeit, wenn er über die 'Erziehungsgruppe' feststellt: "tatsächlich nachweisbar ist eine solche Gruppe <u>nicht</u>. Wo immer E ⟷ Z - Beziehungen auftreten, sind sie mit anderen Sozialformen oder sozialen Prozessen kombiniert, und es ist Aufgabe der erziehungswissenschaftlichen Analyse, so weit es möglich ist, die erziehungs-spezifischen Prozesse auszusondern"[18]. Das erzieherische Verhältnis bildet bei Lochner nicht das Identifikations- und Rechtfertigungskriterium der Erziehung, sondern eine Theorie pädagogischen Handelns, die dessen Abgrenzung von anderen 'Formwandelphänomenen' erlaubt. Der Erziehungsbegriff ist hier konstitutiv für das, was 'pädagogisches Verhältnis' genannt werden kann: Pädagogische Verhältnisse sind variabel durch den Bezug auf einen als eindeutig abgrenzbar gedachten Erziehungsbegriff. Lochners Schwanken zwischen interpretierender Begriffsfestsetzung und sich deskriptiv verstehender phänomenologischer Betrachtung erlaubt ihm, die Kategegorie des erzieherischen Verhältnisses flexibel zu handhaben: Ihre normative Dimension gewinnt diese Kategorie bei ihm vermittelt über den Erziehungsbegriff.

Das erzieherische Verhältnis liegt bei Lochner nicht im Zentrum der Rechtfertigungsproblematik. Versucht man aber, vom pädagogischen Verhältnis aus die Rechtfertigungsproblematik in der Bestimmung von Erziehung aufzuheben oder zu verkleinern, so gerät man in das Dilemma, soziale Verhältnisse normativ als Bedingung der Möglichkeit für die Rede von Erziehung ansetzen zu müssen, die zum einen realen Verhältnissen zwischen Erziehern

und Kindern widersprechen und zum anderen von dem Paradox der Zielformulierung betroffen sind. Es werden Erziehungsverhältnisse postuliert, die die (akzeptierte) Abhängigkeit des Subjekts zum Idealzustand für Erziehung erklären, ohne daß in der Theorie eines interpersonalen Verhältnisses gezeigt werden könnte, daß dieses Verhältnis über sich selbst hinausweist. Wann der Zögling in die Selbständigkeit zu entlassen ist, wird nicht durch eine strukturelle Veränderung des Verhältnisses angegeben, sondern unterliegt ganz der Verfügung des Erziehers über den Zögling in diesem Abhängigkeitsverhältnis. Der qualitative Umschlag von der Fremdbestimmung zur Selbstbestimmung ist in das Belieben subjektiver Willkür gestellt. Es scheint, daß eine Theorie des pädagogischen Verhältnisses, die den Anspruch erhebt, über seine Definition und Rechtfertigung den Erziehungsprozeß eindeutig faßbar zu machen, notwendig diesem Dilemma verfällt, ein Abhängigkeitsverhältnis rechtfertigen zu müssen, ohne aus diesem heraus Kriterien entwickeln zu können, die seine Aufhebung versprechen könnten. Solche Kriterien in ihm finden zu wollen, würde gerade bedeuten, daß man die Rechtfertigung des Abhängigkeitsverhältnisses relativieren würde, sie an Bedingungen knüpfen würde.
Eine solche Kritik scheint an der Theorie des pädagogischen Verhältnisses einseitig den Herrschaftsaspekt hervorzuheben. Sie scheint zu übersehen, daß in dieser Theorie gleichsam eine 'Sicherung' gegen die willkürliche Ausnutzung der Abhängigkeitsbeziehung eingebaut ist, die über die bloße Option für eine pädagogische Liebe hinausgeht und ein rationales Moment ihr zur Seite stellt, das gerade gegenüber dem Herrschaftsaspekt ein Korrektiv signalisiert: Gemeint ist der 'pädagogische Takt'. Nohl bestimmt den pädagogischen Takt als "Ineinssetzung des missionarischen Kulturwillens mit dem persönlichen Ideal und der Spontaneität des Zöglings"[19]. Der pädagogische Takt ist so zu verstehen als die subjektive Fähigkeit des praktischen Erziehers, die mit der Bestimmung des pädagogischen Bezuges gegebene Aufgabenstellung zu erfüllen. Der pädagogische Takt wird praktisch in verschiedenen Situationen und gegenüber unterschiedlichen Personen: Er kann ebenfalls nur im Hinblick auf

diese je konkreten Umstände inhaltlich spezifiziert werden.
Was er bedeutet, ist nur an konkreten Situationen aufweisbar, die Beispielcharakter haben. Die Bindung an den pädagogischen Vollzug mit seiner Ausklammerung des Herrschaftsaspekts verhindert nun allerdings bei Nohl, daß der Begriff des pädagogischen Taktes eine Problematisierung eben dieses im Vollzug gegebenen Verhältnisses einschließt. Takt bedeutet hier die Vermittlung von objektiven kulturellen Ansprüchen mit der Einfühlung in das Kind und seine Möglichkeiten[20], wobei es keine darüber hinausgehenden Kriterien gibt, die es erlauben würden, den Erzieher und seine Kompetenz selbst einzubeziehen: Wo kein Widerstand existiert, fällt es leicht, taktvoll zu sein.
Der Begriff des pädagogischen Taktes ist jedoch auch unabhängig von der Theorie des pädagogischen Bezuges zur Kennzeichnung der sozialen Dimension von Erziehung verwandt worden. So bezeichnet er in der Tradition Herbarts eher die Vermittlung von Theorie und Praxis durch den Erzieher - dies gemäß der Aussage Herbarts, keine Vorstellung zu haben von Erziehung ohne Unterricht[21], nach zwei Seiten: zum einen bezogen auf die kindgerechte Vermittlung von Wissensstoffen und zum anderen als Nahtstelle zwischen der pädagogischen Wissenschaft und der erzieherischen Praxis. Herbart intendierte so die Bildung des pädagogischen Taktes: Die Bildung des pädagogischen Gedankenkreises sollte den Erzieher dazu befähigen, in der erzieherischen Praxis qualifizierter zu handeln. Pädagogische Theorie wurde nicht als unmittelbar handlungsanweisend begriffen; sie sollte den Horizont für die Praxis des Erziehers bilden, seinen Orientierungsrahmen, der jedoch nur von ihm praktisch fruchtbar gemacht werden kann.
Eine solche Bestimmung des pädagogischen Taktes als Nahtstelle zwischen pädagogischer Theorie und erzieherischer Praxis scheint nun mit der vorliegenden Problematik der Rechtfertigung des Erziehungsbegriffs über eine Bestimmung der sozialen Dimension nicht unmittelbar verbunden zu sein. Daß ein Erzieher eine rezipierte pädagogische Theorie nicht unmittelbar 'anwenden' kann, sondern mit konkreten Personen und Situationen konfrontiert wird, die theoretisch in dieser Mannigfaltigkeit nicht

antizipiert werden können, und die ihn zudem als Subjekt fordern, scheint von der Begriffsbestimmung der Erziehung relativ unabhängig zu sein. Wenn man jedoch, wie ich es im dritten Kapitel versucht habe, die Definition von 'Erziehung' als Einheit von Deskription und Rechtfertigung versteht, so gehört es zum Bereich der pädagogischen Theorie, über ihr Praktisch-Werden nachzudenken. Der pädagogische Takt gehört demnach als Kategorie in die pädagogische Theorie: Wie sie praktisch werden kann, ist nicht nur von einer 'fertigen' Theorie her zu reflektieren, sondern in deren Gegenstandsbestimmung als gerechtfertigter Erziehungspraxis immer schon mitenthalten - der pädagogische Takt ist Teil der zu betrachtenden und zu rechtfertigenden Erziehungshandlung. In diesem Sinne etwa ist auch die Bemerkung Zillers zu verstehen, daß nur der rationale Takt der rechte pädagogische Takt sei[22]. Allerdings hat es der Herbartianismus versäumt, Kriterien zu entwickeln, die es erlauben würden, Unterschiede im pädagogischen Takt auszumachen, Bedingungen aufzuzeigen, die als Orientierungspunkte und Grenzen des pädagogischen Taktes angesehen werden könnten.
Daß eine Bestimmung des pädagogischen Taktes vor allem auf Grenzen erzieherischen Handelns hinzuweisen habe, darauf hat in der neueren pädagogischen Diskussion Klaus Prange hingewiesen. Prange verwendet die metatheoretischen Überlegungen des Theorie-Praxis-Problems als pädagogisches Argument: Daß pädagogische Theorie der Vermittlung über das handelnde Subjekt bedarf, um praktisch zu werden, trifft ebenso zu auf den Versuch des praktischen Erziehers, Kindern Theorien zu vermitteln. Was diese damit machen, ob sie sich ihnen gemäß verhalten, ob sie sie also vermittelt über ihre Subjektivität praktisch werden lassen, entzieht sich der Verfügbarkeit des Erziehers. "Zwischen dem, was als Lehre in methodischer Weise angeeignet worden ist, und dem tatsächlichen Einsatz in einer je konkreten Situation, die im übrigen keine Verstandeserkenntnis im voraus ausklügeln kann, bleibt ein Bruch, der nur durch ein unwiederholbares Handeln zu überwinden ist. Auf diesen Bruch bezieht sich der pädagogische Takt insofern, als er in Rechnung stellt, daß es keine allgemeine Anweisung dafür gibt, wie dieser Ein-

satz in concreto zu vollbringen ist"[23]. Der Erzieher kann eine verantwortliche Praxis des Zöglings nicht erzwingen, nicht einmal vorwegnehmen - ihm bleibt der Appell: "Der pädagogische Takt besteht aber im wesentlichen darin, gerade die Fingerzeige geben zu können, die diesem Lernenden in dieser Situation helfen, sich als Person zu erfahren"[24].
Der pädagogische Takt gewinnt fast die entgegengesetzte Färbung wie bei Nohl. Dort schloß die Einfühlung in das Kind und seine Möglichkeiten den pädagogischen Eingriff nicht aus, sondern legitimierte ihn als pädagogischen. Prange hingegen setzt den pädagogischen Takt als Kristallisationspunkt einer 'negativen Pädagogik': Pädagogischer Takt präzisiert den einsichtsvollen Verzicht auf Eingriffe, die ohnehin sinnlos zu sein scheinen. Positiv formuliert: Der pädagogische Takt besteht darin, den Rückzug der Pädagogik auf den Appell und das Beispiel praktisch wirksam werden zu lassen. Ich möchte die Schwierigkeiten einer solchen Position an einem Beispiel verdeutlichen.
Wenn ein Lehrer das unterrichtsstörende Verhalten eines Schülers durch einen Appell an seine Einsicht zu ändern sucht, so wird er vielleicht darauf hinweisen, daß andere Schüler lernen wollen, daß der betreffende Schüler auch für seine (des Lehrers) Lage Verständnis aufbringen müsse - er wird also Gründe für eine Änderung des Schülerhandelns vorbringen und auf Einsicht hoffen. Wenn nun der Schüler das in den Augen des Lehrers einsichtsvolle Verhalten nicht zeigt, also weiterhin stört, wird der Lehrer (vielleicht nach mehreren Versuchen) zu anderen, in diesem Falle: disziplinierenden Mitteln greifen. Der Schüler wird sich dann auf Androhung oder Verhängung negativer Sanktionen hin anders verhalten: Er wird nicht weiter stören, um nicht noch stärkere Sanktionen hervorzurufen. Hier wird also durch den Lehrer ein bestimmtes Handeln bzw. die Unterlassung einer Handlung hervorgerufen. Man könnte jetzt einwenden, daß diese Änderung der Handlungsweise nicht auf Einsicht beruhe, also kein dem Schüler verantwortlich zuzurechnendes Handeln sei, sondern nur eine äußere Anpassung auf sozialen Druck hin. Man könnte also in diesem Falle (im Sinne Pranges) kaum von Erziehung reden, sondern nur von Zwangsausübung[25]. Der Erzieher

bleibt hier nur solange Erzieher, wie er die mit seiner Position verbundenen, d.h. legitimierten Machtmittel nicht einsetzt. Unterstellt man nun einmal, der Schüler habe auf den ersten Appell bereits positiv reagiert: Er handelt also nach der Auffassung des Lehrers einsichtsvoll und stört den Unterricht nicht weiter. In einer solchen Wendung der Situation wird man nur dann (im Sinne Pranges) von Erziehung reden können, wenn sich eine zumindest begrifflich klare Abgrenzung von dem oben diskutierten Ausgang der Situation feststellen läßt. Dagegen wird man jedoch mit folgenden Gründen Bedenken erheben können: Eine solche Unterscheidung würde voraussetzen, daß bei der Handlungsänderung durch Einsicht die reale Machtposition des Lehrers ausgeschlossen bleibt. Man wird jedoch demgegenüber davon ausgehen müssen, daß diese auch bei argumentativem Vorgehen des Lehrers vom Schüler immer mitbedacht wird. Vielleicht hat er schon einmal gesehen, daß Appelle auch durch Drohungen abgelöst werden können, zumindest jedoch weiß er um die Möglichkeit. Dies soll nicht bedeuten, daß der Schüler sich in einer solchen Situation bewußt taktisch verhält, jedoch ist damit gemeint, daß er die real vorhandene Machtbeziehung immer 'im Hinterkopf' hat, daß diese Beziehung sich auf seine Einschätzung der Situation auch dann auswirkt, wenn er keine konkreten Drohungen und Sanktionen antizipiert. Der Erzieher hat so über seine Machtposition und deren realisierte oder potentielle Ausübung die Möglichkeit, Handlungen der Zu-Erziehenden hervorzurufen oder zu unterbinden: Pranges Erziehungsbegriff ist nur um den Preis der Abstraktion von dieser immer auch mitvorhandenen Machtbeziehung aufrechtzuerhalten.

Daß der Rückzug auf eine 'negative Pädagogik' und die damit verbundene Idealisierung eines pädagogischen Verhältnisses sich nur über den Preis einer Abstraktion von realen Verhältnissen aufrechterhalten läßt, zeigt sich am Beispiel der Bestimmung des Verhältnisses von Enkulturation, Sozialisation und Personalisation bei Prange. Während Enkulturation die ganzheitliche Erfassung und das Einleben in eine Kultur bezeichnet, bezieht sich der hier verwandte Begriff der Sozialisation auf die methodisierten Vorgänge und Prozesse, die diesen Prozeß steuern sollen. Personalisation hebt demgegenüber "insbesondere auf den unwiederholbaren und nicht lehrbaren Einsatz des moralischen Subjekts" ab[26]. Hier wird also ebenfalls die Unterscheidung von Lehrbarkeit, d.h. Durchsetzbarkeit und Erziehung betont. Prange bestimmt deren Verhältnis nun auf folgende Weise: "Das heißt also, daß die von uns als die eigentlich erzieherische Einwirkung herausgestellte personale Zuwendung nicht gesondert und außerhalb der kulturellen und sozialen Dimension verstanden wird, sondern als die Form ihrer Durchführung"[27]. Eine solche These unterstellt, daß Enkulturation und Sozialisation auf den Inhaltsaspekt zu beschränken wären, dem eine pädagogische Form nicht äußerlich wäre, daß also die Form der Lehre keine von der Form der Erziehung verschiedene sei, bzw. zumindest als Form keine mit der Erziehung inkompatiblen Ergebnisse zeitigen würde. Nun wird man allerdings davon ausgehen müssen, daß gerade die Form (etwa des Unterrichts) verhaltensbestimmend wirkt, daß die durch sie geförderten Handlungsweisen der Schüler sogar weitgehend proklamierten Erziehungszielen widersprechen[28]. Pranges dezidierte Unterscheidung von Lehre und Erziehung faßt gerade die Problematik nicht, die gemeinhin unter den Begriffen 'Sozialisation' und 'Erziehung' abgehandelt wird: die des Verhältnisses von sozialer Funktion und pädagogischer Intention, von funktionalen Ergebnissen und pädagogischen Wirkungen.

Was der Begriff des pädagogischen Taktes meint, so kann man zusammenfassen, hängt von der jeweiligen pädagogischen Theorie, spezieller: von deren Reflexion auf die Möglichkeiten und Grenzen des Erziehens, ab. Im Hinblick auf die jeweilige Definition von Erziehung scheint so der Begriff des pädagogischen Taktes, sobald mehr damit gemeint ist als der Hinweis auf die Vermittlung von Theorie und Praxis über ein konkretes Subjekt an eine konkrete Praxis, als gebunden an diese Definition. Anders als in der Theorie des pädagogischen Verhältnisses, die ebenfalls die soziale Dimension des erzieherischen Einflußprozesses zum Gegenstand hat, wird mit dieser Kategorie nicht versucht, den Erziehungsbegriff über eine soziale Struktur zu definieren und zu rechtfertigen. Vielmehr rechtfertigt sich der pädagogische

Takt vom Erziehungsbegriff her. Was demnach beiden Kategorien, die sich auf das Verhältnis von Erzieher und Zögling beziehen, gemeinsam ist, das ist der Bezug zur Geltungsproblematik pädagogischen Handelns. Hier geht es nicht so sehr darum, welches Ziel gerechtfertigt ist oder ob die Absicht oder die Wirkung das Spezifikum pädagogischen Handelns ausmacht, sondern Gegenstand ist hier, inwieweit der im pädagogischen Handeln liegende Anspruch auf Verfügung über den Zögling gerechtfertigt ist. Beide Theorien betonen unterschiedliche Aspekte: Während die Theorie des pädagogischen Verhältnisses sich darum bemüht, dem Herrschaftsverhältnis seinen Charakter zu nehmen, indem sie dessen Legitimation durch das Postulat seiner Anerkennung durch beide Seiten als Bedingung wahrer Erziehung annimmt, versuchen die Vorstellungen bezüglich des pädagogischen Taktes eher, diesem Abhängigkeitsverhältnis dadurch die Schärfe zu nehmen, daß sie das Bewußtsein um die Grenzen des Erziehens in dieses selbst hineinverlegen.

Letzteres läßt sich nicht nur an der 'negativen Pädagogik' Pranges zeigen, sondern auch, wenn man das Konzept des pädagogischen Taktes mit demjenigen einer Absichtsdefinition von Erziehung vergleicht: Der pädagogische Takt (in den verschiedenen Interpretationen) problematisiert gerade die in der Intention des Erziehers zu findenden Ansprüche dadurch, daß er sie an die Einfühlung in das konkrete Subjekt, die Erfassung der konkreten Situation bindet, die als ernstgenommene die unabhängig von ihm/ihr gefaßte Absicht 'brechen' müssen. Eine Absicht, die sich an den gesetzten Zielen orientiert, zu fassen und die dieser Zielsetzung kompatiblen Handlungen als Erziehung zu begreifen, mag zwar theoretisch möglich sein, jedoch hat eine solche Absicht ohne die Berücksichtigung des konkreten Gegenübers und der konkreten Umstände despotischen Charakter. Der pädagogische Takt problematisiert so den in der pädagogischen Intention gegebenen Herrschaftsanspruch, aber er tut dies nicht so radikal, daß er etwa jegliche pädagogische Intention als bloßen Herrschaftsanspruch desavouieren würde. Er weist zwar auf die Grenzen pädagogischer Ansprüche (sowohl theoretischer wie praktischer Art) hin, aber er tut dies selbst innerhalb einer pädagogischen Konzeption, also bezogen auf eine deskriptive und rechtfertigende Definition von Erziehung.

Daß sowohl die Theorien des pädagogischen Bezuges wie auch die Interpretationen des pädagogischen Taktes den Rechtfertigungsaspekt von Erziehung in den Vordergrund rücken, und sei es auch nur, indem sie ihn (wie Nohls Theorie) normativ aus der pädagogischen Theorie auszuschließen versuchen, erklärt auch ihre fehlende Berücksichtigung durch Ansätze, die Pädagogik empirisch zu begründen versuchen. So ist die Theorie des pädagogischen Bezuges kaum weiterentwickelt worden: Die neueren Ansätze einer sogenannten interaktionistischen oder kommunikativen Pädagogik stehen zwar mit der Ausgrenzung des Geltungsaspekts in dieser Tradition, ohne allerdings pädagogische Abhängigkeit damit legitimieren zu wollen. Nohls Theorie löste das Problem durch eine universelle Legitimation pädagogischen Eingreifens, während hier das Eingreifen als solches nicht mehr problematisch werden kann: Es wird durch Begriffe wie pädagogische Interaktion und pädagogische Kommunikation auf eine symbolische Ebene bezogen und damit entschärft - eine Ebene, auf der die reduzierte Problematik diskursiv, durch Metakommunikation, auflösbar erscheint. Die Kategorie des pädagogischen Taktes findet sich hingegen in Überlegungen zum Theorie-Praxis-Problem in der Pädagogik, die gegen eine empiristische Erziehungswissenschaft (bzw. gegen deren Universalitätsanspruch) an der Vorstellung einer integrierten Pädagogik als praktischer Wissenschaft festhalten wollen[29]. 'Praktische Wissenschaft' impliziert nicht nur den Anspruch auf Praxisanleitung, sondern auf <u>richtige</u> Praxisanleitung durch die Theorie. Daß Erziehung empirisch-deskriptiv nicht faßbar ist, sondern daß ihre Bestimmung immer an die Rechtfertigung oder Problematisierung von Handlungen gebunden ist, wird so auch in der sozialen Dimension deutlich.

V.2. SELEKTION: DIE FUNKTIONALE REDUKTION DES »KONSENS-DEFIZITS«

Hatte in der Diskussion des Kontinuitäts- bzw. 'Technologieproblems' durch Luhmann und Schorr eine auf den Erzieher als Subjekt bezogene Perspektive sich als vorrangig erwiesen, so diskutieren die Autoren bezogen auf die Problematik des sozialen Verhältnisses von Erzieher und Zögling primär aus dem Blickwinkel systemischer Prozesse. Die bezogen auf diese Sozialdimension in der traditionellen Pädagogik immer virulente Frage, ob man als Subjekt der Erziehung sich diesen Subjektstatus auch zuerkennen darf oder nicht - diese Frage wird überflüssig, wenn man sich nicht mehr als Subjekt der Erziehung betrachten kann. Wenn also das soziale System hier wieder stärker als Subjekt der Erziehung akzentuiert wird, so bedeutet dies zum einen eine Entproblematisierung des Verhältnisses von Erzieher und Zögling und zum anderen eine Einschränkung möglicher Problemfälle, die Legitimationsprobleme aufwerfen könnten, auf Systemfunktionen, die dann wiederum auch mit den Mitteln des sozialen Systems aufgearbeitet werden können. An eine solche Vorgehensweise wird man die Frage stellen können, inwieweit mit der gegebenen Reduktion der Problemstellung die angegebenen Sachverhalte überhaupt noch als pädagogische zu qualifizieren sind.

Aus der Perspektive des sozialen Systems gesehen ist die Reduktion der Problematik Gleichheit/Ungleichheit bzw. Macht/Abhängigkeit auf die Funktion der Selektion konsequent. Diese Selektion wird durchaus als pädagogische gesehen, da das Schulsystem mit der Inklusion aller Gesellschaftsmitglieder quer zu anderen Selektionsprinzipien liegt. "Als pädagogische Selektion soll hier eine Selektion bezeichnet werden, die im Funktionssystem für Erziehung stattfindet, sich nach dessen Kriterien richtet und dessen Positionen bzw. Symbole für Erfolge/Mißerfolge zuteilt. Pädagogische Selektion ist unvermeidlich ein grundlegen-

der Vorgang im Erziehungssystem, und dies ganz abgesehen von ihren gesellschaftsweiten Auswirkungen, weil sie die Gruppierungen bildet, in denen erzogen wird, und weil sie den Zugang zu voraussetzungsreicherer Erziehung steuert"[30]. Es ist nun allerdings zunächst vor dem Hintergrund der bisherigen Unterscheidung von Unterricht und Erziehung, Zweckprogramm und situativem Konditionalprogramm, zu fragen, ob bei dieser internen Funktion der Selektion: den Zugang zu voraussetzungsreicherer Erziehung zu steuern, nicht eine Verwechslung eben dieser Begriffe von Unterricht und Erziehung statthat. Wenn Erziehung nur situationsbezogen und über subjektive Vermittlung als wirkungsoffenes Konditionalprogramm möglich sein soll, so ist die lineare Vorstellung des meßbaren Anwachsens von Erzogenheit wohl kaum denkbar. Mit dem Übergang in eine 'höhere Klasse', wie sie durch Prüfungen und Zensuren gesteuert wird, ist zwar eine Voraussetzung für die Unterrichtung in anderen Inhalten gegeben, kaum aber sind damit Voraussetzungen fixiert, die die situative Selbststeuerung des Interaktionssystems Unterricht auf eine neue Qualitätsstufe stellen könnten. Die Verwechslung von Erziehung und Unterricht ist nun konstitutiv für die weiteren Ausführungen Luhmanns und Schorrs.
Mit der Funktion der Selektion sind zugleich die systeminduzierten Schwachstellen in der sozialen Dimension gegeben: Sie bestehen in Prüfungen und Zensuren, die gerade die Selektion gewährleisten sollen. Was aber macht diese Prüfungen und Zensuren zu legitimatorischen Schwachstellen? "Der eigentliche Grund scheint zu sein, daß für Erziehung im Erziehungssystem Konsens in Anspruch genommen werden kann, nicht dagegen für Selektion.. Im Bereich sozialer Selektion muß der Lehrer daher ohne Konsens operieren. Das Ausdifferenzieren selektiver Aspekte seines Verhaltens als lobende oder tadelnde Äußerung, Zensurengebung, Versetzungsentscheidung bis hin zur Veranstaltung besonderer Prüfungen nur zum Zwecke der Selektion, zieht aus dem konsentierten alltäglichen Verhalten die nichtkonsensfähigen Aspekte heraus und stabilisiert sie in eigenen Formen, wenn nicht in eigenen Subsystemen (Prüfungen)"[31]. Das 'Konsensdefizit'[32] äußert sich demnach gerade dort, wo es um die Abhängigkeit der Schüler-

karriere vom Lehrer geht. Der Lösungsvorschlag einer Ausdifferenzierung dieser nichtkonsensfähigen Aspekte aus dem Bereich der Erziehung (Unterricht), der eben diesen Bereich entproblematisiert, erinnert an traditionelle pädagogische Versuche, jeweils als nicht konsensfähig betrachtete Aspekte von Erziehung (wie etwa das Disziplinproblem) aus der eigentlichen Erziehung auszugrenzen. Nicht in den Blick kommen auf diese Weise die Qualität des 'pädagogischen Verhältnisses' und damit jene Probleme, die sich ergeben, wenn man Erziehung nicht einfach als einen Prozeß unterstellt, dessen Qualität immer schon durch Konsens abgesichert ist.
Soll die Ausdifferenzierung selegierender Handlungen und damit die indirekte Legitimation des Erziehungsbegriffs durchgehalten werden, so müssen Möglichkeiten angegeben werden, die den Erzieher aus seiner sonstigen Position als Erzieher herausheben und ihn als davon unterschiedene Selektionsinstanz deutlich werden lassen. Die unterschiedlichen Funktionen des Erziehens (bzw. hier eigentlich: des Unterrichtens) und der Selektion müssen nach außen als verschiedene wahrgenommen werden können, soll das Konsensdefizit der letzteren nicht auf die erstere übergreifen. Luhmann und Schorr geben zwei Systemstrategien an, die eine solche Unterscheidung gewährleisten sollen: zum ersten die Ausdifferenzierung besonderer Subsysteme für Selektion und zum zweiten die Generalisierung eines besonderen Mediums der Selektion[33].
Als ausdifferenzierte Subsysteme der Selektion können nach Luhmann und Schorr Prüfungen gelten. Diese sind sowohl als schriftliche wie auch als mündliche klar vom sonstigen Unterrichtsablauf unterschieden. Obwohl sie derart eine klare Abgrenzung vom sonstigen Unterrichtsprozeß zu gestatten scheinen, haben solche ausdifferenzierten Subsysteme auch entscheidende Nachteile. Indem sie den Prüfling unter einen situationsspezifischen Zeitdruck stellen, schalten sie dessen Reflexion weitgehend aus und favorisieren die bloße Reproduktion. Ein weiterer Nachteil besteht neben der Zeit- und Arbeitsaufwendigkeit solcher Verfahren darin, daß überprüftes Wissen nur einen kleinen Teil des für erforderlich gehaltenen Wissens umfassen kann[34].

Die Nachteile ausdifferenzierter Subsysteme lassen Luhmann und Schorr erwarten, daß, obwohl solche Prüfungen in Übergangssituationen ihren Stellenwert behalten werden, sich mit einem Medium der Selektion eine aus der Sicht des Systems adäquatere Funktionserfüllung gewährleisten läßt.
Ließen sich Prüfungen relativ leicht von dem sonstigen Ablauf des Unterrichts unterscheiden, so wird dies bei einem Medium der Selektion, das notwendig in dieser ablaufenden Interaktion ansetzt, schwieriger. Ausgangspunkt der Analyse eines solchen Selektionsmediums ist die doppelte Kontingenz, die jeweilige Unsicherheit über die Erwartungen des Anderen und dessen Unsicherheit über die eigenen Erwartungen. "Außerdem wird diese doppelte Kontingenz nochmals gedoppelt in konstante und variable Faktoren. Man könnte von Fähigkeiten (bzw. Unfähigkeiten) und von Absichten sprechen. Es mag objektiv relativ langfristig festliegende Persönlichkeitsmerkmale, Einstellungen etc. einerseits und situativ auslösbare Motive, Absichten, Handlungsneigungen oder Blockierungen andererseits geben. Die Übergänge werden fließend sein. Erst die Interaktionssituation erzwingt eine relativ klare Schematisierung unter dem Gesichtspunkt konstant/variabel mit einer entsprechenden Zurechnung, weil von der Wahl des Gesichtspunktes unterschiedliche Folgehandlungen abhängen"[35]. Wenn beispielsweise ein Lehrer glaubt, daß ein verurteilenswertes Verhalten eines Schülers auf dessen Persönlichkeitsstruktur beruht, so dürfte dies andere Konsequenzen haben, als wenn er dies einer situativen Neigung (als einem variablen Faktor) zuschreibt. Diese implizite Persönlichkeitstheorie des Lehrers wirkt sich so auch aus auf seine Verwendung von Selektionen - zumindest auf der Ebene von erteiltem Lob und Tadel. Da die Reaktionen der Schüler auf diese Selektionen geeignet sind, je nach impliziter Persönlichkeitstheorie: zumindest wenn diese stärker auf variable Faktoren setzt, diese Selektionen zu verändern oder zu bestätigen, entwickelt sich ein Prozeß, in dessen Verlauf die Persönlichkeitszuschreibung (als ursprüngliche oder veränderte) sich zunehmend stabilisiert. "Unter solchen Umständen entstehen - und wir behaupten: notwendigerweise; ob gewollt oder nicht! - symbolische Generalisie-

rungen, die den Selektionsvorgang orientieren, ihm Ausdruck und kontinuierlichen Sinn geben und ihm Verhaltensanschlüsse eröffnen. Selektion wird so zum Moment einer selbsttragenden Konstruktion, die mit der Realität des Fähigseins. Könnens und Leistens laufend verknüpft wird, ohne sie sachgerecht abbilden zu können oder gar mit ihr identisch zu sein. Wir wollen diese symbolische Wirklichkeit, die ähnlich wie Kredit und Vertrauen oder Reputation fungiert, als Medium der Selektion bezeichnen. Damit soll ausgedrückt sein, daß ohne ein solches Medium der einzelne Akt des Beurteilens, Auszeichnens und Zurückweisens, nichts bedeuten kann; daß vielmehr ein Lob immer auch das Versprechen weiteren Lobens impliziert, wenn das gelobte Verhalten fortgesetzt wird, und ebenso beim Tadel; daß also erst das Medium der Selektion der Gegenwart eine Zukunft und eine Vergangenheit verleiht und daß erst diese Verweisungsstruktur selektiv wirken kann"[36]. Daß ein solches symbolisch generalisiertes Medium funktionieren kann, setzt eine binäre Schematisierung voraus: So werden Lob/Tadel, Versetzung/Nichtversetzung und Zensurenskala unter diesem Aspekt betrachtet[37]. Dieser vorgegebene Deutungskontext ermöglicht erst die Integration der laufenden Typisierungen und Selektionen zu einer 'selbsttragenden Konstruktion', die gerade aufgrund ihrer Selbständigkeit Kontinuität verbürgt: Wer immer gelobt wurde, gute Zensuren hatte und versetzt wurde, kann nicht durch einen bloßen Willkürakt 'sitzenbleiben'. Es kommt in dieser funktionalen Betrachtung der Selektion nicht darauf an, ob diese Selektionen gerecht sind oder nicht[38]: Wichtig ist ihre Funktion, motivbildend zu wirken, Kalkulationsgrundlagen und Orientierungsmuster zu stabilisieren. Sowohl für Lehrer wie auch für Schüler bedeutet der generalisierte Charakter dieser Selektion den Anschlußpunkt weiterer Vorgehensweisen.
An eine solche Konzeption der über den Konsistenzdruck erzwungenen Kontinuität des Selektionsprozesses läßt sich nun allerdings die Frage stellen, inwieweit die Unterscheidung des Interaktionssystems Erziehung von der Selektionsfunktion noch aufrechterhalten werden kann. Betrachtet man zunächst einmal die qualitative Unterscheidung von Lob und Tadel, die, so Luhmann

und Schorr, der Vermittlung von Interaktion und Selektion dienen soll[39], so wird sogleich deutlich, daß nur die Interaktion selbst die Grundlage der Beurteilung sein kann. Damit aber ist die Unabhängigkeit von Unterrichtsprozeß und Selektion aufgehoben, da prinzipiell jede interaktive Begebenheit zum Gegenstand der Selektion gemacht werden kann: Die Beurteilung mit selektiven Konsequenzen wäre damit allgegenwärtig - damit aber auch das Konsensdefizit. Der Prozeß des Interaktionssystems Unterricht, dem die pädagogische Funktion zugedacht wurde, wäre durch die Integration der Selektionsfunktion vor die gleiche Problematik gestellt, die man gerade (als Streit über Gerechtigkeit, pädagogische Verantwortung usw.) ausgrenzen wollte. Dadurch, daß Selektionen dem Interaktionsprozeß selbst zugehören, gibt es nur noch zwei Möglichkeiten: entweder man fordert für den Lehrer innerhalb des Interaktionssystems eine besondere Stellung, die allerdings das Konzept eines sich über Themen selbststeuernden Interaktionssystems sprengen würde, und die zudem über eine Theorie der pädagogischen Qualität dieser Stellung (eine Theorie des 'pädagogischen Verhältnisses') legitimiert werden müßte; oder man geht von einer Gleichheit der Interaktionsteilnehmer aus, die dem Prinzip des unstrukturierten Interaktionssystems entsprechen würde. Dies allerdings würde bedeuten, daß die Selektion zum Thema werden würde, daß also auch ihre Rechtfertigung überprüft werden könnte, was für die Schüler zum einen unrealistisch und zum anderen von der Systemtheorie her dysfunktional wäre.
Ein anderes Dilemma zeigt sich bei der Problematik der Versetzungen, die eine Vermittlung des Interaktionssystems Unterricht an das Organisationssystem Unterricht leisten sollen[40]. Mag dies auch vordergründig einsichtig sein, wenn man die Zugehörigkeit zu einer Klasse als organisatorische Regelung in Rechnung stellt, so tauchen doch Probleme spätestens dann auf, wenn man nach der Grundlage einer solchen Versetzung fragt. Diese wird hier (wie auch bei der Unterscheidung Lob/Tadel) im Interaktionssystem Unterricht gesehen, das als Träger von Erziehung im Gegensatz zum Unterricht als Zweckprogramm definiert ist. Die Vermittlung von erziehendem Interaktionssystem und Organi-

sationssystem hätte damit zur Voraussetzung, daß die Versetzung von der Beurteilung pädagogischer Konditionalprogramme abhängig gemacht würde, was sinnlos ist, da diese als wirkungsoffen unterstellt werden. Spätestens an dieser Stelle holt die eingangs konstatierte Verwechslung von Erziehung und Unterricht die Analyse der Selektionsfunktion ein - eine Verwechslung, die eigentlich nur vor dem Hintergrund der systematischen Unklarheit über die Zurechnung von Erziehungshandlungen verständlich ist.

Für Noten postulieren Luhmann und Schorr gar keine Außenstützung, keinen Bezug zu anderen 'Subsystemen' oder Funktionen. Noten leisten die Zusammenfassung verschiedener Beurteilungen (als Grundlage für Versetzung/Nichtversetzung) sowie ihre Differenzierung entlang der Notenskala. Ihre Klassenöffentlichkeit verstärkt zugleich die Orientierung am Medium der Selektion. Nun sind allerdings Noten noch die Form der Bewertung, die am ehesten eine Ausdifferenzierung der Selektion aus dem Interaktionssystem Unterricht deutlich machen könnte: ist ihre Vergabe doch meist an mündliche oder schriftliche Prüfungen (Abfragen, Klausuren) gebunden. Daß dieser Bezug von Luhmann und Schorr nicht akzentuiert wird, mag an der Architektonik der Theorie liegen, die mit der Gegenüberstellung von Prüfung und Medium der Selektion eine Verbindung beider nicht als sinnvoll erscheinen ließ. Andererseits darf man ebenfalls vermuten, daß die Verbindung von Selektionsmedium und ausdifferenzierter Prüfung im Falle der Benotung auch umgekehrt gilt, d.h. daß sich die Kontinuität der symbolisch generalisierten Selektion, die sich vor allem aus der Beurteilung des Interaktionsgeschehens herleitet, auch in die 'ausdifferenzierte' Prüfungssituation hinein auswirkt. Damit stellt sich ebenfalls an diese ausdifferenzierte Situation die Frage der Legitimität: Hat der Lehrer diese Prüfungsfrage nur deshalb gestellt, weil er den Schüler nicht mag, was sich aus der Tatsache begründen läßt, daß er ihn dauernd tadelt? War die Klausur deshalb so schwierig, weil es in der letzten Zeit erhebliche Disziplinprobleme gab?

Die Ausgrenzung des Konsensdefizits aus dem Erziehungsbereich und seine trotzdem vorgenommene Klassifizierung als 'pädago-

gisch': die pädagogische Selektion außerhalb der Erziehung scheint gescheitert. Man könnte überspitzt formulieren: Soweit die Selektion außerhalb der Erziehung angesiedelt wurde, konnte sie nicht pädagogisch, sondern allenfalls organisatorisch betrachtet werden, soweit sie pädagogisch verstanden wurde, entstanden die Qualifizierungsprobleme, die letztlich auf die Legitimation eines 'pädagogischen Verhältnisses' hinwiesen. Eben diese Qualifizierungsprobleme, wie sie in der unklaren Stellung des Interaktionssystems und der Verwechslung von Erziehung und Unterricht verdeckt wurden, bezeichnen den Punkt, an dem deutlich wird, daß eine pädagogische Selektion anderen Kriterien genügen muß als einer nur-funktionalen Abwicklung von Selektionen. Das Legitimationsproblem solcher Selektionen stellt sich erneut.
An anderer Stelle weisen Luhmann und Schorr ebenfalls auf diesen Punkt hin, wenn sie angeben, daß das Interaktionssystem Unterricht durch die Zweckprogrammierung zwei Kommunikationsprämissen unterliege: Leistung und Angst[41]. Es seien diese Kommunikationsprämissen, die Einseitigkeiten und Fehlentwicklungen in der Identitätsbildung von Schülern verschulden könnten. Allein schon das Überhandnehmen von Zensuren und Konkurrenzdruck müsse als ein pädagogisches Warnzeichen angesehen werden[42], dem durch eine Verbesserung des Klassenklimas und andere Maßnahmen korrigierend begegnet werden müßte. Eine solche Orientierung widerspricht der Konzeption eines Mediums der Selektion, die ja ebenfalls pädagogischen Anspruch erhebt. Hier liegt offensichtlich wiederum ein subjektbezogener Erziehungsbegriff vor, der gerade das Funktionieren des 'Selektionsmediums' nicht als unabhängig von Gerechtigkeit und Ungerechtigkeit glorifiziert, sondern an dieses Funktionieren Maßstäbe legt, die dessen Legitimation im Hinblick auf eine zu verantwortende Persönlichkeitsentwicklung des Kindes hinterfragen. Eine solche Fragestellung wäre aus der Perspektive eines sozialen Systems als Subjekt der Erziehung gar nicht formulierbar. Mit ihr steht man darüber hinaus wieder am Ausgangspunkt: bei der Frage, wie sich die Machtposition des Lehrers, die sich ja gerade auch in Beurteilungen manifestiert, legitimieren lassen

soll.
Aus dem Blickwinkel der Systemtheorie läßt sich auf diese Frage eine andere Antwort rekonstruieren, indem man versucht, ihren Machtbegriff auf die Theorie des Erziehungssystems zu übertragen. Ein solcher Versuch ist zwar von Luhmann und Schorr nicht unternommen worden, jedoch kann er noch einmal die Schwierigkeiten der Systemtheorie mit der Pädagogik verdeutlichen.

V.3. PÄDAGOGISCHE MACHT ALS KOMMUNIKATIONSMEDIUM ?

Der Versuch einer Reduktion des Legitimationsproblems auf die Selektionsfunktion des Lehrers, die zudem nur unter funktionalen Gesichtspunkten betrachtet wurde, hat den Blick verstellt darauf, daß der Lehrer Macht hat[43]. Die Verbindlichkeit der Beurteilung des Schülers durch den Lehrer, wie sie sich in der Versetzung oder Nichtversetzung äußert, kann selbst als Indikator dieser Machtstellung angesehen werden. Mit der Verbindlichkeit ist bereits ein wichtiger Aspekt des Machtproblems angesprochen: Die Entscheidungen des Machthabenden müssen für den Adressaten verbindlich sein, d.h. sie müssen für diesen zum Ausgangspunkt neuer Motivationen und Handlungen werden. Hier liegt auch der wichtigste Punkt der Problematisierung von Machtentscheidungen: Die Sicherstellung der motivationalen Übernahme dieser Entscheidung durch die Adressaten ist - außerhalb formalisierter Entscheidungsstrukturen - problematisch. Über Konsequenzen für den Adressaten, die erlebbar sind, kann zunächst die Qualität der Entscheidung in Zweifel gezogen werden und darüber hinausgehend der Machthabende. Wenn beispielsweise ein Lehrer einen Schüler vor der Klasse in einer Form tadelt, die von den Mitschülern zum Anlaß genommen wird, den entsprechenden

Schüler zu hänseln, so wird der Schüler vermutlich die Form der Lehrerhandlung, also die Entscheidung, ihn vor der Klasse in dieser Form zu tadeln, ablehnen. Er wird möglicherweise auch die pädagogische Legitimation dieses Lehrers in Zweifel ziehen, da er ihm einen Sinn für die gerechte Behandlung von Schülern und 'pädagogischen Takt' abspricht.
Daß nicht nur die Entscheidung, sondern zugleich auch der Entscheidende in seiner Legitimität in Zweifel gezogen wird, liegt daran, daß in einer Machtbeziehung der Adressat der Machtentscheidung im Nachteil ist, was die Durchsetzungsfähigkeit seiner Motivationen und Interessen angeht. Dies ist auch der Grund, warum die Konzeption des pädagogischen Verhältnisses bei Nohl sich darum bemüht, eben diesen Konflikt, der aus den unterschiedlichen Positionen folgen kann, aufzulösen in ein komplementäres Verhältnis von Autorität und Gehorsam auf der Grundlage einer emotionalen Beziehung, die gerade die motivierte Übernahme der Lehrerentscheidungen sicherstellt. Wenn die motivierte Übernahme von Machtentscheidungen sichergestellt werden kann, entfällt die Legitimationsproblematik. Die Lösung dieser Problematik steht und fällt allerdings damit, daß ein 'funktionales Äquivalent' für die 'pädagogische Liebe' in der Theorie Nohls gefunden wird, also ein Bezugspunkt, der die motivierte Übernahme von Machtentscheidungen sicherstellt.
Luhmanns Theorie der Kommunikationsmedien setzt genau an diesem Punkt an: Kommunikationsmedien sind Codes generalisierter Symbole, die sowohl Verständigung als auch Motivation leisten. "Von Kommunikationsmedien wollen wir immer dann sprechen, wenn <u>durch die Art der Selektion zur Annahme motiviert wird</u>, wenn also die Selektionsweise zugleich als Motivationsstruktur fungiert"[44]. Kommunikationsmedien erfüllen so Steuerungsfunktionen, die als unproblematisch gelten können, weil sie per definitionem die motivierte Übernahme durch die Adressaten implizieren. Dies wiederum ist nur dann vorstellbar, wenn die individuellen Motivations- und Interessenlagen entweder ausgeklammert bleiben oder als für beide Positionen ausgeglichen unterstellt werden. Als systematischer Steuerungsmechanismus können Kommunikationsmedien nur wirken, wenn die psychischen Dispositionen und Erleb-

nislagen als Umwelt ausgegrenzt sind[45]. Kommunikationsmedien fungieren also auf der prozessualen Ebene des Systems als Steuerungsmedien, weil sie von der Selbstreferenz der personalen Systeme abgekoppelt sind. Das, was also jeder pädagogischen Technologie versagt bleibt, wird durch Kommunikationsmedien möglich: die unmittelbare Einwirkung auf personale Systeme - die systembedingte Steuerung ihres Erlebens und Handelns[46]. Die Betonung der Selbstreferenz personaler Systeme und das Konzept der Interpenetration, die für das soziale System vorausgesetzt werden, liegen so quer zur Konzeption der Kommunikationsmedien. Man wird daher fragen müssen, was die motivierte Übernahme der selektiven Komplexitätsreduktionen Anderer sicherstellt: Es ist dies die Frage, die Nohl für die Pädagogik mit der Annahme einer Macht und Ohnmacht komplementär vermittelnden Liebe beantwortet.

Dem Problem der Selbstreferenz versucht Luhmann insofern Rechnung zu tragen, als er Kommunikationsmedien als Steuerungsmedien an die Voraussetzung bindet, daß beide Kommunikationsteilnehmer eine relative Eigenständigkeit bewahren. "Die wichtigste Voraussetzung ist, daß mediengesteuerte Kommunikationsprozesse Partner verbinden, die beide eigene Selektionsleistungen vollziehen und dies vom jeweils anderen wissen .. Alle Kommunikationsmedien setzen soziale Situationen mit Wahlmöglichkeiten auf beiden Seiten, also Situationen mit doppelkontingenter Selektivität voraus"[47]. Auf Macht bezogen heißt dies: Die Selektion des Mächtigen wird vom Abhängigen übernommen, diese Übernahme aber bleibt letztlich kontingent. Sie ist selbst eine Selektion, wenn auch eine vereinfachte, da sie sich nicht mehr um Gründe und Abwägungen bekümmern muß, die der Mächtige seiner Entscheidung zugrundelegte. "Kommunikationsmedien kombinieren mithin Gemeinsamkeit der Orientierungen und Nichtidentität der Selektionen"[48].

Die näheren Ausführungen zu den beiden Positionen lesen sich nun wie eine systemtheoretische Umformulierung des komplementären Verhältnisses bei Nohl: "Eine fundamentale Voraussetzung aller Macht ist demnach, daß in Bezug auf die Selektion des Machthabers Alter Unsicherheit besteht. Alter verfügt, aus welchen Gründen immer, über mehr als eine Alternative. Er kann bei seinem Partner in Bezug auf die Ausübung seiner Wahl Unsicherheit erzeugen und beseitigen .. Auch auf Seiten des machtbetroffenen Ego setzt Macht Offenheit für andere Möglichkeiten des Handelnden voraus. Macht erbringt ihre Übertragungsleistung dadurch, daß sie die Selektion von Handlungen (oder Unterlassungen) angesichts anderer Möglichkeiten zu beeinflussen vermag"[49]. Solche Bestimmungen vermögen zwar Voraussetzungen des Machtbegriffs anzugeben, sie gehen allerdings nur in dem einzigen Punkt der Bereitschaft zur Annahme von Fremdselektionen über eine bloße Umschreibung des Problems doppelter Kontingenz hinaus. Macht beruht darauf, daß sie sich letztlich nicht auf ihre Grundlage, auf Gewalt[50], zurückziehen muß. Sie wirkt dadurch, daß sie diesen Rückzug vermeidet, daß aber seine Möglichkeit beiden, dem Machthabenden wie auch dem Adressaten, bewußt ist[51]. Der Machtcode symbolisiert diese Möglichkeit, indem er die Relation letztlich auf ein Für-und-Wider gegen den Mächtigen reduziert.

Für die Funktion von Macht ist ihre letztliche Fundierung in Gewalt unerheblich. Sie gewährleistet (vor diesem Hintergrund) das Funktionieren eines Systems, indem sie bereits die Antizipationen steuert: So erwarten Abhängige bereits vorab, daß Befehle und Anweisungen gegeben werden. Macht setzt zugleich die Orientierung an einem 'binären Schematismus' durch: Sie definiert, was Recht und Unrecht ist - und das personenunabhängig, an systemische Positionen gebunden. Eine solche Schematisierung ermöglicht nach Luhmann auch, daß Handlungen des Machthabenden auf Recht und Unrecht hin befragt werden, daß aber nicht der Schritt erfolgt, daß Macht als solche problematisiert wird[52]. Der Schüler, der sich ungerecht behandelt fühlt, wird dies vielleicht dem Lehrer anlasten, nicht aber dessen Machtposition als Lehrer moralisch problematisieren, So betrachtet würde sich also der Pädagoge, der über die Problematik reflektiert, ob die sich aus seiner Position ergebende Macht moralisch vertretbar ist oder nicht, überflüssige Gedanken machen: Sein Problem wäre allenfalls eines des konkreten Handelns, das allein vor dem Hintergrund seiner akzeptierten

und legitimierten Machtposition noch als gerecht oder ungerecht zu qualifizieren ist. Seine Problematisierung der Machtposition richtet sich zwar auf die Grundlage von Macht, auf Gewalt, den letzten Garanten dafür, daß Macht als antizipierte auf die Psyche (das 'organische System') wirkt. Es ist die Antizipation von Gewalt, die beim Kommunikationsmedium Macht letztlich die Übernahme der Selektion des Machthabenden in die Motivstruktur des Abhängigen sicherstellt.
Es stellen sich damit bezogen auf die Legitimationsprobleme, die den Pädagogen quälen, zwei unterschiedliche Fragen: zum ersten diejenige, warum Macht in der Erziehung kaum als verselbständigtes Kommunikationsmedium wirken kann, warum also auch Luhmann und Schorr auf die Verwendung dieser Konzeption bei der Analyse der sozialen Dimension von Erziehung verzichtet haben. Die zweite Problemstellung richtet sich auf die Tragfähigkeit des dem Begriff des Kommunikationsmediums zugrundeliegenden Legitimationskonzepts.
Wenn man davon ausgeht, daß Erziehung in Form des Interaktionssystems Unterricht stattfindet, so läßt sich folgender Grund vermuten, warum die Verwendung des Konzepts der Kommunikationsmedien wenig sinnvoll erscheint: "Die Formulierung von Macht, die zur Klärung und zur Herstellung einer übereinstimmend modalisierten Situationsdefinition erforderlich scheinen kann, ist vor allem in einfachen Systemen elementarer Interaktion schwierig und problematisch. In organisierten Sozialsystemen und auf der Ebene umfassender Gesellschaftssysteme gibt es dafür institutionalisierte Äquivalente - etwa anerkannte Kompetenzen oder geltende Rechtsnormen, auf die man sich berufen kann. Diese Äquivalente dienen dazu, Machtausübung in Interaktionssystemen zu erleichtern und zu entpersonalisieren"[53]. Nun entsteht die Frage, ob ein Interaktionssystem, in dem Macht ausgeübt wird, noch ein Interaktionssystem ist, das nach Luhmann durch ein Thema und die unstrukturierte Anwesenheit definiert ist. Darüber hinaus würde Machtausübung im Interaktionssystem Unterricht bedeuten, daß seine Qualifizierung als Subjekt der Erziehung, die wiederum per definitionem nur als konditional und wirkungsoffen vorstellbar ist, hinfällig würde, weil gerade diese, an

die Selbstreferenz der personalen Systeme gebundene, Wirkungsoffenheit mit der Anwendung von Macht entfallen würde, da diese per definitionem an die motivierte Übernahme der Selektion des Machthabenden, also an die Wirkung gebunden ist.
Daß Erziehung an das Interaktionssystem Unterricht überwiesen wurde, bedeutet ebenfalls (was dann im resubjektivierten Erziehungsbegriff bei Luhmann und Schorr wieder deutlich wird), daß hier auch personale Angelegenheiten thematisch werden - wie etwa bei der Fragestellung, ob man Konkurrenzdruck und seine Auswirkungen auf die Persönlichkeitsentwicklung als pädagogisches Warnzeichen deuten soll oder nicht. Da man den Konkurrenzdruck, wie er durch das Zweckprogramm Unterricht vorgegeben ist, als Subjekt schwerlich ändern kann, bleibt eigentlich nur die Möglichkeit einer "Modalisierung des organischen Substrats im Sinne sinnhafter Erlebnisverarbeitung"[54]. Wenn dies auch im vorliegenden Beispiel des Konkurrenzdrucks gerade eine Korrekturstrategie zur Machtausübung ist, so kann man doch ebenfalls davon ausgehen, daß es dieser Konkurrenzdruck ist, der bei Schülern Widerständigkeit gegen die über Notengebung/soziale Selektion vermittelte Machtausübung schürt - eine Widerständigkeit, die das Funktionieren des Systems behindern kann. Rechnet man die Motivationslagen dem 'organischen Substrat' zu, so stellt sich die Frage, wie es möglich ist, mediale Kommunikation dort aufrechtzuerhalten, wo solche 'organischen Substrate' eine Rolle spielen. Es ist dies die Frage nach der Möglichkeit, den Zusammenhang der Selektion des Machtausübenden mit der Motivation des Abhängigen herzustellen, wenn dieser als personales System in das fragile Gleichgewicht des Interaktionssystems interpenetriert. Die Lösung eben dieses Problems geben die 'symbiotischen Mechanismen'[55], d.h. im Falle des Kommunikationsmediums Macht: die Gewalt. Die Rede von Erziehung als einem 'besonderen Gewaltverhältnis'[56] gewinnt auch aus dieser Perspektive wiederum ihren Sinn.
Mit dem Rückbezug auf die Konzeption Nohls könnte man daher das Problem so formulieren: Das funktionale Äquivalent für die pädagogische Liebe, die den Zusammenhang von Autorität und Gehorsam als entproblematisierten sicherte, bildet hier die Gewalt,

die als Grundlage der motivierten Übernahme von Lehrerhandlungen überall durchscheint. Damit aber ist zugleich wiederum die Legimationsproblematik gegeben, die durch das funktionierende Kommunikationsmedium Macht gerade ausgeschlossen werden sollte. Wenn Luhmann Legitimität als "generalisierte Bereitschaft, inhaltlich noch unbestimmte Entscheidungen innerhalb gewisser Toleranzgrenzen hinzunehmen"[57] bestimmt, so könnte man sagen, daß im Erziehungsverhältnis diese Toleranzgrenzen immer wieder neu definiert und durchgesetzt werden müssen. Notwendig mag dies durch die Selbstkonstitution des personalen Systems (die Entwicklung des 'organischen Substrats') sein; pädagogisch sinnvoll ist es nur, wenn diese Neudefinition nicht nur von unten, von den abhängigen Schülern, sondern auch vom Lehrer für die Schüler erfolgt, was erst die Rede von Erziehung sinnvoll macht. Wenn aber die 'Toleranzgrenzen des motivierten Akzeptierens' prinzipiell zur Disposition stehen, so auch das, was gerechtfertigterweise unter (pädagogischer) Macht verstanden werden kann. Sollte dies auch für den Schüler nicht unmittelbar einsichtig sein, so doch in der stellvertretenden Reflexion des Erziehers, der damit immer zugleich auch seine Position gegenüber dem Schüler in Frage stellt. Damit allerdings steht man wieder vor der Problemstellung, von der die Theorien zur Qualifizierung und Rechtfertigung des Erzieher-Zögling-Verhältnisses als 'pädagogisches Verhältnis' ihren Ausgangspunkt nahmen.

VI. DER GELTUNGSANSPRUCH ALLGEMEINER PÄDAGOGIK: EIN ANACHRONISMUS?

Der systemtheoretische Ansatz war angetreten mit dem Ziel, pädagogische Problemstellungen so zu reformulieren, daß sie aus traditionellen Sackgassen herauszuführen in der Lage sein sollten. Der kritische Aspekt dieses Anspruches richtete sich vor allem auf das Rechtfertigungsproblem in der Erziehungstheorie, die Intention einer 'Resymmetrisierung der Funktionsasymmetrie', die auf eine 'anthropologische Dekomposition' des Gegenstandes zurückgeführt wurde, Demgegenüber wurde als zentrale Neuerung eine andere Zuschreibung von Erziehungshandlungen vorgenommen: Das soziale System wurde als Subjekt der Erziehung proklamiert. Allerdings konnte diese zentrale Annahme begrifflich nicht konsistent durchgehalten werden. Weder wurde die Abgrenzung zur Sozialisationstheorie deutlich noch konnte die Frage der Zurechnung definitiv gelöst werden. Dieses Problem äußerte sich auf der Gegenstandsebene in einer Begriffsverwirrung: Der Erziehungsbegriff, dessen Qualifizierung über die Zurechnung als objektiv-pädagogisch unterstellter Handlungen geschehen sollte, ließ sich innerhalb des Ansatzes nicht eindeutig einem Subjekt zuordnen. Hinzu kam, daß mit der Reduktion der Gegenstandsbestimmung auf die Zurechnungsfrage keinerlei Kriterien für die Qualifizierung pädagogischer Spezifität von System und Handlungen mehr angebbar waren, sich dieses Problem der Qualität von Erziehung einfach nicht mehr stellte.

Die begriffliche Unschärfe des Erziehungsbegriffs, die auf der fehlenden Berücksichtigung der Bedingungen einer Rede von Erziehung gründet, führte auch in der weiteren Diskussion der zeitlichen und sozialen Dimension des Systems Unterricht zu Reduktionen des Gegenstandsbereiches und begrifflichen Unklarheiten: Nirgendwo konnte der Gegenstand 'Erziehung' angegeben werden - weder in seiner Abgrenzung zu anderen 'Formwandelphänomenen' noch in der Frage, wie eine (immer unterstellte) Rechtfertigung von Erziehung geleistet werden könnte. Das Rechtfertigungsproblem in diesen beiden Aspekten der Rede von Erziehung zwingt den systemtheoretischen Ansatz dort, wo er auf Handlungsmöglichkeiten zu sprechen kommt, entgegen seiner Intention wiederum eine traditionelle pädagogische Perspektive einzunehmen, die aufgrund der systemtheoretischen Option nicht mehr reflektiert werden kann.

Das Scheitern der Systemtheorie bei der Erfassung des Gegenstandes der Pädagogik in seinen verschiedenen Aspekten bedeutet nicht nur, daß der Einsatz systemtheoretischer Instrumente nicht ausreicht, der Spezifität dieses Gegenstandes gerecht zu werden; dieses Scheitern schlägt zugleich auf die Systemtheorie selbst zurück, da es bei der Problematik von Sozialisation und Erziehung gerade nicht nur darum ging, ein begriffliches Instrumentarium auf einen neuen Gegenstand anzuwenden, sondern eben auch darum, Voraussetzungen dieses Instrumentariums abzusichern. Sozialisation und Erziehung bezeichnen genetische und systematische Vermittlungspunkte von personalen und sozialen Systemen, die als gegeneinander autonome Subjekte definiert sind - die zentrale Grundannahme der systemtheoretischen Architektonik. Sollen Sozialisations- und Erziehungstheorie innerhalb einer solchen Architektonik eine Funktion haben, so kann eben diese Unabhängigkeit beider Systeme gegeneinander, ihr Subjekt- und Systemcharakter, nicht einfach vorausgesetzt werden: Diese Theorien haben die Funktion, nicht nur zu erklären und zu begründen, wie es zu diesem Verhältnis abgegrenzter Subjekt-Systeme kommt, sondern auch, wie die Vermittlungsmechanismen und praktischen Vermittlungen zwischen beiden sich verstehen lassen. Eine solche Begründung des Verhältnisses von personalem und sozialem System muß nach den durchgeführten Analysen als gescheitert angesehen werden - und zwar in doppelter Hinsicht:

a) systematisch: Das Konzept der Zurechnung von Handlungen, das konstitutiv ist für die Möglichkeit des sozialen Systems, als Subjekt zu handeln, konnte nicht an Kriterien gebunden werden, die über eine Zurechnung eindeutig zu entscheiden erlauben würden. Wie das soziale System über diese Konzeption nicht als Subjekt konstituiert werden konnte, so auch das Subjekt nicht als System: Dies hätte eine Theorie des Subjekts zur Voraussetzung, die für das Subjekt angeben würde, welches die funktionalen Äquivalente für die Strukturbildung, die Differenzierung von Struktur und Prozeß etc. im sozialen System sein könnten, und daß das Subjekt damit hinreichend erfaßt wäre.

b) genetisch: Für eine Sozialisationstheorie wäre zudem erforderlich aufzuzeigen, wie solche Äquivalente sich bilden in Übereinstimmung mit sozialen Erfordernissen, wie also beispielsweise sichergestellt wird, daß Kommunikationsmedien auch derart funktionieren, daß sie die Einheit von Verständigung und Motivation leisten können, daß Personen Mitgliedsrollen akzeptieren usw. Für eine Erziehungstheorie wäre darüberhinaus unerläßlich, daß Kriterien angegeben werden, die Gesichtspunkte festlegen, nach denen dieser Prozeß zu steuern versucht werden könnte, und wie dies angesichts der Selbstreferenz der Subjekte möglich und zu rechtfertigen ist. Eine solche Perspektive setzt voraus, daß man etwas über die Sozialisation der Subjekte weiß und gewillt ist, in diese steuernd oder gegensteuernd einzugreifen - ohne Garantie des Erfolgs.

Ohne die Begründung der Vermittlung von personalem und sozialem System zerfällt die Systemtheorie in einen objektivistischen Funktionalismus einerseits und in einen phänomenologisierenden Subjektivismus andererseits, wobei das Ineinanderblenden beider Betrachtungsweisen eine oberflächliche Plausibilität suggeriert, die auf der begrifflichen Ebene keine Entsprechung findet.

Wenn man davon ausgehen muß, daß Erziehung kein der empirischen Beobachtung zugängliches Phänomen ist, sondern daß in ihre Wahrnehmung immer eine Interpretation der entsprechenden Handlungen als Erziehung eingeht, die sich sowohl gegenüber anderen Interpretationen dieser Handlungen rechtfertigen muß als auch wegen des in dieser Interpretation implizierten Herrschaftsanspruchs, so stellt sich die Frage, wie man zu einer allgemeinverbindlichen Abstützung solcher Rechtfertigungen kommen kann. Daß eine solche Abstützung nicht über die Zielprojektion von Erziehung möglich ist, zeigt sich nicht nur an den unterschiedlichen Zielvorstellungen und deren philosophisch verpflichteten Begründungsversuchen, sondern auch an der dieser Zielformulierung inhärenten Rechtfertigungsproblematik, die dadurch zustandekommt, daß die Selbstbestimmung des Subjekts fremdbestimmt zur Wirkung kommen soll. Ist also die Zielformulierung einerseits notwendige Bedingung der Rede von Erziehung, so problematisiert sie den Erziehungsbegriff andererseits dadurch, daß er sich seiner Realität als Prozeß der Fremdbestimmung bemessen am Ziel der Selbstbestimmung gegenwärtig sein muß. Die Versuche, die antizipierte Realisierung des Zieles schon in der jeweiligen Gegenwart von Erziehung zu verankern, benennen dieses Rechtfertigungsproblem.

Auch die Versuche, den Erziehungsbegriff einer empirischen Beobachtung und damit einer wissenschaftlichen Fundierung im Sinne der empiristischen Methodologie zugänglich zu machen, indem man eine empirische Absicht oder eine empirisch konstatierbare Wirkung als deskriptiv verstandenes Abgrenzungskriterium angibt, müssen als kaum aussichtsreich angesehen werden. Die methodischen Schwierigkeiten, die durch die (interpretierende) Unterscheidung von pädagogischen und anderen Absichten sowie diejenige der Isolierung pädagogischer Wirkungen entstehen, deuten auf das Problem hin, daß sich auch hier die Konstruktion einer Erziehungswirklichkeit nicht von Interpretationen lösen kann - Interpretationen, die gerechtfertigt werden müssen. Wenn eine pädagogische Absicht andere Wirkungen erzielt, ohne daß das pädagogische Handeln dadurch seinen Charakter verliert, und wenn als pädagogisch interpretierbare Wirkungen ein Handeln zu einem pädagogischen qualifizieren können, das ganz andere Intentionen verfolgt, so wird nicht nur die Bestimmung der einzelnen pädagogischen Handlung zum Problem, sondern auch die des zeitlichen Zusammenhangs von als pädagogisch interpretierten Handlungen.

Auch die Verankerung dieses Zusammenhangs in einem pädagogischen Verhältnis führt hier kaum weiter, weil dieses eher dahin

tendiert, den Geltungsanspruch pädagogischen Handelns durch den normativen Aufweis einer sozialen Struktur Erzieher - Zögling zu legitimieren: Die Identifikationsproblematik verschiebt sich damit jedoch nur auf die Qualifizierung eines sozialen Verhältnisses. Jegliche Handlung unter diesen sozialen Bedingungen kann dann als pädagogische anerkannt werden. Jedoch gerät ein solcher Lösungsversuch verstärkt in das Dilemma der Zielformulierung: Die strukturell angelegte Legitimation eines Abhängigkeitsverhältnisses steht einer Zielformulierung entgegen, die die Freisetzung des Subjekts beinhaltet. Die Kategorie des pädagogischen Taktes problematisiert zwar den Geltungsanspruch pädagogischen Handelns, jedoch nur im Rahmen eines Erziehungsbegriffs.
Wenn man also davon ausgehen muß, daß der Erziehungsbegriff wie auch die mit ihm verbundenen Kategorien zur Konstitution einer Erziehungswirklichkeit immer zugleich Rechtfertigungen von Handlungen und der durch diese bestimmten Wirklichkeit implizieren, daß man auch über diese Rechtfertigungen unterschiedlicher Meinung sein kann, so stellt sich die Frage nach der Aufgabenstellung einer Allgemeinen Pädagogik. Sich dem Problem zu stellen, daß vor diesem Hintergrund jederzeit neue theoretische Entwürfe möglich sind, bedeutet eine Relativierung des Geltungsanspruchs jeder Allgemeinen Pädagogik. Die Frage, was eine Allgemeine Pädagogik leisten soll, wird sich an der dem Erziehungsbegriff inhärenten Rechtfertigungsproblematik abarbeiten müssen.
Daß eine objektive bzw. empirische Identifizierung des Gegenstandes 'Erziehung', die ohne Rechtfertigung auskäme, nicht angebbar ist - dieser Ausgangspunkt scheint dahin zu führen, das Rechtfertigungsproblem und damit die Begründung von Erziehung als unlösbar zu behaupten. Wenn man aber davon ausgeht, daß so etwas wie 'Erziehung' dennoch stattfindet, die sich an empirisch erhebbare Begründungen bindet, so trifft dieser Vorwurf vor allem die Allgemeine Pädagogik als Wissenschaft, die den Anspruch hat, den Gegenstand gültig zu begründen. Zwei Wege, diesen Anspruch aufzulösen, sollen im Folgenden kurz skizziert werden: zum ersten der Versuch, den Geltungsanspruch

als sinnvoll zu behaupten, aber ihn dennoch als beliebig zu relativieren, und zum zweiten eine funktionale Neudefinition der Allgemeinen Pädagogik, die Luhmann und Schorr vorgelegt haben.

VI.1. DIE PRAGMATISTISCHE ERZIEHUNGSWISSENSCHAFT ALS RELATIVIERUNG PÄDAGOGISCHER THEORIEN

Die Problematik pädagogischer Theorie, die in ihrer deskriptiv-rechtfertigenden Wirklichkeitskonstruktion liegt, ist der Ausgangspunkt für H. Paschen. Er macht die Vielzahl von Pädagogiken zum Gegenstand einer Erziehungswissenschaft, die deren Konstitutionsprinzipien betrachten soll[1]. Der Geltungsanspruch pädagogischer Theorien wird dadurch radikal in Frage gestellt: Sie schaffen jeweils eigene unterschiedlich akzentuierte Erziehungswirklichkeiten aus dem Motiv heraus, Defizite anderer bestehender Pädagogiken auszugleichen. Da Gegenstandskonstitution immer auch als Rechtfertigung gedacht wird, führt jede Pädagogik ihre Begrifflichkeit systematisch neu ein, wobei sie sich in dieser Rechtfertigung argumentativ von 'defizitären' Theorien abgrenzt: "Der erste Punkt betrifft die Meinung, die angegebenen Defizite seien wirkliche, beobachtbare und <u>nachweisbare</u> Defizite. Der zweite Punkt, die angegebenen Defizite seien <u>als Defizite</u> aufzufassen. Der dritte, diese Defizite seien <u>auf die kritisierte Pädagogik</u> zurückzuführen. Der vierte, diese Defizite seien <u>mit einer anderen Pädagogik</u> behebbar. Und der fünfte Punkt, diese Behebung der Defizite sei die <u>richtige</u>

Behebung"[2], Aus dieser argumentativen Einbindung resultieren nach Paschen vier Merkmale jeder Pädagogik:

a) Jede Pädagogik ist als Totalrekonstruktion aufzufassen, die neben der Konstruktion eines logisch zusammenhängenden Begriffsnetzes dieses auch ethisch begründet und seine Auswirkungen zu untersuchen trachtet.
b) Jede Pädagogik hat einen Focus, von dem her sie die gesamte Theorie entwickelt: so wird etwa in Abgrenzung gegen die 'Entwicklungspädagogik' eine auf dem Lernbegriff basierende Pädagogik entworfen.
c) Dieser Focus wird durch einen Scopus, einen zentralen Deutungsansatz etwa weltanschaulicher Art, mit dem Universalitätsanspruch der Rekonstruktion verbunden.
d) Mit dem vierten Merkmal der Explizität meint Paschen, daß jede Pädagogik auch versucht, ihre Methode und Methodologie deutlich zu machen[3].

Paschen entwirft nun ein Netz von acht Dimensionen, aus deren Kombination sich pädagogische Theorien ergeben. Neben den fünf Basisdimensionen, der gesellschaftlichen, der kulturellen, der individuellen, der vermittelnden (Erziehung/Unterricht/Bildung) und der methodischen (Kontakt/Information/Kommunikation) unterscheidet er noch drei weitere Dimensionen: die methodologische, die modale (die Dichotomien über die menschliche Verfassung enthält: Spiel - Arbeit, Freiheit - Zwang, Leib - Seele usw.) und die metaphysische Dimension[4]. Diese Dimensionen werden nun von pädagogischen Theorien unter der Berücksichtigung der obigen vier Merkmale rekonstruiert: Dabei bemüht sich Paschen, Kombinationstypen dieser Dimensionen aufzuzeigen[5]. Ohne hier auf diese Typologie näher eingehen zu wollen, scheinen mir zwei Thesen Paschens, die sich auf eine solche Vorgehensweise beziehen, im vorliegenden Zusammenhang besonders interessant: Zum ersten betont er, daß durchaus andere Konstruktionen denkbar sind[6], d.h. daß das kategoriale Reservoir, aus dem durch kombinatorische Überlegungen pädagogische Theorien entwickelt werden können, durchaus anders angelegt sein kann. Paschen relativiert so die inhaltliche Geltung seines eigenen Entwurfs. Der zweite Punkt, der hier interessieren soll, besteht darin, daß die Unmöglichkeit einer allgemeingültigen Pädagogik betont wird[7]. Daraus zieht Paschen den bedeutsamen Schluß, daß man nicht die einzelnen Pädagogiken bezogen auf ihren jeweiligen Geltungsanspruch prüfen sollte, sondern ihr Nebeneinander einfach hinnehmen soll. Da Pädagogiken von der gleichen dimensionalen Grundlage her konstruiert werden, enthalten sie ihre Alternativen, die kombinatorisch von der gleichen Grundlage ausgehen, immer schon in latenter Form[8]. Man steht so vor einer Vielzahl von Pädagogiken ohne Kriterien, die darüber entscheiden könnten, welcher Auffassung man sich anschließen soll.

Solche Kriterien zu finden, ist nach Paschen Aufgabe einer Ethik des Pädagogischen: "Die Ethik des Pädagogischen muß pädagogische Kriterien zur Beurteilung von Pädagogiken und deren Defiziten und Metaphysiken rekonstruieren, die Urteile über deren Notwendigkeit und Verbindlichkeit ermöglichen"[9]. Er betont jedoch, daß es hier nicht um Kriterien geht, die es erlauben würden, sich auf den Boden einer Pädagogik zu stellen, ihre weltanschaulichen und praktischen Einschätzungen zu teilen, sondern um Kriterien, die Aussagen darüber erlauben, wann eine ethische Begründung einsetzbar ist: "Das Hauptproblem der Ethik von Pädagogiken ist nicht die Entscheidung zwischen Metaphysiken, sondern ihre vorläufige Reihenfolge. Das Hauptproblem der Rekonstruktion von Pädagogiken ist nicht die Entscheidung zwischen Pädagogiken, sondern das Problem ihrer vorläufigen Reihenfolge"[10]. Es geht nicht darum, mit Bestimmtheit zu entscheiden, welche pädagogische Position Geltung gegenüber anderen beanspruchen kann, sondern darum, wie man solche Positionen bezogen auf einen antizipierten Erziehungsprozeß einsetzen kann - als situativ verwendbares Steuerungsmittel. Paschen plädiert für eine pragmatistische Erziehungswissenschaft[11]. Diese Erziehungswissenschaft kann Pädagogiken nur noch nach ihrem Mangel an Explizität bezüglich ihrer Grundannahmen und an Systematik kritisieren: Mit einer solchen pädagogischen Orientierung unterliegt die Erziehungswissenschaft selbst den Beschränkungen der Pädagogik. "Die pragmatistische Systematik und Kombinatorik kann selbst weder den Anspruch auf Allgemeingültigkeit, Universalität und Absolutheit im objektiven oder metaphysischen Sinne

stellen, weil sie selbst einer pädagogischen Intention gehorcht, d.h. an bestimmten pädagogischen Defiziten orientiert ist"[12].
Es ist hier jedoch zu fragen, inwieweit nicht die Methode des Aufzeigens strukturaler Komponenten von pädagogischen Theorien und die Behauptung ihrer Rekonstruktion als Kombinatorik dieser Komponenten diejenigen Probleme, die in den voraufgegangenen Kapiteln aufgezeigt wurden, radikalisiert in einer gegenüber dem Geltungsanspruch pädagogischer Theorien resignativen Grundhaltung. Daß keine Allgemeine Pädagogik eine absolute Geltung behaupten kann, daß sie also immer parteilich ist qua Rechtfertigung, eine solche Einsicht nötigt nicht dazu, den Geltungsanspruch pädagogischer Theorien, der auf Verallgemeinerbarkeit zielt, zu ignorieren. Die strukturale Erziehungswissenschaft Paschens verzichtet auf ein Verfahren zur Prüfung pädagogischer Begründungen, weil diese beliebig gesetzt sind: Die Ausklammerung der Geltungsproblematik führt zu einem pragmatisch orientierten Relativismus, der sich nur dadurch beschränkt, daß er formale Kriterien wie die der Explizität und Systematik anzulegen bereit ist.
Der Legitimationsdruck für Pädagogiken entsteht jedoch nicht nur durch den Bezug auf als defizitär betrachtete andere Pädagogiken, sondern auch und gerade durch die Durchsetzung solcher Pädagogiken gegenüber gesellschaftlichen Interessen und ihren Adressaten. Hier genügt es nicht, die in verschiedenen Pädagogiken eingelassenen Sinndeutungen und ethischen Maximen nur daraufhin zu befragen, wann man sie einsetzen will: Dies unterstellt doch, daß man sie in ihrem Geltungsanspruch dem Zögling gegenüber wie auch gesellschaftlichen Machtverhältnissen gegenüber nicht zu vertreten braucht[13]. Dieses Problem rückt nicht ins Blickfeld: Daß man sich über das, was pädagogische Verantwortung, die Legitimität pädagogischer Zielsetzungen, pädagogischer Absichten usw. meint, streiten kann, bedeutet nicht die Notwendigkeit, die Begründungen, die diesem Streit erst einen diskursiven Charakter geben, nicht mehr ernstnehmen zu müssen. Würde man allerdings diese Begründungen und das heißt: den Geltungsanspruch pädagogischer Theorien ernstnehmen,

so würde dies den Formalismus einer bloßen Kombinatorik sprengen. Paschens Ansatz neutralisiert durch eben diese Kombinatorik den Rechtfertigungsanspruch pädagogischer Theorien und damit auch den Gegenstand der Pädagogik, ohne dafür eine Alternative anbieten zu können: Welche pädagogische Theorie man vertritt, bleibt eigentlich subjektiv, ohne Anspruch auf Verallgemeinerbarkeit. Pädagogische Theorien werden zum Warensortiment, aus dem man sich pragmatisch das jeweils für richtig Gehaltene aussuchen kann - eigentlich ohne Risiko, denn der Qualitätsstandard ist (qua Kombinatorik) gleich.

VI.2. DIE SYSTEMTHEORETISCHE PERSPEKTIVE: ALLGEMEINE PÄDAGOGIK ALS INSTANZ DER SELBSTSIMPLIFIKATION

Systemtheoretische Argumentationen treten bei Luhmann und Schorr funktional an die Stelle einer metatheoretischen Reflexion auf den Stellenwert der Erziehungswissenschaft/Pädagogik. Während die Systemtheorie selbst nicht verortet wird, wird die Pädagogik als Teil des Erziehungssystems postuliert[14]: "Die Ausgangsannahme eines Systems, das in sich selbst eine Theorie über sich selbst enthält, sprengt mithin verbreitete wissenschaftstheoretische Konzeptionen, in denen auch die Pädagogik immer noch ihr Heil oder jedenfalls eine Art Grundlagensicherheit sucht"[15]. Pädagogik kann als eine ausdifferenzierte Reflexionsinstanz innerhalb des Erziehungssystems gelten, in der das 'Establishment' die im System statthabenden Dependenzen und Interdependenzen reflexiv bricht.
Die Bestimmung der Pädagogik als Teil des Erziehungssystems und dennoch als Wissenschaft wirft Probleme auf, die in der

Identifizierung der Pädagogik als Wissenschaft liegen. Faßt man sie als Reflexion des Gegenstandes 'Erziehung' auf, so stellt sich die Frage ihrer Unterscheidung von den pädagogischen Theorien der Praktiker; faßt man sie als Wissenschaft, so ergibt sich das Problem, inwieweit sie noch als Teilsystem des Erziehungssystems betrachtet werden kann. In dieser doppelten Fragestellung ist unschwer das wiederzuerkennen, was Paschen als Kennzeichen pädagogischer Theorien behauptet: daß jede pädagogische Theorie nicht nur eine neue Theorie des Gegenstandes mit praktischem Anspruch sei, sondern diesen Gegenstand zunächst einmal als solchen neu konstituiere. Mit der metatheoretischen Begründung des Gegenstandes geht seine theoretische (reflexive) Erfassung einher. Daß beide Ansatzpunkte in der pädagogischen Tradition nicht deutlich unterschieden wurden, ist ein berechtigter Ansatzpunkt der Kritik von Schorr. Er behauptet für beide Bereiche ein unterschiedliches Kriterium der Rationalität[16]. Nun gehorcht zweifellos die Begründung der Pädagogik als Wissenschaft einer anderen 'Logik' als die damit verbundene Theorie der Erziehung, jedoch stellt sich die Frage, ob es sinnvoll ist, beides gegeneinander auszuspielen in der Form, daß man das Allgemeine in der Pädagogik auf einen aus dem Erziehungssystem, also aus dem Reflexionsgegenstand, hervorgehenden Zwang zur Abstraktion zurückführt. Auch wenn man dies in Rechnung stellt, so ergibt sich gerade vor dem Hintergrund des nur durch die Einheit von Reflexion und Rechtfertigung zu konstituierenden Gegenstandes 'Erziehung' die Frage, inwieweit diese Allgemeinheiten nicht simple Verdoppelungen des Alltagsverständnisses darstellen. Die Prüfung dieser Frage, die sich zugleich auf die Geltung der eigenen Aussagen der Pädagogik bezieht, erfordert andere Kriterien als die aus der Gegenstandsbestimmung gewonnenen: Insofern ist die Rede von einer unterschiedlichen Argumentationslogik sinnvoll. Muß jedoch nicht gerade angesichts des Gegenstandes 'Erziehung' eine Vermittlung beider Ebenen angegeben werden, von der her sich die pädagogisch-wissenschaftliche Gegenstandsauffassung als eine von der des Praktikers verschiedene erst legitimiert? Eine pädagogische Theorie, die diese Einheit in der Differenz nicht leistet, wird sich kaum ihres eigenen Anspruchs vergewissern können - dies soll an der Argumentation Luhmanns und Schorrs zu zeigen versucht werden.

Schorr bezeichnet den Ausgangspunkt der Fragestellung folgendermaßen: "In Anbetracht des historisch produzierten Ergebnisses möchte ich die Frage aufwerfen, ob man wirklich - wie es nunmehr der epistemologischen oder erkenntnistheoretischen Fundierung von Allgemeinheit entspricht - davon ausgehen muß, daß das Allgemeine in der Pädagogik bloßes Korrelat einer wissenschaftlichen Gegenstandsauffassung ist; also eigentlich ins Wissenschaftssystem gehört und nur durch die Notwendigkeit der wissenschaftlichen Analyse bedingt ist. Oder ob es so etwas gibt, wie eine aus dem Gegenstand selbst herauskonstituierte Notwendigkeit zu verallgemeinern? Also ein aus dem Erziehungssystem selbst herauskommender Zwang zu Abstraktionen, Simplifikationen, Generalisierungen oder wie immer? Ein Zwang, der sich auch dann geltend machen würde, wenn es keine Wissenschaft gäbe (aber dann natürlich in anderer semantischer Form auftreten würde: in Form von Rezepten, hausgemachten Regeln, Weisheiten oder Bekenntnissen?"[17] Es stellt sich die Frage, was damit gewonnen werden kann, wenn man den zweiten Teil der Frage bejahend beantwortet: wenn man also davon ausgeht, wie dies etwa die geisteswissenschaftliche Pädagogik Wenigers expliziert hat[18], daß auch der Praktiker eine notwendig (wenn auch 'rudimentäre') theoretische Perspektive auf seine Praxis hat, die durch eine pädagogische Analyse unter der gleichen Problemstellung verfeinert werden kann. Damit sind (funktional gesehen) die Gemeinsamkeiten betont, nicht aber ist begründet, warum es eine Allgemeine Pädagogik geben soll bzw. worin ihr spezifisches Anliegen besteht, das die Ausdifferenzierung eines Subsystems im Erziehungssystem erforderlich machte. Anders gefragt: Was ändert sich an der Qualität des 'Allgemeinen', wenn man von der Perspektive des Praktikers zu der des Theoretikers übergeht?

Es ist dies das Problem, an dem die spezifisch funktionalistische Veränderung des Blickwinkels ihren Sinn erweisen muß. Während die Gemeinsamkeit beider Perspektiven in der traditionellen Pädagogik eher die Voraussetzung einer inhaltlichen Qualifizierung der Perspektive des Praktikers war, die sowohl eine begründende wie ('technisch') anleitende Funktion implizierte, verändert sich das Anliegen nun so, daß der Unterschied beider Perspektiven die Qualität der Grundlage nicht mehr affiziert: Die Funktion der theoretischen Perspektive besteht nicht mehr in der begründenden Abstützung, sondern in der Steigerung von Komplexität, die zwar eine psychologisch erfaßbare Auswirkung auf den Praktiker hat (in der Stabilisierung seiner pädagogischen Perspektive), der aber auf der Geltungsebene keine Qualitätsverbesserung entspricht.

Ebenso wie der Praktiker versucht, die Komplexität des Erziehungsgeschehens zu verarbeiten und dabei Begriffe verwendet, die per definitionem allgemeinen Charakter haben, wobei er diese Komplexität allerdings nie ganz zu erfassen vermag[19], so auch der Theoretiker. Vor dieser Ausgangslage hat der Theoretiker (funktional betrachtet) die gleichen Möglichkeiten wie der Praktiker: Er reduziert die gegebene Komplexität begrifflich, ohne daß diese damit in ihrer ganzen konkreten Vielfalt zugänglich würde. "Im Rahmen einer Systemreferenz erfordert und erbringt Reflexion Leistungen der <u>Selbstsimplifikation</u>. Reflexion ist keineswegs Vollerfassung des Gesamtsystems in all seinen Elementen und Relationen .. Reflexion ist demnach kein Prozeß des Begründens von Rechten und Ansprüchen oder Maßnahmen - von Rechten auf Erziehung, von Ansprüchen auf Gleichbehandlung, von Maßnahmen, die man als Erzieher zu treffen hat. Allenfalls kann man sagen, daß Systemreflexion die Begründungsbedürftigkeit und einen Schweif guter und weniger guter Gründe nach sich zieht"[20]. Pädagogik hat demnach ebenso die Funktion der Vereinfachung von Komplexität wie die 'rudimentären' Ansätze eines pädagogischen Selbstverständnisses beim Praktiker: Die Begründung dieser Simplifikationen ist von ihr ebensowenig zu erwarten wie von diesem. Sie verliert sich auf einer Zwischenebene, die vom funktionalistischen Ansatz nicht mehr erfaßt wird.

Man wird fragen müssen, was eine solche Pädagogik leistet, wozu sie also notwendig ist, wenn sie die Qualität der Interpretationen und Legitimationen des Praktikers, die in die Ansätze seines Verständnisses von Erziehung einfließen, nicht zu 'läutern' (Weniger) in der Lage ist. Schorr gibt auf diese Frage folgende Antwort: "Vielleicht ist es ein wesentliches Element der Pädagogik, daß sie selbst als Vereinfachung in die Unterrichtssituation eintritt, und zwar in der Weise, daß sie sich Kausalitäten auf den Lehrer hin gebündelt vorstellt und dadurch zum Ermutigungsfaktor für Lehrer wird sowie zum Ausbildungskonzept, das dem Lehrerstudenten vorstellt, er könne etwas bewirken. Diese Überlegungen führen dazu, daß man die Pädagogik als Reflexions- und Ausbildungswissenschaft kennzeichnen muß, die zugleich im Erziehungssystem die notwendige Funktion der Selbstsimplifikation erfüllt"[21]. Damit aber steht man wieder bei der Konzeption der geisteswissenschaftlichen Pädagogik - mit dem einzigen Unterschied, daß man eine solche pädagogische Theorie nicht mehr als 'reflexion engagée' vom Standpunkt der Verantwortung des Erziehers aus[22] betrachtet, sondern als, vom Standpunkt des psychischen Gleichgewichts praktischer Erzieher gesehen, notwendigen Fiktionalismus. Zugleich ist damit jeglicher Anspruch an die Pädagogik als Wissenschaft aufgegeben. Sie erhält allenfalls therapeutische Funktion, die sich aber in keiner Weise ihrer selbst vergewissert hat, sondern darauf baut, daß die vorgestellte fiktive Welt von den Adressaten als reale angesehen wird.

Bezogen auf die systemtheoretische Diskussion von Erziehung, ihre Zurechnung zum sozialen System, wird man hier wiederum einen Bruch konstatieren müssen: Der hier verwandte Erziehungsbegriff ist traditioneller Art - also 'anthropologisch dekomponiert'[23]. Der Unterschied zu traditionellen Orientierungen reduziert sich hier auf die Ausblendung des Rechtfertigungsproblems. Bewirkte diese auf der Gegenstandsebene, daß der Rede von Erziehung die Grundlage entzogen wurde, da keine qualitative Spezifizierung dessen, was mit 'Erziehung' gemeint sein soll, angegeben werden konnte, so findet dies auf der Ebene einer Reflexion auf den Stellenwert der Allgemeinen Pädagogik seine Fortsetzung in der Aufgabe des Anspruchs der Allgemeinen Pädagogik auf Wissenschaftlichkeit. Für diesen Geltungsanspruch

Allgemeiner Pädagogik müßten metatheoretische Kriterien angegeben werden, die dem Rechtfertigungsproblem Rechnung tragen.

VI.3. AUSBLICK

Man wird sich fragen können, ob nach den vorstehenden Ausführungen, also nach dem Aufweis der Schwierigkeiten sowohl bei der Gegenstandsbestimmung als auch bei den Versuchen, mit eben diesen Schwierigkeiten auf der metatheoretischen Ebene der Analyse von Aufgabenstellungen Allgemeiner Pädagogik fertig zu werden, überhaupt eine sinnvoll erscheinende Perspektive möglich ist. Dies hieße jedoch, die aufgezeigte Argumentation destruktiv wenden zu wollen - entgegen ihrer konstruktiven Absicht, die davon ausgeht, daß man sich die Schwierigkeiten, mit denen man ringt, klar machen muß, bevor man sie angeht. Auch die pädagogische Theorie gibt Antworten auf bestimmte Fragestellungen, auf als defizitär erlebte Theorie und Praxis - man wird jedoch davon ausgehen müssen, daß es problematisch ist, ob viele Fragen richtig gestellt wurden, d.h. auch, ob sie radikal genug gestellt wurden, also den zu verhandelnden Problemen an die Wurzel gehen. Von der Fragestellung hängt aber nun auch die Antwort ab.
Im vorliegenden Text habe ich versucht, Probleme darzulegen, die von Pädagogen zwar gesehen wurden und werden, die ich jedoch für ungelöst halte. Dabei bezog sich die Argumentation auf den Gegenstand der Pädagogik: Versucht wurde also keine alternative pädagogische Theorie, sondern in metatheoretischer Perspektive wurde angestrebt, das Problem der Gegenstandskonstituierung radikal zu formulieren. Vorschneller Konsens ist dort nicht am Platz, wo man sich erst darüber verständigen müßte, von was man eigentlich redet. Eine problematisierende Einführung in die Allgemeine Pädagogik kann unter den gegenwärtigen Umständen dieser Disziplin, deren Wissenschaftlichkeit

seit 200 Jahren immer wieder in Frage gestellt wird, um dann von einer anderen Position aus bejaht zu werden, nicht an ein alltägliches und umgangssprachlich formuliertes Einverständnis anknüpfen, daß wohl jeder weiß, was mit 'Erziehung' gemeint ist, und daß man nur noch unterschiedliche Herangehensweisen an den Gegenstand, der als solcher unproblematisch ist, darzustellen habe. Gegenstand und Methode des Herangehens konstituieren sich wechselseitig[24]. Methodologie verschleiert diesen Sachverhalt, wenn sie glaubt, den Gegenstand voraussetzen zu können.

Es wird nicht darum gehen, etwa eine neue Definition des Erziehungsbegriffs zu formulieren: Ich hoffe, gezeigt zu haben, daß in einer solchen Definition mit ihren deskriptiven und rechtfertigenden Aspekten die gesamte Problematik pädagogischer Theoriebildung (Zielformulierung, Kontinuität, Absicht, Wirkung, pädagogisches Verhältnis, pädagogische Wirklichkeit, pädagogischer Takt) in kristallisierter Form erkennbar wird. Definitionen von Erziehung enthalten implizit die pädagogische Theorie. Der Zusammenhang von Gegenstandskonstitution und Herangehensweise muß in seiner Problematik zum Gegenstand der Allgemeinen Pädagogik gemacht werden. Um es am Beispiel Pranges zu formulieren: Nicht nur sind die Möglichkeiten und Grenzen von Erziehung auszuleuchten, was durchaus zum Problem werden kann vor dem Hintergrund institutioneller, d.h. historisch-gesellschaftlicher Bedingungen, sondern zu erhellen sind zunächst die Möglichkeiten und Grenzen einer gerechtfertigten Rede von Erziehung. Daß pädagogische Theorie eine Rechtfertigung des Gegenstandes enthält und an der Lösung welcher Probleme eine solche Rechtfertigung zu messen ist, was also ihre Kriterien sind - dies ist der primäre Fragehorizont und Gegenstand Allgemeiner Pädagogik. Eine solche Aufgabenstellung bedeutet, die Allgemeine Pädagogik als Metatheorie zu begreifen, die ausgehend von der Rechtfertigungsproblematik den argumentativ-reflexiven Aufbau pädagogischer Theorien aufzeigt sowie auch den dadurch gegebenen Zusammenhang zentraler Konzepte und Kategorien.

Dabei sind diese Konzepte und Kategorien nicht nur in ihrem

argumentationslogischen Stellenwert aufzuweisen, sondern in ihrer je spezifischen Problematik bezogen auf die Rechtfertigungsaufgabe, die ihre Möglichkeiten und Grenzen in der Verwendung als pädagogischer Kategorie absteckt. So sind Verantwortung und Zielsetzung von Handlungen beispielsweise anders angebbar als die Kategorien pädagogischer Verantwortung und pädagogischer Zielsetzung, die als pädagogische immer auch den Anspruch erheben, etwas für andere zu tun oder zu wissen.

Eine solche Aufgabenstellung nimmt in modifizierter Form den Anspruch etwa Gamms auf, daß Allgemeine Pädagogik pädagogische Wirklichkeiten auf ihren allgemeinen Begriff bringen müsse. Die Modifikation besteht hier darin, daß das Verhältnis von Allgemeiner Pädagogik und (durch pädagogische Theorie konstituierter) pädagogischer Wirklichkeit nicht als eines gefaßt wird, in dem Allgemeine Pädagogik Aussagen über den Objektbereich des Erziehens nur auf abstrakterer Ebene reformulieren würde[25]. Die Doppelung der objekttheoretischen Ebene wird hier ersetzt durch eine Unterscheidung von Objekt- und Metaebene. Wenn aber Allgemeine Pädagogik die Argumentationslogik pädagogischen Denkens und die Kriterien seines Geltungsanspruchs formulieren soll, so ist eine solche Perspektive nicht sinnvoll unter demjenigen Anspruch, die allgemeingültige pädagogische Theorie zu ermöglichen, sondern nur mit der Zielsetzung, daß die pädagogische Theorie in die Lage versetzt werden muß, vor dem Hintergrund eines Aufsteigens von der Erscheinungsvielfalt individueller Praxis zu derem gesellschaftlichen 'Wesen' eine (immer noch parteiliche, dafür aber der Probleme ihrer Rechtfertigung als Pädagogik bewußte) fundierte Stellungnahme abzugeben. Diese wird dann aber, gerade vor dem Hintergrund der Analyse gesellschaftlich bedingter Praxisfelder, institutionenspezifisch anzulegen sein.

ANMERKUNGEN

0 EINLEITUNG

1 vgl. T. Parsons: Family, Socialization and Interaction Process, Glencoe Ill. 1955 (zusammen mit R.F. Bales u.a.). Dazu auch: A. Schäfer: Zur gesellschaftlichen Formbestimmtheit schulischer Sozialisation, Köln 1978, S. 27ff

2 Dies ist wohl der Hauptkritikpunkt, den Habermas im Anschluß an den Symbolischen Interaktionismus gegen die funktionalistische Rollentheorie erhebt: vgl. J. Habermas: Stichworte zu einer Theorie der Sozialisation - in: ders.: Kultur und Kritik, Frankfurt/M. 1973

3 vgl. T. Parsons: Das System moderner Gesellschaften, München 1972 und T. Parsons: Gesellschaften, Frankfurt/M. 1976

4 N. Luhmann/K.E. Schorr: Einleitung - in: dies. (Hrsg.): Zwischen Technologie und Selbstreferenz. Fragen an die Pädagogik, Frankfurt/M. 1982, S. 7-9, hier: S. 7

5 vgl. W. Brezinka: Von der Pädagogik zur Erziehungswissenschaft, Weinheim 1971

6 vgl. zur Illustration die Beiträge in: F. Nicolin (Hrsg.): Pädagogik als Wissenschaft, Darmstadt 1969

7 vgl. E. Goffman: Wir alle spielen Theater, München 1969 und ders.: Stigma. Über Techniken zur Bewältigung beschädigter Identität, Frankfurt/M. 1967

8 vgl. E.J. Brunner/T. Rauschenbach/H. Steinhilber: Gestörte Kommunikation in der Schule, München 1978

9 vgl. etwa: K. Mollenhauer: Theorien zum Erziehungsprozeß, München 1972; F. Wellendorf: Schulische Sozialisation und Identität, Weinheim 1973; D. Ulich: Pädagogische Interaktion, München 1976; H.G. Homfeldt/W. Lauff/J. Maxeiner: Für eine sozialpädagogische Schule, München 1977

10 vgl. beispielsweise: H.-H. Groothoff: Einführung in die Erziehungswissenschaft, Ratingen/Kastellaun 1975

11 vgl. z.B. R. Lassahn: Einführung in die Pädagogik, Heidelberg 1978[3]; E. König: Theorie der Erziehungswissenschaft, Bd. I: Wissenschaftstheoretische Richtungen der Pädagogik, München 1975; J. Ruhloff: Das ungelöste Normproblem der Pädagogik, Heidelberg 1980

12 Lassahn, a.a.O., S. 14

13 Dies stellte schon H. Giesecke in seiner 'Einführung in die Pädagogik', München 1975[5], S. 9, fest.

14 vgl. N. Luhmann/K.E. Schorr: Wie ist Erziehung möglich? Eine wissenssoziologische Analyse der Erziehungswissenschaft,

in: Zeitschrift für Sozialisationsforschung und Erziehungssoziologie, 1. Jg (1981), Heft 1, S. 37-54, hier: S. 37

I. SYSTEM UND SUBJEKT

1 vgl. zu diesem logischen Problem: R.M. Chisholm: 'Er hätte etwas anderes tun können' - in: H. Lenk (Hrsg.): Handlungstheorien - interdisziplinär, Band II.1., München 1978, S. 391-398

2 vgl. N. Luhmann: Rechtssoziologie (2 Bände), Reinbek 1972, S. 31

3 ebenda

4 Diese Frage geht bekanntlich bis auf naturrechtliche Begründungsversuche bürgerlicher Gesellschaft zurück. Sie bildet den expliziten Ausgangspunkt bei T. Hobbes: Leviathan, Stuugart 1974

5 vgl. N. Luhmann: Sinn als Grundbegriff der Soziologie - in: J. Habermas/N. Luhmann: Theorie der Gesellschaft oder Sozialtechnologie - Was leistet die Systemforschung?, Frankfurt/M. 1971, S. 25-100, hier: S. 34. Hier setzt auch eine Hauptrichtung der Kritik von Habermas an Luhmann an; vgl. auch K.H. Tjaden: Zur Kritik eines funktional-strukturellen Entwurfs sozialer Systeme - in: Kölner Zeitschrift für Soziologie und Sozialpsychologie 1969

6 vgl. J. Rawls: Eine Theorie der Gerechtigkeit, Frankfurt/M. 1975, S. 140ff

7 Auf diesen Punkt hat ebenfalls K. Eder hingewiesen - vgl. ders.: Komplexität, Evolution und Geschichte - in: Theorie der Gesellschaft oder Sozialtechnologie. Beiträge zur Habermas-Luhmann-Diskussion, Frankfurt/M. 1973, S. 9-42, hier:S. 21

8 vgl. A. Gehlen: Urmensch und Spätkultur, Frankfurt/M. 1975^3

9 ebenda S. 23

10 vgl. ebenda S. 33

11 vgl. ebenda S. 31

12 Dies ist der Ausgangspunkt von Gehlens konservativer Kulturkritik als einer Kritik der Moralen - vgl. A. Gehlen: Moral und Hypermoral. Eine pluralistische Ethik, Frankfurt/M. 1969

13 Daß das Konzept der Weltkomplexität beide Fragerichtungen ermöglicht, nicht aber schon die Begründung ihres Zusammen-

hangs etwa in Form einer Theorie der Begründung der Möglichkeit eines qualitativ bestimmten Verhältnisses von Individuum und Gesellschaft angibt, dürfte deutlich geworden sein.

14 Zu Parsons vgl. A. Schäfer: Zur gesellschaftlichen Formbestimmtheit schulischer Sozialisation, Köln 1978, S. 12ff.

15 Dies ist ein Punkt, den Luhmann seit seinen frühesten Arbeiten immer wieder betont: vgl. ders.: Funktionen und Folgen formaler Organisation, Berlin 1964, S. 293

16 N. Luhmann: Zweckbegriff und Systemrationalität, Frankfurt/M. 1973, S. 175

17 N. Luhmann: Soziologie als Theorie sozialer Systeme - in: ders.: Soziologische Aufklärung 1. Aufsätze zur Theorie sozialer Systeme, Opladen 1970, S. 113-136, hier S. 120

18 Es braucht im vorliegenden Zusammenhang nicht zu interessieren, daß Luhmann im Anschluß an die kybernetische Systemtheorie den Systembegriff auch auf nicht-menschliche Gebilde anwendet.

19 Luhmann, a.a.O., 1970, S. 121

20 Luhmann, a.a.O. 1972, S. 68

21 vgl. ebenda S. 40

22 H.J. Giegel: System und Krise. Kritik der Luhmannschen Gesellschaftstheorie, Frankfurt/M. 1975, S. 16

23 vgl. N. Luhmann/K.E. Schorr: Das Technologiedefizit der Erziehung und die Pädagogik - in: Zeitschrift für Pädagogik, 25. Jg. (1979), S. 345-365, hier S. 357

24 vgl. N. Luhmann: Handlungstheorie und Systemtheorie - in: Kölner Zeitschrift für Soziologie und Sozialpsychologie, 30. Jg. (1978), S. 211-227, hier S. 217

25 vgl. Luhmann, a.a.O. 1964, S. 25

26 ebenda S. 376

27 N. Luhmann: Politische Planung - in: ders.: Politische Planung. Aufsätze zur Soziologie von Politik und Verwaltung, Opladen 1971, S. 66-89, hier S. 74

28 Diese Position wird auch von J. Habermas in seiner Auseinandersetzung mit Luhmann vertreten: vgl. ders.: Theorie der Gesellschaft oder Sozialtechnologie? Eine Auseinandersetzung mit Niklas Luhmann - in: Habermas/Luhmann, a.a.O. 1971, S. 142-290

29 vgl. auch G. Schmid: N. Luhmanns funktionell-strukturelle Systemtheorie. Eine wissenschaftliche Revolution? - in: Politische Vierteljahresschrift, 11. Jg. (1970), S. 214

30 vgl. N. Luhmann: Selbst-Thematisierungen des Gesellschaftssystems - in: Zeitschrift für Soziologie, 2. Jg. (1973), S. 21-46, hier S. 21f

II. SYSTEM UND SOZIALISATION

1 Dies ist selbstverständlich eine Darstellung des funktionalistischen Rollenmodells, die weder den Anspruch auf Vollständigkeit (vgl. z.B. das Problem der Rollenkonflikte) erhebt noch sich um eine Einbeziehung der interaktionistischen Kritik an diesem Modell bemüht. Zum Letzteren vgl. etwa: L. Krappmann: Soziologische Dimensionen der Identität, Stuttgart 1969

2 vgl. T. Parsons: Family, Socialization and Interaction Process, Glencoe Ill. 1955 (mit R.F. Bales u.a.)

3 Dies ist die Position von G.H. Mead: Geist, Identität und Gesellschaft, Frankfurt/M. 1968

4 J. Habermas hat das Verhältnis von Rollenausführung und diesem bei Mead bezeichneten Wechselspiel ontogenetisch als Stufenmodell der Entwicklung beschrieben - vgl. ders.: Moralentwicklung und Ich-Identität - in: ders.: Zur Rekonstruktion des Historischen Materialismus, Frankfurt/M. 1976, S. 63-91

5 Das 'I' bei Mead ist unbestimmt; die biologistischen Anklänge betonen eher nur die formale Kennzeichnung des 'I' als Moment der Spontaneität.

6 Es ist dies der Punkt, an dem im Symbolischen Interaktionismus mit generalisierten Motivstereotypen gearbeitet wird: vgl. etwa die allgemeine Fluchtmotivation vor den Anforderungen Anderer bei E. Goffman (Stigma. Techniken zur Bewältigung beschädigter Identität, Frankfurt/M. 1967; Wir alle spielen Theater, München 1969) oder das Modell der Kosten-Nutzen-Kalkulation bei: G. McCall/J.L. Simmons: Identität und Interaktion, Düsseldorf 1974

7 N. Luhmann: Interpenetration - Zum Verhältnis personaler und sozialer Systeme - in: Zeitschrift für Soziologie, 6. Jg. (1977), S. 62-76, hier: S. 67

8 ebenda

9 ebenda S. 66

10 ebenda S. 70

11 ebenda

12 ebenda S. 72

13 ebenda

14 N. Luhmann/K.E. Schorr: Wie ist Erziehung möglich? Eine wissenssoziologische Analyse der Erziehungswissenschaft - in: Zeitschrift für Sozialisationsforschung und Erziehungssoziologie, 1. Jg. (1981), Heft 1, S. 37-54, hier: S. 47

15 N. Luhmann: Handlungstheorie und Systemtheorie - in: Kölner Zeitschrift für Soziologie und Sozialpsychologie, 30. Jg. (1978), S. 211-227, hier: S. 221

16 ebenda

17 ebenda

18 vgl. ebenda S. 221f

19 ebenda S. 223

20 ebenda S. 227 (in einer Anmerkung zum obigen Zitat von S. 223)

21 ebenda S. 223

22 vgl. dies., a.a.O. 1981, S. 37ff

23 vgl. Luhmann, a.a.O., S. 217

III. ZURECHNUNG ODER RECHTFERTIGUNG: DIE FRAGE NACH DEM SUBJEKT DER ERZIEHUNG

1 N. Luhmann/K.E. Schorr: Wie ist Erziehung möglich? Eine wissenssoziologische Analyse der Erziehungswissenschaft - in: Zeitschrift für Sozialisationsforschung und Erziehungssoziologie, 1. Jg. (1981), Heft 1, S. 37-54, hier: S. 41f

2 ebenda S. 41

3 vgl. ebenda

4 F.E.D. Schleiermacher: Die Vorlesungen aus dem Jahre 1826 (Nachdruck) - in: ders.: Ausgewählte pädagogische Schriften, Paderborn 1964, S, 36

5 so etwa bei T. Litt: Führen oder Wachsenlassen, Stuttgart 1949[4]

6 vgl. W. Loch: Lebenslauf und Erziehung, Essen 1979, S. 21-23

7 ebenda S. 37f

8 Es ist dies ein Kriterium pädagogischer Rechtfertigung, das zumindest bis auf Herbarts Diktum zurückgeht, daß der Erzieher den zukünftigen Mann im Knaben antizipieren müsse.

9 vgl. dazu auch den Abschnitt III.1.4., in dem es um den Stellenwert der Zukunftsprojektionen des Erziehers geht: ein Aspekt, der aus Gründen der Darstellung hier ausgeklammert werden muß.

10 Dies ist der Ausgangspunkt sogenannter 'antipädagogischer Ansätze', vgl. z.B. E.v. Braunmühl: Antipädagogik. Studien zur Abschaffung der Erziehung, Weinheim 1975

11 Daß dies dennoch häufig strittig ist, hat wohl einige Autoren dazu bewogen, eine 'echte' Erziehung von einer 'unechten' zu unterscheiden. H. Giesecke hat zu Recht festgestellt,

daß die Verwendung dieses Attributs "immer ein untrüglicher Beweis (ist), daß mit dem Wort (Erziehung/Bildung - A.S.) und dem, was es meint, etwas faul ist" (ders.: Einführung in die Pädagogik, München 1973[5], S. 81). Diese Kritik trifft allerdings mehr die mangelhaft Begründung von pädagogischen Theorien, die durch dieses Attribut verdeckt werden soll, als die Verflechtung von Definition und Rechtfertigung im Erziehungsbegriff.

12 W. Brezinka: Metatheorie der Erziehung. Eine Einführung in die Grundlagen der Erziehungswissenschaft, der Philosophie der Erziehung und der praktischen Pädagogik, München 1978, S. 45 (im Original gesperrt). Auf weitere Implikationen der Absichtsdefinition von Erziehung möchte ich im vierten Kapitel eingehen. Hier interessiert mich nur der Aspekt der Möglichkeit einer deskriptiven Definition von Erziehung.

13 vgl. J. Ruhloff: Das ungelöste Normproblem der Pädagogik, Heidelberg 1980, S. 91

14 vgl. auch H. Paschen: Logik der Erziehungswissenschaft, Düsseldorf 1979, Kap. IV

15 vgl. etwa H. Fend: Schulklima. Soziale Einflußprozesse in der Schule, Weinheim 1977, S. 189. Fend spricht hier von Erziehung als einem tätigkeitsübergreifenden "Geschehen zweiter Ordnung".

16 vgl. R.S. Peters: Ethik und Erziehung, Düsseldorf 1972, S. 45

17 ebenda S. 51

18 E. König: Theorie der Erziehungswissenschaft, Bd. I: Wissenschaftstheoretische Richtungen der Pädagogik, München 1975, S. 21

19 Dies ist auch ein Ansatzpunkt technologischer Ansätze in der Pädagogik: empirisch begründete Hilfe bei praktischen Entscheidungen geben zu können, wird als entscheidender Vorteil einer empirischen Pädagogik betrachtet.

20 vgl. R. Lochner: Phänomene der Erziehung. Erscheinungsweisen und Ablaufformen im personalen und ethnischen Dasein, Meisenheim/Glan 1975

21 ebenda S. 143

22 ebenda

23 vgl. ebenda S. 341

24 vgl. ebenda S. 140

25 vgl. ebenda S. 156f

26 ebenda S. 152

27 ebenda S. 151

28 ebenda S. 7

29 vgl. ebenda S. 9

30 ebenda S. 9f

31 Lochners Buch bietet daher auch ein Spannungsverhältnis von empirisch-deskriptivem Anspruch, der aus seiner wissenschaftstheoretischen Position eines 'naiven Empirismus', die er auf der Gegenstandsebene immer wieder durchbrochen hat, verständlich sein mag, und interpretierender Bemühung um eine Klärung des Erziehungsbegriffs. Dieses Spannungsverhältnis erweist sich als fruchtbar für die Bestimmung der Probleme bei der Identifikation dessen, was Erziehung genannt werden kann.

32 ebenda S. 64

33 ebenda

34 ebenda S. 65

35 vgl. ebenda S. 162. Auf diesen Zusammenhang wird in IV.1. noch näher eingegangen werden.

36 vgl. S. Bernfeld: Sisyphos oder die Grenzen der Erziehung (1925), Frankfurt/M. 1967

37 N. Luhmann und K.E. Schorr haben zu Recht darauf hingewiesen, daß der Bildungsbegriff in dieser Funktion durch den Lernbegriff abgelöst wurde: vgl. dies.: Reflexionsprobleme im Erziehungssystem, Stuttgart 1979, S. 61ff

38 W. Flitner: Allgemeine Pädagogik, Stuttgart 1968[12] (1950), S. 149

39 ebenda S. 151

40 Die Untersuchung dieser Fragestellung als systematischer läßt es unangebracht erscheinen, auf die 'antipädagogische' Polemik zurückzugreifen, wenn auch ihr Anliegen damit ernstgenommen wird. Es geht hier nicht um die Desavouierung jeglicher pädagogischer Theoriebildung, sondern um Probleme, denen sich auch 'alternative' Pädagogiken wie diejenige einer Proklamation der von Eingriffen weitgehend freien Entwicklung zu stellen haben.

41 vgl. Bernfeld, a.a.O., S. 110 und 113

42 Als Beispiele seien genannt: H. Fend: Gesellschaftliche Bedingungen schulischer Sozialisation, Weinheim 1974; K. Hurrelmann: Erziehungssystem und Gesellschaft, Reinbek 1975; zu einer Kritik solchen Vorgehens, das der Handlungsebene, dem praktischen Vollzug schulischer Sozialisation äußerlich bleibt vgl. A. Schäfer: Zur gesellschaftlichen Formbestimmtheit schulischer Sozialisation, Köln 1978.

43 vgl. J. Zinnecker/W. Geisler: Der heimliche Lehrplan. Was wirklich gelernt wird - in: betrifft:erziehung, 6. Jg. (1973), Heft 5, S. 17ff

44 vgl. als systematischen Entwurf hierzu: Schäfer, a.a.O., S. 153ff

45 P. Bourdieu/J.-C. Passeron: Grundlagen einer Theorie der symbolischen Gewalt, Frankfurt/M. 1973, S. 13 (im Original gesperrt).

46 ebenda S. 14 (im Original gesperrt)

47 vgl. ebenda S. 26

48 Habitus bezeichnet das System von Wahrnehmungs-, Denk-, Beurteilungs- und Aktionsschemata, das allen Adressaten einprägen ist - vgl. ebenda S. 49

49 vgl. ebenda S. 21ff

50 ebenda S. 31f (im Original gesperrt)

51 vgl. ebenda S. 38

52 ebenda S. 27

53 vgl. als einen der ersten: E. Grisebach: Die Grenzen des Erziehers und seine Verantwortung, Halle 1924, aber auch die Ansätze einer 'negativen Pädagogik', die unten noch vorgestellt werden.

54 vgl. dazu ausführlich: A. Schäfer: Disziplin als pädagogisches Problem, Essen 1981

55 Dies trifft nicht für die Ebene praktischer Lehrfibeln, Lexika und praktischer Ratgeber zu - vgl. K. Rutschky (Hrsg.): Schwarze Pädagogik. Quellen zur Naturgeschichte der bürgerlichen Erziehung, Frankfurt/M. 1977: gemeint sind hier die Entwürfe Allgemeiner Pädagogik.

56 A.H. Francke: Kurzer und einfältiger Unterricht (1702) - in: ders.: Pädagogische Schriften, Paderborn 1957, S. 13ff, hier S.15

57 vgl. meine Darstellung des Verhältnisses von 'Regierung' und 'Erziehung' bei Herbart: Schäfer, a.a.O. 1981, S. 33ff

58 vgl. hierzu meine Kritik an der komplementären Definition des pädagogischen Bezuges bei Nohl, ebenda S. 39ff

59 vgl. H. Röhrs: Die Disziplin - eine Grundfrage der Erziehung und des Menschseins - in: ders. (Hrsg.): Die Disziplin in ihrem Verhältnis zu Lohn und Strafe, Frankfurt/M. 1968, S. 1ff, hier S. 3

60 T. Ballauff: Systematische Pädagogik, Heidelberg 1962, S. 26

61 vgl. ebenda S. 29

62 vgl. E. Weniger: Didaktik als Bildungslehre, Teil I: Die Theorie der Bildungsinhalte und des Lehrplans, Weinheim 1952

63 vgl. H.-J. Gamm: Allgemeine Pädagogik. Die Grundlagen der Erziehung und Bildung in der bürgerlichen Gesellschaft, Reinbek 1979, S. 62f

64 ebenda S. 73

65 ebenda S. 59

66 ebenda S. 161

67 ebenda

68 vgl. H.-J. Heydorn: Über den Widerspruch von Bildung und Herrschaft, Frankfurt/M. 1970

69 vgl. Gamm, a.a.O., S. 81

70 vgl. hierzu etwa: N. Elias: Über den Prozeß der Zivilisation (2 Bände), Frankfurt/M. 1978[6]; R. zur Lippe: Naturbeherrschung am Menschen (2 Bände), Frankfurt/M. 1974

71 Obwohl die erste Formulierung bei T. Hobbes: Leviathan, Stuttgart 1974, vorliegen dürfte, taucht diese Problematik explizit auch in der funktionalistischen Gesellschaftstheorie auf: vgl. T. Parsons: The Structure of Social Action, New York 1937, S. 392

72 vgl. Hobbes, a.a.O.; J. Locke: Über die Regierung, Stuttgart 1974; J.-J. Rousseau: Der Gesellschaftsvertrag, Stuttgart 1974

73 vgl. A. Smith: Eine Untersuchung über Natur und Wesen des Volkswohlstandes (3 Bände), Jena 1923

74 vgl. T. Parsons: The Social System, Glencoe Ill. 1951; als Kritik dazu vgl. Schäfer, a.a.O. 1978, S. 12ff

75 vgl. I. Kant: Grundlegung zur Metaphysik der Sitten, Frankfurt/M. 1974, S. 88

76 vgl. I. Kant: Kritik der praktischen Vernunft, ebenda, S. 103ff, hier: S. 163

77 vgl. I. Kant: Ausgewählte Schriften zur Pädagogik und ihrer Begründung, Paderborn 1963

78 vgl. K. Prange: Pädagogik als Erfahrungsprozeß, Bd. I: Der pädagogische Aufbau der Erfahrung, Stuttgart 1978, S. 100ff

79 Prange spricht in diesem Zusammenhang von einer didaktischen Differenz, die das Auseinanderfallen von konkreten Lebenszusammenhängen, die in der Umgangserfahrung präsent sind, und dem, was gelehrt werden kann, reflektiert - vgl. ebenda S. 132

80 ebenda S. 98

81 vgl. ebenda S. 143 und 149

82 ebenda S. 176

83 "In der Tat erscheint es ungereimt, daß nach dem bisher Ausgeführten überhaupt irgendeine Form des Zwanges mit der erzieherischen Einwirkung einhergeht, vielmehr ist sie darauf angelegt, den anderen zu ermutigen, sich auf sich selbst zu stellen, Person zu werden. Aber als diese Intention stellt sie dennoch einen Eingriff dar, der zugleich so gestaltet sein soll, daß er sich zurücknehmen kann" (ebenda S. 177). Im letzten Satz kommt wiederum die gesamte Rechtfertigungsproblematik zum Vorschein: Wie ist so etwas konkret vorstellbar?

84 vgl. ebenda S. 189; O.F. Bollnow: Existenzphilosophie und Pädagogik, Stuttgart 1959

85 Prange, a.a.O., Bd. II: Die Epochen der Erfahrung, Stuttgart 1979, S. 267

86 vgl. Prange, a.a.O. Bd. I, S. 180f

87 vgl. ebenda S. 181

88 vgl. A. Schäfer: Selbstbestimmung und pädagogische Verantwortung. Zum Identitätsproblem in der Erziehung - in: Pädagogische Rundschau, 34. Jg. (1980), H. 9, S. 575ff

89 Dies trifft auch dann zu, wenn man die von Prange aufgezeigte Grenze akzeptiert; es besteht dennoch weiterhin das Problem, daß - wenn man pädagogisches Handeln vorwiegend auf Beispiel-Geben und appellatives Vorgehen einschränkt - Erziehung auch dann vorliegt, wenn der Erzieher als Lehrender Beispiel gibt, daß er als Erziehender auch nicht jenseits sozialer Einbindungen steht, wie sie unter dem Aspekt der Sozialisation gefaßt werden.

90 vgl. W. Brezinka: Grundbegriffe der Erziehungswissenschaft, München 1975^2, S. 141

91 J. Oelkers: Der Gebildete, der Narziß und die Zeit. Wandlungen in den Voraussetzungen pädagogisch-politischer Theoriebildung - in: Neue Politische Literatur, XXV/4 (1980), S. 423ff, hier: S. 427

92 vgl. R. Koselleck: Vergangene Zukunft. Zur Semantik geschichtlicher Zeiten, Frankfurt/M. 1979, S. 353ff

93 so etwa J.A. Comenius in seiner 'Didactica magna' von 1632 oder vorher noch in der 'Denkschrift' W. Ratkes von 1612.

94 vgl. P. Ariès: Geschichte der Kindheit, München 1975 oder G. Snyders: Die große Wende der Pädagogik. Die Entdeckung des Kindes und die Revolution der Erziehung im 17. und 18. Jahrhundert in Frankreich, Paderborn 1971

95 vgl. G. Petrat: Schulunterricht. Seine Sozialgeschichte in Deutschland 1750-1850, München 1979

96 vgl. ebenda S. 193-266

97 Oelkers, a.a.O., S. 427

98 F.E.D. Schleiermacher: Die Vorlesungen aus dem Jahre 1826 (Nachdruck) - in: ders.: Ausgewählte pädagogische Schriften, Paderborn 1964, S. 82 (im Original gesperrt)

99 ebenda S. 84

100 vgl. auch E. König: Theorie der Erziehungswissenschaft, Bd. I: Wissenschaftstheoretische Richtungen der Pädagogik, München 1975, S. 90

101 Schleiermacher, a.a.O., S. 82

102 vgl. J. Dewey: Psychologische Grundfragen der Erziehung, München 1974, S. 174ff

103 W. Dilthey: Über die Möglichkeit einer allgemeingültigen pädagogischen Wissenschaft (1888) - in: F. Nicolin (Hrsg.): Pädagogik als Wissenschaft, Darmstadt 1969, S. 37ff, hier: S. 43

104 vgl. W. Dilthey: Ideen über eine beschreibende und zergliedernde Psychologie - in: Gesammelte Schriften Bd. V, Stuttgart/Göttingen 1974, S. 139-240

105 W. Flitner: Allgemeine Pädagogik, Stuttgart 1968[12], S. 12

106 Daß dies auch für Nohl und Weniger zutrifft, zeigt J. Ruhloff: Das ungelöste Normproblem der Pädagogik, Heidelberg 1980, Kap. I

107 vgl. ebenda S. 56

108 W. Loch: Lebenslauf und Erziehung, Essen 1979, S. 104

109 ebenda S. 126

110 vgl. ebenda S. 43f

111 vgl. ebenda S. 38

112 vgl. K. Mollenhauer: Theorien zum Erziehungsprozeß, München 1972, S. 82f

113 vgl. L. Krappmann: Soziologische Dimensionen der Identität, Stuttgart 1969

114 vgl. Mollenhauer, a.a.O., S. 104ff; F. Wellendorf: Schulische Sozialisation und Identität, Weinheim 1973, S. 32 - zu einer ausführlichen Kritik an Wellendorf vgl. A. Schäfer: Zur gesellschaftlichen Formbestimmtheit schulischer Sozialisation, Köln 1978, S. 117-135

115 vgl. E. Goffman: Stigma. Über Techniken zur Bewältigung beschädigter Identität, Frankfurt/M. 1967, S. 158

116 vgl. hierzu auch: A. Schäfer: Selbstbestimmung und pädagogische Verantwortung. Zum Identitätsproblem in der Erziehung - in: Pädagogische Rundschau, 34. Jg. (1980), H. 9, S. 575ff, hier: S. 577; hier findet sich auch eine etwas ausführlichere Kritik Goffmans, als sie hier unter der speziellen Perspektive der Formulierung von Erziehungszielen nötig erscheint.

117 vgl. E. Goffman: Wir alle spielen Theater, München 1969

118 Auch diese Zielvorgaben finden sich zuerst bei Krappmann, a.a.O.

119 vgl. Wellendorf, a.a.O., S. 38 und 49

120 vgl. P. Watzlawick/J.H. Beavin/D.D. Jackson: Menschliche Kommunikation. Formen, Störungen, Paradoxien, Bern/Stuttgart 1969

121 Es handelt sich um folgende Axiome: 1. Man kann nicht nicht kommunizieren. 2. Jede Kommunikation hat einen Inhalts- und Beziehungsaspekt derart, daß letzterer den ersteren bestimmt und daher eine Metakommunikation ist. 3. Die Natur einer Beziehung ist durch die Interpunktion der Kommunikationsabläufe seitens der Partner bedingt. 4. Menschliche Kommunikation bedient sich digitaler und analoger Modalitäten. 5. Zwischenmenschliche Kommunikationsabläufe sind entweder symmetrisch oder komplementär, je nachdem, ob die Beziehung zwischen den Partnern auf Gleichheit oder Unterschiedlichkeit beruht. - Alle Axiome sind wörtlich zitiert.

122 vgl. zur ausführlichen Kritik des kommunikationstheoreti-

schen Ansatzes bezogen auf das Problem der pädagogischen Disziplinierung: A. Schäfer: Disziplin als pädagogisches Problem, Essen 1981, S. 67ff

123 K.H. Schäfer/K. Schaller: Kritische Erziehungswissenschaft und kommunikative Didaktik, Heidelberg 1971, S. 10

124 ebenda S. 19

125 ebenda S. 15

126 ebenda S. 23

127 vgl. ebenda S. 95

128 vgl. ebenda S. 96

129 ebenda S. 111

130 vgl. ebenda S. 112

131 vgl. Mollenhauer, a.a.O., S. 61

132 ebenda S. 67f

133 vgl. ebenda S. 71

134 König, a.a.O. Bd.II: Normen und ihre Rechtfertigung, München 1975, S. 161

135 vgl. ebenda S. 165f

136 ebenda S. 170

137 ebenda S. 171

138 vgl. ebenda S. 173ff

139 vgl. ebenda S. 213ff

140 vgl. König, a.a.O. Bd.III: Die Erziehungswissenschaft als praktische Disziplin, München 1978, S. 16f

141 vgl. ebenda S. 37

142 ebenda

143 vgl. ebenda S. 16f

144 vgl. ebenda S. 37

145 vgl. T. Ballauff: Systematische Pädagogik, Heidelberg 1962, S. 39

146 vgl. H. Frischeisen-Köhler: Bildung und Weltanschauung, Charlottenburg 1921, S. 36f

147 W. Flitner: Das Selbstverständnis der Erziehungswissenschaft in der Gegenwart, Heidelberg 1958[2], S. 23

148 vgl. H. Paschen: Logik der Erziehungswissenschaft, Düsseldorf 1979, S. 114

149 Diese Ausführungen können im vorliegenden Zusammenhang nur skizzenhaft sein. Dies liegt vor allem daran, daß es bis heute weder eine zufriedenstellende Metatheorie der Erziehung noch der Sozialisation gibt, die die Konstitutionsprinzipien und Geltung solcher Theorien ausweisen könnten. Solche Metatheorien wären zudem eine Voraussetzung für die

Relationierung beider Konzepte, die bisher kaum über das Nebeneinanderstellen von Definitionen hinausgelangt ist.

150 vgl. N. Luhmann/K.E. Schorr: Wie ist Erziehung möglich? Eine wissenssoziologische Analyse der Erziehungswissenschaft - in: Zeitschrift für Sozialisationsforschung und Erziehungssoziologie, 1. Jg. (1981), H. 1, S. 37-54, hier: S. 48

151 ebenda

152 vgl. zur Technologieproblematik das vierte Kapitel

153 Luhmann/Schorr, a.a.O. 1981, S. 48

154 ebenda S. 45

155 ebenda

156 etwa interaktionistischer Art, wie sie von Mollenhauer, a.a.O., vertreten wurde.

157 vgl. N. Luhmann/K.E. Schorr: Das Technologiedefizit der Erziehung und die Pädagogik - in: Zeitschrift für Pädagogik, 25. Jg. (1979), S. 345-365, hier: S. 360

158 N. Luhmann/K.E. Schorr: Reflexionsprobleme im Erziehungssystem, Stuttgart 1979, S. 31

159 Hier wird wiederum deutlich, daß in diesen (unter funktionalem Aspekt) geführten Diskussionen der Einsatzpunkt als Sozialisation (im Unterschied zur intentional gefaßten Erziehung) bezeichnet wird, während Luhmann und Schorr offensichtlich beim gleichen Sachverhalt von Erziehung sprechen.

160 Luhmann/Schorr, a.a.O. 1981, S. 52

161 ebenda

162 ebenda

163 ebenda

164 ebenda

165 Dies soll nicht bedeuten, daß Luhmann und Schorr der Selektion durch die Schule keine Aufmerksamkeit schenken. Sie tun dies allerdings nicht im Kontext der Qualifizierung von Strukturen als pädagogisch - vgl. dazu unten V.2.

166 Luhmann/Schorr, a.a.O. 1981, S. 52

167 So etwa in der Parallelisierung von schulischem Lernen und entfremdeter Arbeit im industriellen Bereich.

168 Luhmann/Schorr, a.a.O. 1981, S. 53

169 vgl. ebenda

170 Luhmann/Schorr, a.a.O. 1979 (ZfP), S. 360. Auf den zweiten Aspekt eines gegen organisatorische Momente qualifizierten Erziehungsbegriffs wird weiter unten näher eingegangen werden.

171 N. Luhmann: Zweckbegriff und Systemrationalität, Frankfurt/M. 1973, S. 44

172 vgl. ebenda S. 260

173 vgl. ebenda S. 188

174 vgl. ebenda S. 183

175 Diese Systemdifferenzierung liegt dem vierten strukturellen Merkmal des Unterrichts als Erziehungssubjekt, der Gleichheit der Schüler, zugrunde, ohne daß diese dort adäquat thematisiert würde: als Spannungsverhältnis zwischen der Sozialisation von Komplementär- und Leistungsrollen (in der Terminologie Luhmanns und Schorrs).

176 Damit wäre das fünfte strukturelle Merkmal des Unterrichts, die systematische und kontinuierliche Orientierung der Kommunikation, bezeichnet.

177 vgl. Luhmann, a.a.O. 1973, S. 182

178 ebenda S. 186

179 N. Luhmann: Interaktion, Organisation, Gesellschaft. Anwendungen der Systemtheorie - in: ders.: Soziologische Aufklärung 2. Aufsätze zur Theorie der Gesellschaft, Opladen 1975, S. 9-20, hier: S. 12

180 N. Luhmann: Einfache Sozialsysteme - in: ebenda, S. 21-38, hier: S. 21

181 ebenda S. 27

182 ebenda

183 vgl. Luhmann: Interaktion, Organisation, Gesellschaft, a.a.O. 1975, S. 18

184 Dieser Anspruch, der sich auf die fünf weiter oben angeführten Strukturmerkmale des Unterrichts bezieht, wurde bereits zurückgewiesen.

185 Luhmann/Schorr, a.a.O. 1981, S. 53

186 vgl. dies.: Reflexionsprobleme im Erziehungssystem, Stuttgart 1979, S. 231

187 vgl. ebenda

188 Luhmann/Schorr, a.a.O. 1981, S. 53f

189 ebenda S. 54

190 ebenda

191 vgl. N. Luhmann/K.E. Schorr: Personale Identität und Möglichkeiten der Erziehung - in: dies. (Hrsg.): Zwischen Technologie und Selbstreferenz. Fragen an die Pädagogik, Frankfurt/M. 1982, S. 224-261. Es ist im vorliegenden Zusammenhang nicht notwendig, den dort explizierten Identitätsbegriff zu erläutern, da es hier nur um terminologische Unklarheiten zwischen dem Organisations- und Interaktionssystem Unterricht sowie einer Erziehung durch personale Subjekte geht.

192 vgl. ebenda S. 249f

193 vgl. ebenda S. 252

194 vgl. ebenda S. 252f

195 vgl. Luhmann, a.a.O. 1973, S. 250

196 N. Luhmann: Theorie der Verwaltungswissenschaft, Berlin/ Köln 1966, S. 92

197 vgl. Luhmann, a.a.O. 1973, S. 15

198 vgl. Luhmann/Schorr, a.a.O. 1979 (ZfP), S. 357f

199 vgl. oben III.1.4.

200 vgl. N. Luhmann: Soziologie der Moral - in: N. Luhmann/ S.H. Pfürtner (Hrsg.): Theorietechnik und Moral, Frankfurt/ M. 1978, S. 8-116, hier: S. 43

201 vgl. ebenda S. 89

202 ebenda S. 51

203 Man kann wohl sagen, daß die Stellung der Moral bei der Systembildung, ihr spezifischer Beitrag wie auch ihr funktionaler Stellenwert zur Aufrechterhaltung des Systems, eigentlich ungeklärt bleibt - zumindest, soweit dies den Bezug zu anderen systemkonstituierenden Merkmalen angeht.

204 vgl. ebenda S. 53

205 ebenda S. 55

206 ebenda S. 82

207 vgl. ebenda S. 59

208 Daß die faktischen Bedingungen des Achtungserweises in der Schule, wo Meinungen zensiert werden, andere als die des taktvollen Umgangs mit anderen 'freien' Subjekten sind, wird von Luhmann nicht berücksichtigt. Es wären gerade jene faktischen Bedingungen, die die Besonderheit des Unterrichts als pädagogischer Institution (nicht: als pädagogischem Subjekt) spezifizieren könnten - die aber auch gerade vor dem Hintergrund der anders gearteten Bedingungen der Achtung in anderen gesellschaftlichen Bereichen als spezifische zu rechtfertigen wären.

209 vgl. das Konzept der Identität bei E. Tugendhat: Selbstbewußtsein und Selbstbestimmung, Sprachanalytische Interpretationen, Frankfurt/M. 1979 und Schäfer, a.a.O. 1980

210 vgl. Luhmann/Schorr: Reflexionsprobleme .., a.a.O. 1979, S. 112

211 vgl. ebenda S. 60

212 ebenda S. 59f

213 vgl. N. Luhmann: Evolution und Geschichte - in: ders.: Soziologische Aufklärung 2, a.a.O. 1975, S. 150-169, hier: S. 156. Daß Luhmann mit diesen Thesen sein eigenes methodologisches Programm eines Äquivalenzfunktionalismus außerkraft setzt, das nur in der Lage ist, bei gesetzten Bezugspunkten äquivalente Möglichkeiten aufzuzeigen, nicht aber Determinationen oder auch Indeterminiertheiten zu behaupten, kann hier nur am Rande vermerkt werden. Es sollte allerdings - auch im Laufe der bisherigen Darstellung - deutlich gewor-

den sein, daß ohne solche Thesen der Erklärungswert der Theorie Luhmanns kaum gegeben wäre.

214 Luhmann/Schorr; Reflexionsprobleme .., a.a.O. 1979, S. 46

215 ebenda S. 61f

216 ebenda S. 112

217 ebenda S. 69f

218 vgl. ebenda S. 81ff

219 vgl. oben den Abschnitt über 'Ziel und Zukunft'

220 G. Lohmann: Gesellschaftskritik und normativer Maßstab. Überlegungen zu Marx - in: A. Honneth/U. Jaeggi (Hrsg.): Arbeit, Handlung, Normativität (Theorien des Historischen Materialismus 2), Frankfurt/M. 1980, S. 234-299, hier: S. 263

221 J. Habermas: Theorie des kommunikativen Handelns, Bd. II: Zur Kritik der funktionalistischen Vernunft, Frankfurt/M. 1982, S. 192

222 ebenda S. 212f

223 ebenda S. 226

224 vgl. ebenda S. 229f

225 vgl. J. Habermas: Arbeit und Interaktion. Bemerkungen zu Hegels Jenenser 'Philosophie des Geistes' - in: ders.: Technik und Wissenschaft als 'Ideologie', Frankfurt/M. 1968, S. 9-47

226 Habermas, a.a.O. 1982, S. 229

227 J.P. Arnason: Marx und Habermas - in: Honneth/Jaeggi (Hrsg.), a.a.O. 1980, S. 137-184, hier: S. 166

228 Habermas, a.a.O. 1982, S. 251

229 ebenda S. 278

230 ebenda S. 277

231 ebenda S. 278

232 Zu dieser Dialektik vgl. G. Márkus: Die Welt menschlicher Objekte. Zum Problem der Konstitution im Marxismus - in: Honneth/Jaeggi (Hrsg.), a.a.O. 1980, S. 12-136, hier: S. 25

233 vgl. Habermas, a.a.O. 1982, S. 524ff

IV. PÄDAGOGIK ZWISCHEN TECHNOLOGIE UND RECHTFERTIGUNGSPROBLEM

1 Auf den Hiatus zwischen pädagogischer Intention und faktischer Wirkung hat zuletzt J. Oelkers hingewiesen - vgl. ders.: Intention und Wirkung. Vorüberlegungen zu einer Theorie pädagogischen Handelns - in: N. Luhmann/K.E. Schorr (Hrsg.): Zwischen Technologie und Selbstreferenz. Fragen an die Pädagogik, Frankfurt/M. 1982, S. 139-194

2 vgl. R. Lochner: Phänomene der Erziehung. Erscheinungsweisen und Ablaufformen im personalen und ethnischen Dasein, Meisenheim/Glan 1975, S. 162ff

3 ebenda S. 175

4 vgl. O.F. Bollnow: Existenzphilosophie und Pädagogik, Stuttgart 1959 und Pranges weiter oben dargestelltes Konzept des spontan-reaktiven Eingreifens.

5 Lochner, a.a.O., S. 165

6 vgl. ebenda S. 64

7 H. Scheuerl: Probleme einer systematischen Pädagogik - in: T. Ellwein u.a. (Hrsg.): Erziehungswissenschaftliches Handbuch Bd. IV: Pädagogik als Wissenschaft, Berlin 1975, S. 13-88, hier: S. 69

8 ebenda S. 73

9 vgl. ebenda S. 74. Scheuerl versucht aber dennoch, selbst eine inhaltliche Aufschlüsselung der Wirkungen anzugeben, die ein vorhergehendes Handeln als erzieherisch qualifizieren - vgl. ebenda S. 75f

10 H. Fend: Sozialisierung und Erziehung, Weinheim 1971[4], S. 52

11 ebenda

12 Dieses Argument einer für die empirische Forschung kaum praktikablen Erziehungsdefinition über den Wirkungsbegriff ist von Brezinka vorgetragen worden - vgl. W. Brezinka: Über Erziehungsbegriffe - in: Zeitschrift für Pädagogik, 17. Jg. (1971), S. 567-614, hier: S. 574f

13 Dieser Sachverhalt ist sowohl von der interaktionistischen Handlungstheorie aufgezeigt worden in der Problematik von Mißverständnissen und in der subjektiven Fragwürdigkeit von Realitätsdeutungen wie auch von der funktionalistischen Systemtheorie Luhmanns.

14 vgl. E. Fürntratt: Zwang und Repression im Schulunterricht, Weinheim 1977

15 vgl. S. Bernfeld: Sisyphos oder die Grenzen der Erziehung (1925), Frankfurt/M. 1967, S. 21f

16 Lochner, a.a.O., S. 178

17 J. Cohn: Geist der Erziehung, Leipzig 1919, S. 6

18 vgl. J. Cohn: Befreien und Binden, Leipzig 1925, S. 10

19 W. Brezinka: Grundbegriffe der Erziehungswissenschaft, München 1974, S. 60

20 ebenda S. 95

21 vgl. ebenda S. 211

22 ebenda S. 96; vgl. aber auch Brezinka, a.a.O. 1971, S. 614

23 ders.: Von der Pädagogik zur Erziehungswissenschaft, Weinheim 1975[3], S. 28

24 Brezinka, a.a.O. 1974, S. 94

25 W. Brezinka: Die Pädagogik und die erzieherische Wirklichkeit (1959) - in: H. Röhrs (Hrsg.): Erziehungswissenschaft und Erziehungswirklichkeit, Frankfurt/M. 1967[2], S. 192-220, hier: S. 193

26 vgl. A. Fischer: Deskriptive Pädagogik (1914) - in: S. Oppolzer (Hrsg.): Denkformen und Forschungsmethoden der Erziehungswissenschaft Bd. I, München 1966, S. 83-99, hier: S. 98

27 E.E. Geissler: Erziehungsmittel, Bad Heilbrunn 1975, S. 22

28 vgl. W. Brezinka: Erziehungsziele, Erziehungsmittel, Erziehungserfolg, München 1976, S. 121

29 Dies trifft auch auf die Ausführungen Geisslers zu: etwa zum Autoritätsproblem, aber auch auf die Erörterung von Lob, Strafe, Erinnerung, Ermahnung, Spiel, Wetteifer.

30 vgl. Brezinka, a.a.O. 1976, S. 146

31 N. Luhmann/K.E. Schorr: Reflexionsprobleme im Erziehungssystem, Stuttgart 1979, S. 118f

32 ebenda S. 120

33 Diese Frage würde unmittelbar in die Legitimationsproblematik führen.

34 ebenda S. 121f

35 ebenda S. 124

36 ebenda S. 126

37 ebenda S. 127

38 In der pädagogischen Tradition ist diese Problematik auch unter der Bezeichnung des Deduktionsproblems bekannt, die besagt, daß aus allgemeinen Regeln kaum auf eine logisch stringente Weise konkrete Handlungsanweisungen abgeleitet werden können.

39 N. Luhmann/K.E. Schorr: Wie ist Erziehung möglich? Eine wissenssoziologische Analyse der Erziehungswissenschaft - in: Zeitschrift für Sozialisationsforschung und Erziehungssoziologie, 1. Jg. (1981), H. 1, S. 37-54, hier: S. 53

40 Die im III. Kapitel aufgezeigten Widersprüche in der Erziehungsdefinition von Luhmann und Schorr werden hier gleichsam in der Kritik anderer Ansätze gegeneinander ausgespielt.

41 Luhmann/Schorr, a.a.O. 1979, S. 193

42 ebenda S. 196

43 ebenda S. 226

44 N. Luhmann/K.E. Schorr: Das Technologiedefizit der Erziehung und die Pädagogik - in: Zeitschrift für Pädagogik, 25. Jg. (1979), S. 345-365, hier: S. 348f

45 ebenda S. 350f

46 ebenda S. 351

47 An dieser Stelle wird sehr deutlich, daß Luhmann und Schorr ihren ursprünglichen, gegen einen solchen Technologiebegriff, der sich auf Kausalgesetze stützt, abgegrenzten systemtheoretischen Technologiebegriff nicht durchhalten. Hier liegt ein berechtigter Ansatzpunkt der Kritik von D. Benner an diesem Technologiekonzept: vgl. ders.: Läßt sich das Technologieproblem durch eine Technologieersatztechnologie lösen? - in: Zeitschrift für Pädagogik, 25. Jg. (1979), S. 367-375, hier: S. 367f

48 Luhmann/Schorr, a.a.O. 1979 (ZfP), S. 352

49 vgl. ebenda S. 353

50 vgl. ebenda S. 352

51 vgl. ebenda S. 356

52 vgl. Luhmann/Schorr, a.a.O. 1979, S. 231

53 Luhmann/Schorr, a.a.O. 1979 (ZfP), S. 359

54 Luhmann/Schorr, a.a.O. 1979, S. 231

55 vgl. Benner, a.a.O., S. 370

56 Die Beantwortung dieser Frage setzen Luhmann und Schorr immer schon voraus, wenn sie von educogenen oder erzieherisch bedeutsamen Situationen sprechen, ohne dafür Kriterien angeben zu können.

V. PÄDAGOGISCHES VERHÄLTNIS ODER FUNKTIONALE SELBSTSTEUERUNG: DAS PROBLEM DER KOMMUNIKATIONSMEDIEN

1 Für die Disziplinproblematik, bei der diese Doppelstrategie besonders deutlich wird, vergleiche die Diskussion der Ansätze von Herbart und Nohl bei A. Schäfer: Disziplin als pädagogisches Problem, Essen 1981, S. 29ff

2 H.-J. Ipfling: Pädagogisches Verhältnis - in: ders. (Hrsg.): Grundbegriffe der pädagogischen Fachsprache, München 1974, S. 217ff, hier: S. 221

3 H. Nohl: Die pädagogische Bewegung in Deutschland und ihre Theorie, Frankfurt/M. 1978[8], S. 134

4 vgl. ebenda S. 135f

5 ebenda S. 127

6 vgl. ebenda S. 139

7 ebenda S. 195

8 vgl. dazu auch Schäfer, a.a.O., S. 39ff

9 vgl. Nohl, a.a.O., S. 120f

10 vgl. D. Ulich: Pädagogische Interaktion, Weinheim 1976, S. 62

11 vgl. beispielsweise D. Ulich, a.a.O., S. 66f; R. Lochner: Phänomene der Erziehung. Erscheinungsweisen und Ablaufformen im personalen und ethnischen Dasein, Meisenheim/Glan 1975, S. 115ff; J. Gröll: Erziehung im gesellschaftlichen Reproduktionsprozeß, Frankfurt/M. 1975, S. 24ff; F.W. Kron: Theorie des erzieherischen Verhältnisses, Bad Heilbrunn 1971, S. 55ff

12 vgl. Lochner, a.a.O., S. 202

13 ebenda S. 245

14 ebenda

15 ebenda S. 217

16 ebenda S. 224

17 vgl. ebenda S. 233

18 ebenda S. 251

19 Nohl, a.a.O., S. 137

20 vgl. ebenda S. 136

21 vgl. J.F. Herbart: Allgemeine Pädagogik aus dem Zwecke der Erziehung abgeleitet, Bochum 1965 (1806), S. 35

22 vgl. T. Ziller: Allgemeine Pädagogik, Leipzig 1884[2], S. 45

23 K. Prange: Pädagogik als Erfahrungsprozeß, Bd. I: Der pädagogische Aufbau der Erfahrung, Stuttgart 1978, S. 187

24 ebenda S. 188

25 vgl. ebenda S. 176f: Man soll sich in der "eigentlichen Erziehung" so verhalten, als ob das 'Reich der Zwecke' bereits erreicht wäre. Dies bedeutet, daß die 'eigentliche Erziehung' mit Zwang unvereinbar ist.

26 ebenda S. 181

27 ebenda S. 186

28 siehe etwa die Diskussion um die externe Funktionsbestimmung

der Schule durch gesellschaftliche Verhältnisse und die Thesen zum 'heimlichen Lehrplan'.

29 So etwa auch bei D. Benner/W. Schmied-Kowarzik: Prolegomena zur Grundlegung der Pädagogik, Bd. I: Herbarts praktische Philosophie und Pädagogik, Wuppertal/Ratingen/Düsseldorf 1967

30 N. Luhmann/K.E. Schorr: Reflexionsprobleme im Erziehungssystem, Stuttgart 1979, S. 252

31 ebenda S. 257

32 vgl. ebenda S. 258

33 vgl. ebenda S. 287

34 vgl. ebenda S. 289ff

35 ebenda S. 295

36 ebenda S. 301

37 vgl. ebenda

38 vgl. ebenda S. 308. Die Subjektivität und damit die notwendig gegebene 'Falschheit' der Notengebung ist für Luhmann und Schorr vorausgesetzt.

39 vgl. ebenda S. 306

40 vgl. ebenda S. 306f

41 vgl. N. Luhmann/K.E. Schorr: Personale Identität und Möglichkeiten der Erziehung - in: dies.:(Hrsg.): Zwischen Technologie und Selbstreferenz. Fragen an die Pädagogik, Frankfurt/M. 1982, S. 224-261, hier: S. 250. Nebenbei wäre darauf hinzuweisen, daß diese Prämissen eben nicht vom Interaktionssystem erzeugt werden, sondern diesem durch das Organisationssystem und seine Zweckprogrammatik vorgegeben werden. Auch hier liegt eine begriffliche Ungenauigkeit systematischer Art vor.

42 vgl. ebenda S. 252f

43 vgl. N. Luhmann: Macht, Stuttgart 1975, S. 92

44 N. Luhmann: Systemtheoretische Argumentationen. Eine Entgegnung auf J. Habermas - in: J. Habermas/N. Luhmann: Theorie der Gesellschaft oder Sozialtechnologie - Was leistet die Systemforschung?, Frankfurt/M. 1971, S. 291-405, hier: S. 345

45 Daher lehnt Luhmann auch die Verlagerung der Motivationsproblematik in die Psyche der Person ab, die er bei Parsons gegeben sieht; vgl. ders.: Einführende Bemerkungen zu einer Theorie symbolisch generalisierter Kommunikationsmedien - in: N. Luhmann: Soziologische Aufklärung 2. Aufsätze zur Gesellschaftstheorie, Opladen 1975, S. 170-192, hier: S. 172

46 Zudem wäre anzumerken, daß mit einem solchen Konzept der Steuerung dem ursprünglichen, von Luhmann und Schorr definierten Technologiebegriff deutlicher entsprochen worden wäre, als dies durch die implizite Umformung dieses Begriffs

möglich war, die ihn an nomologisches Wissen band.

47 N. Luhmann: Macht, Stuttgart 1975, S. 7f

48 ebenda S. 8

49 ebenda S. 8f

50 vgl. ebenda S. 52f

51 vgl. ebenda S. 22f

52 vgl. ebenda S. 56f

53 ebenda S. 26

54 N. Luhmann: Symbiotische Mechanismen - in: O. Rammstedt (Hrsg.): Gewaltverhältnisse und die Ohnmacht der Kritik, Frankfurt/M. 1974, S. 107-131, hier: S. 127

55 vgl. ebenda S. 109f

56 Die Abschaffung dieses 'besonderen Gewaltverhältnisses' und seine Ersetzung durch ein Geflecht rechtlicher Normierungen, die Habermas als einen Versuch der Durchsetzung des Kommunikationsmediums Macht auf die schulische Erziehung betrachtet (vgl. J. Habermas: Theorie des kommunikativen Handelns, Bd. II: Zur Kritik der funktionalistischen Vernunft, Frankfurt/M. 1982, S. 541), läuft daher auch Gefahr, das Legitimationsproblem pädagogischer Ansprüche nicht zu entschärfen, sondern, da es nun auch juristisch durchleuchtet werden kann, zu verschärfen. Auch wenn sich viele Lehrer in diesem Falle hinter den Erlassen verschanzen und ihren pädagogischen Anspruch so weit als möglich fallen lassen wollen, so wird ihnen dennoch als 'pädagogischer Funktionsträger' dieser Anspruch angetragen werden.

57 N. Luhmann: Legitimation durch Verfahren, Neuwied 1969, S. 28

VI. DER GELTUNGSANSPRUCH ALLGEMEINER PÄDAGOGIK: EIN ANACHRONISMUS?

1 vgl. H. Paschen: Logik der Erziehungswissenschaft, Düsseldorf 1979, S. 13

2 ebenda S. 93

3 vgl. ebenda S. 29-31

4 vgl. ebenda S. 47ff

5 vgl. ebenda S. 60ff

6 vgl. ebenda S. 28

7 vgl. ebenda S. 52

8 vgl. ebenda S. 65

9 ebenda S. 103

10 ebenda S. 107

11 vgl. ebenda S. 136ff

12 ebenda S. 144

13 Hier muß erwähnt werden, daß Paschen neben einer Ethik des Pädagogischen ebenfalls eine pädagogische Ethik angibt, die durch folgendes Paradox gekennzeichnet ist: einerseits muß die zu lehrende Moral verbindlich dargestellt werden, andererseits aber auch als überholbar durch eigene moralische Entscheidungen (vgl. ebenda S. 87). Jedoch ist auch dies nur ein formales Kriterium, welches die Beliebigkeit moralischer Inhalte (soweit sie dieses Kriterium erfüllen) nicht berührt.

14 vgl. N. Luhmann/K.E. Schorr: Reflexionsprobleme im Erziehungssystem, Stuttgart 1979, S. 338

15 ebenda S. 338. Daß diese Grundlagensicherheit auch der Wissenschaftstheorie generell abgesprochen wird, da sie ebenfalls Teil eines Systems, des Wissenschaftssystems, ist, braucht hier nur am Rande erwähnt zu werden. Interessant ist daran vor allem, daß sich auch hier der nicht festgelegte Standort der Systemtheorie zeigt: Welchen Stellenwert hat eine Theorie, die über den Geltungsanspruch von Wissenschaftstheorien entscheiden kann, ohne an sich selbst die Frage der Grundlagensicherheit zu stellen? Den der Selbstgenügsamkeit im System des absoluten Wissens?

16 K.E. Schorr: Das Allgemeine in Erziehung und Wissenschaft, Manuskript 1981, S. 2

17 ebenda S. 3f

18 vgl. E. Weniger: Die Eigenständigkeit der Erziehung in Theorie und Praxis, Weinheim 1952; dazu kritisch: A. Schäfer: Pädagogische Theorie und erzieherische Praxis. Zur Diskussion um den Stellenwert der geisteswissenschaftlichen Pädagogik - in: Zeitschrift für Pädagogik, 28. Jg. (1982), S. 785-796

19 Hier wären als Stichworte wiederum: doppelte Kontingenz und Selbstreferenz zu nennen.

20 Luhmann/Schorr, a.a.O. 1979, S. 350f

21 Schorr, a.a.O., S. 14

22 W. Flitner: Das Selbstverständnis der Erziehungswissenschaft in der Gegenwart, Heidelberg 1958², S. 18

23 Dies wird besonders deutlich, wenn Schorr versucht, die Steigerung von Komplexität als qualitative Funktion erscheinen zu lassen, also als etwas, das weiter reicht als eine

psychologisch wirksame Ermutigung. Er spricht 1. von einer soziologischen Sensibilisierung "im Sinne des Bewußtseins doppelter Kontingenz", 2. von einer sozialpsychologischen Sensibilisierung "im Sinne des Bewußtseins der Relevanz typischer sozialpsychologischer Variabler" und 3. von einer technisch-psychologischen Sensibilisierung, "d.h. Aufnahme der vollen individuellen Persönlichkeitsmerkmale der Teilnehmer in das System" (Schorr, a.a.O., S. 14). Mit dem letzten Punkt wird die gesamte Grundlage des eigenen pädagogischen Ansatzes, der gerade von der Zurechnung der Erziehung zum sozialen System, d.h. von einer Umweltdifferenz von personalem und sozialem System, ausging, aufgehoben. Aber diese Grundlage wurde in ihrer Funktion ja auch bereits in anderen Zusammenhängen aufgehoben: Sie blieb stets bloßes Postulat ohne entscheidende Relevanz für die Postulierenden.

24 Eben dies dürfte die Erläuterung des Ansatzes von Luhmann und Schorr besonders deutlich gezeigt haben.

25 Hier wird die Unterscheidung der beiden Rationalitätskonzepte, auf die Schorr hinwies, die Differenz von Wissenschaft und bloßer Doppelung des Alltagsverständnisses, wieder aufgenommen.